és (1788–1850)

(1795–1852)

(1845–1884)

ro (1840–1919)

o (1871–1932)

Ramón Allende Castro
(1870–1910)

Ana Allende Castro (1873–1944)

(1877–1964)

llende Gossens
07–1969)

Salvador Allende Gossens
(1908–1973)
⚭
Hortensia Bussi
(* 1905)

Carmen Paz (* 1941)
Beatrix (1943–1977)
Isabel (* 1945)

Laura Allende Gossens
(1911–1981)
⚭
Gaston Pascal Lyon
(* 1909)

Pedro Gaston Pascal Allende (* 1936)
Mariane Pascal Allende (* 1938)
Denise Pascal Allende (* 1940)
Andres Pascal A. Allende (* 1944)

Die Allendes

Familienbande

Herausgegeben von Claudio Gallio

Günther Wessel

Die Allendes

Mit brennender Geduld für eine bessere Welt

Campus Verlag
Frankfurt/New York

Die Deutsche Bibliothek – CIP-Einheitsaufnahme

Ein Titeldatensatz für diese Publikation ist bei
Der Deutschen Bibliothek erhältlich
ISBN 3-593-36775-0

Umschlaggestaltung: mancini design, Frankfurt
Umschlagmotiv: Isolde Ohlbaum, München
Satz: Presse- und Verlagsservice, Erding
Druck und Bindung: Wiener Verlag, Himberg
Gedruckt auf säurefreiem und chlorfrei gebleichtem Papier
Printed in Austria

Für Jakob und – wie immer,
aber endlich einmal niedergeschrieben – für Petra.

Inhalt

Ein Land und seine Gesichter 11

TEIL EINS

1. Eine Familie macht Geschichte 25
2. Salvador – Politiker und Familienvater 54
3. Die Verwandtschaft aus dem »Geisterhaus« 66

TEIL ZWEI

4. Der lange Weg in die Moneda 73
5. Revolutionäre Träume und Taten 90
6. Der Präsident des Volkes 106
7. Der Putsch 122
8. Die Legende und die Opfer 133

TEIL DREI

9. Die Allendes im Exil 143

10. Die Schriftstellerin Isabel Allende 156
11. Der Weg zurück in die Demokratie 178

»Die Familie wurde total zerstört« 194

Zeittafel 200
Register 212
Quellen 217
Danksagung 222
Anmerkung 223
Bildnachweise 224

Der Hauptmann suchte natürlich keine Literatur; der Hauptmann durchwühlte das Haus der Suche nach Waffen oder Guerilleros, die zwischen den Wäschehaufen versteckt sein konnten, und Pablo sagte zu ihm:

»Suchen Sie nur, Herr Hauptmann. Hier gibt es nur eins, was Ihnen gefährlich werden könnte.«

Der Offizier zuckte zusammen.

»Was denn?«, fragte er aufgeschreckt und griff nach seinem Pistolenhalfter.

»Die Poesie«, sagte der Dichter.

Dialog zwischen einem Armeehauptmann und dem Dichter Pablo Neruda nach dem Militärputsch vom 11. September 1973. Aus: Jorge Edwards, Adiós, Poeta … Erinnerungen an Pablo Neruda.

Ein Land und seine Gesichter

Santiago de Chile hat viele Gesichter: das wohl rasierte Gesicht des alten Mannes im dreiteiligen Anzug, der sich in der Fußgängerzone die Schuhe putzen lässt, das schmutzverschmierte des Fünfjährigen, der auf der Avenida Providencia die Passanten anbettelt, das bemalte des Gauklers vor der Kathedrale, das starre des Soldaten bei der Wachablösung vor der Moneda, dem Regierungspalast, das lächelnde der Verkäuferin im Schreibwarengeschäft. Es ist eine Stadt der grauen Anzüge und Businesskostüme, der Handyträger und teuren Restaurants, gleichzeitig aber auch der nach Abgasen stinkenden, überfüllten Busse, in denen fliegende Händler Pfennigartikel aller Art verkaufen – meist made in Fernost – und Hausmädchen stundenlang zu ihrem Arbeitsplatz in den reicheren Stadtvierteln wie Las Condes und Vitacura unterwegs sind. Zwischen den glitzernden Einkaufszentren – den modernsten in Südamerika – und den *poblaciones* – den Armenvierteln entlang der Ausfallstraßen – liegen Welten.

Santiago hat viele Gesichter: Die Avenida de La Paz, eine der weniger prachtvollen Straßen, beginnt etwa einen Kilometer nördlich der Moneda, des Regierungspalastes im Zentrum von Santiago, und führt stadtauswärts. Große Lagerhallen mit Obst und Gemüse für den zentralen Markt finden sich hier. Arbeiter laden altersschwache, rostige Lastwagen ab, es riecht nach verfaulten Früchten, ein Bettler durchwühlt eine riesige Kiste mit stinkenden Birnen auf der Suche nach etwas Essbarem. Je weiter man sich vom Stadtzentrum entfernt, desto verödeter ist die Umgebung. Noch mehr Hallen, kaputte Autos, eine lange Mauer, dahinter eine psychiatrische Klinik. Schließlich endet die Straße in einem Kreisverkehr, eingefasst von klassizistischen Mauern. Hier befindet sich der pompöse Eingang des Cementerio General, dem Hauptfriedhof der Stadt. Er stammt aus einer anderen Zeit, dem späten 19. Jahrhundert, als Santiago eine sehr reiche Stadt gewesen sein muss – zumindest eine, die Wert auf einen repräsentativen allgemeinen Friedhof legte.

Der Friedhof ist riesig, doch das Grab ist leicht zu finden. Unübersehbar ragen drei weiße, fast haushohe Marmorstelen auf. Darüber eine schlichte Inschrift: Salvador Allende Gossens 1908–1973. Es ist das Mausoleum der Familie Salvador Allendes, jenes weltweit ersten und einzigen frei gewählten marxistischen Präsidenten, der beim Putsch gegen seine Regierung durch General Augusto Pinochet ums Leben kam. Im Mausoleum liegen ein paar Blumen: eine Rose rechts und links der Grabplatte, ein Rosenstrauß und ein Bund roter Nelken in einer schlichten Vase davor.

Auch in der Innenstadt erinnert ein Denkmal an den Expräsidenten: Vor der Moneda enthüllte Staatspräsident Ricardo Lagos am 26. Juni 2000 ein Standbild Salvador Allendes. Auf einem Sandsteinsockel steht er in Bronze gegossen und schaut mit strengem Blick auf den Präsidentenpalast, in dem er am 11. September 1973 starb. Demonstrationen begleiteten die Denkmalsenthüllung, sowohl von Seiten der politischen Rechten als auch der Linken. Die einen wollten nicht, dass dem Vaterlandsverräter, den das Militär gerade noch rechtzeitig gestürzt hatte, ein Denkmal gesetzt wird, die anderen forderten rückhaltlose Aufklärung der Schicksale aller während der nachfolgenden Diktatur verschwundenen Menschen und lebenslange Haft für Pinochet.

»Die politische Rechte hat das Aufstellen des Denkmals fast stärker als Niederlage begriffen als die Verhaftung Pinochets 1999 in London«, sagt Osvaldo Puccio Huidobro, Mitglied der Sozialistischen Partei und Sohn von Salvador Allendes Privatsekretär. Das Standbild schuf der Bildhauer Arturo Hevia, der sich selbst als eher konservativ bezeichnen würde. Auf einem hohen Sandsteinsockel steht ein würdevoll wirkender Salvador Allende, mit ernsthaftem

Santiago de Chile, 26. Juni 2000. Chiles demokratisch gewählter Präsident Ricardo Lagos (links) begleitet Salvador Allendes Witwe Hortensia Bussi und ihre Tochter Isabel nach der Einweihung des Denkmals von Salvador Allende durch die Menge.

Gesicht, teilweise verborgen durch die große Brille und den Oberlippenbart, mit stolz aufgerichtetem Oberkörper und schickem Anzug. In eine Seite des Sockels ist ein Bronzekeil getrieben – vielleicht ein Symbol für das gespaltene Land, das Allende regierte und das heute noch sehr unterschiedlich auf seinen ehemaligen Präsidenten und das Denkmal reagiert. »Am Anfang habe ich oft die Reaktionen der Menschen beobachtet«, sagt der Politikwissenschaftler Puccio. Er berichtet von Familien – meist aus der unteren Mittelschicht und aus der Provinz –, die sich vor dem Standbild fotografieren ließen, sowie von anderen, die vor Salvador Allende ausspuckten und ihn laut verfluchten. »Man braucht nicht tief zu kratzen, nur etwa einen halben Millimeter, und schon findet man bei jedem Chilenen eine Meinung zu Allende – entweder pro oder contra, dazwischen gibt es fast nichts.«

Dabei könne man gerade von Allende einen anderen Umgang mit der Geschichte lernen, einen eher laizistisch-aufklärerischen. Allende sei, so Puccio, im Prinzip, obwohl er im 20. Jahrhundert lebte, die letzte große Politikergestalt des 19. Jahrhunderts gewesen, ein radikaler Aufklärer, der auf die Vernunft und die Kraft des Wortes vertraute. Salvador Allende war ein Zeitgenosse des Guerillakämpfers Che Guevara, beide hatten die gleichen Ziele, verfolgten sie jedoch mit unterschiedlicher Radikalität. »Allende glaubte bedingungslos an die Demokratie, daran, dass man ohne Demagogie, der Wahrheit verpflichtet, mit Reden und Argumenten das Volk von seinen Zielen überzeugen kann.«

Santiago hat viele Gesichter: Ramón Huidobro, der Stiefvater der Schriftstellerin Isabel Allende, sitzt im dreiteiligen Anzug und mit perfekt gebundener Krawatte auf dem Sofa in seinem Apartment in Providencia. In einem Nebenraum malt Isabel Allendes Mutter Panchita an einem kleinen Ölbild, das ein wenig an Chagall erinnert. Das Hausmädchen serviert Kaffee. Vor Ramón Huidobro liegt die Sonntagsbeilage des *Mercurio,* Chiles größter Tageszeitung. Ein Blatt, das der einstige Diplomat und Freund Salvador Allendes nicht liebt, aber aus Pflichtbewusstsein täglich liest. Er deutet auf die Bestsellerliste der Zeitung. Der neue Roman seiner Stieftocher, *Retrato en Sepia* (*Porträt in Sepia*), steht auf Platz zwei und das schon seit Monaten. »Jedes Buch von ihr ist ein Bestseller«, meint er stolz und erzählt eine Episode, die bei Isabels letztem Besuch passierte: »Sie kam mit ihrem Mann für eine Woche zu uns. Wir hatten ihren Besuch geheim gehalten, da man sonst keine Ruhe vor der Presse gehabt hätte.« Sie fuhren auf die Insel Chiloé, dorthin, wo Chile besonders abgeschieden ist, in einen winzigen Ort an der Ostküste der Insel namens Tenaún, ein Dorf mit wenig mehr als einer Plaza, einer alten Jesuitenkirche und einem Strand. Von dort machte die Familie einen Ausflug auf ein vorgelagertes Inselchen, nach Mechuique. »Wir waren niemals zuvor dort gewesen. Wir schlenderten die Straße entlang, und auf einmal lehnte sich eine Frau aus dem Fenster und rief: ›Dort geht Isabel Allende.‹ Isabel trug eine dunkle Sonnenbrille und einen weiten Rock, war also kaum zu erkennen.« Ramón Huidobro lacht: »So etwas passiert auf einer winzigen Insel, in einem Dorf mit vielleicht 200 Seelen, selbst dort erkennt man sie.«

Santiago hat viele Gesichter: Im Museo de la Solidaridad Salvador Allende verlieren sich um die Mittagszeit gerade mal drei Besucher. Sie sitzen auf den Bänken im schattigen Patio des Gebäudes. Es ist ruhig, nur die Kronen der vier mächtigen Palmen im Innenhof, die weit über das Dach des denkmalgeschützten Kolonialgebäudes aufragen, rauschen sanft im Wind. Das Museum erzählt nichts über die Lebensgeschichte Salvador Allendes; es ist ein Kunstmuseum internationalen Ranges und zeigt Werke zeitgenössischer Künstler, unter anderem welche von Juan Miró, Juan Torres-García, Victor Vasarély sowie von den großen Chilenen Nemesio Antúñez und Roberto Matta.

Das Museum wurde nach 1971 gegründet, als Künstler, Intellektuelle und Wissenschaftler aus aller Welt in Santiago zusammenkamen, um sich über die Politik Allendes zu informieren. Sie beschlossen, ihren Beitrag zu einer internationalen Solidaritätskampagne zu leisten, und sandten ihre Werke sukzessive nach Santiago. Die erste Ausstellung gespendeter Kunstwerke fand 1972 unter dem Namen »Museo de la Solidaridad« statt. Bis September 1973 sammelte das Museum 493 Bilder und Plastiken, die nach dem Putsch im Keller des Museums für zeitgenössische Kunst verschwanden. Aber auch während der Diktatur Pinochets spendeten Künstler weiterhin ihre Werke und organisierten Solidaritätsausstellungen in verschiedenen Ländern, um die Weltöffentlichkeit auf die Missstände in Chile aufmerksam zu machen. Nach 1989, nachdem Chile wieder den Weg zur Demokratie beschritten hatte, kamen die Plastiken, Gemälde und Drucke dorthin, wohin sie gehörten: ins Museo de la Solidaridad. »Salvador Allende liebte die Kunst«, erzählt sein langjähriger Weggefährte Jacques Chonchol, »und er hatte auch viele persönliche Freunde unter den Künstlern, die ihm Bilder schenkten.«

Santiago hat viele Gesichter: Die Fería Chilena del libro ist die bedeutendste Buchhandelskette der Stadt. Sie unterhält mehrere Filialen, die größte liegt in der Fußgängerzone Paseo Huerfanos, nur wenige Blocks von der Moneda entfernt. Hier stehen die meisten Bücher nicht in Regalen, sondern liegen nach Themenbereichen geordnet auf Tischen. Reiseführer aus Chile, latainamerikanische Literatur – darunter ein Extratisch für die Werke Isabel Allendes –, Kochbücher, Management-Ratgeber, das Übliche. Auch eine Abteilung zu chilenischer Politik und Geschichte gibt es. Dort finden sich die Reden Salvador Allendes, ein Bildband mit Fotos seiner Regierungszeit, Untersuchungen über politische Gefangene und die Menschenrechtsverletzungen der Pinochet-Diktatur, Memoiren der Opfer, aber auch friedlich daneben, auf Spanisch und Englisch das Buch von Augusto Pinochet *El día decisivo* (Der entscheidende Tag), in dem er seine Sicht des Putsches niederlegte – die Bibel für alle seine Anhänger.

Die Regierungszeit Allendes und der Putsch gegen die frei gewählte Regierung – diese beiden zusammenhängenden Momente bestimmen das politische Bewusstsein der Chilenen auch noch am Anfang des 21. Jahrhunderts. So wie jeder ältere Amerikaner sich erinnern kann, wo er war und was er tat, als John F. Kennedy in Dallas erschossen wurde, so erinnern sich die Chilenen noch genau an den Tag des Militärputsches, an den 11. September 1973. »Wenn ich auf die lange Bahn meines Lebens zurückblicke, sehe ich den Militärputsch in Chile als einen jener Scheidewege an, an denen sich mein Kurs dramatisch geändert hat«, schrieb Isabel Allende in ihrem autobiografischen Werk *Paula*. Wie sie mussten sich viele Chilenen entscheiden: Exil, Widerstand gegen die Diktatur, innerer Rückzug oder gar aktive Unterstützung der Militärs. Fast ein Zehntel der Bevölkerung verließ, gezwungenermaßen oder freiwillig, das Land. In den Jahren direkt nach dem Putsch war es gefährlich, den Namen Allende überhaupt zu erwähnen.

Santiago hat viele Gesichter: Eines fehlt jedoch – das des Parlamentes. In dessen ehemaligem Gebäude ist heute das Außenministerium untergebracht. Pinochet verlegte den Tagungsort des Parlamentes von Santiago in die 120 Kilometer entfernte Hafenstadt Valparaíso, angeblich aus strukturellen Gründen, wohl aber eher, weil ihn die Volksvertretung in der Hauptstadt nur am Regieren gehindert hätte. So entstand dort ab 1980 ein riesig großer, überdimensionierter Bau, nicht gerade ein Aushängeschild der chilenischen Architekturkunst.

Im zwölften Stock des Betonpalastes hat Enrique Krauss sein Büro. Der 70-jährige Politiker, der seit den sechziger Jahren des 20. Jahrhunderts zum politischen Establishment Chiles gehört, ist heute Vorsitzender der Christdemokraten. Er kannte Salvador Allende seit Beginn seiner politischen Tätigkeit und arbeitet heute mit dessen Tochter Isabel zusammen, die für die Sozialistische Partei im Parlament sitzt und den gleichen Namen wie ihre Verwandte, die Schriftstellerin, trägt. Krauss ist voll des Lobes für den Expräsidenten, zumindest was dessen Persönlichkeit angeht. »Immer gesprächsbereit, nie dogmatisch« sei er gewesen, persönlich überzeugend, witzig, sehr sympathisch, ein Mann des Ausgleiches. Seine Wirtschaftspolitik sei jedoch desaströs gewesen. Und an einem Punkt wird Enrique Krauss sehr, sehr ernst: Als es um die Mitverantwortung der Christdemokraten am Putsch geht. Der Führer seiner Partei, Expräsident Eduardo Frei, habe niemals den Putschisten gratuliert; er habe lediglich gesagt, dass das Eingreifen des Militärs die einzige Möglichkeit gewesen sei, Chile vor dem Abdriften ins absolute Chaos zu bewahren. Und das sei schließlich die Wahrheit gewesen. Selbstverständlich hätten die Christdemokraten erwartet, dass die Militärs sich wieder in die Kasernen zurückziehen und den Weg für sofortige Wahlen frei machen würden. Schließlich habe die Christdemokratische Partei während der Diktatur zu den hartnäckigsten Kritikern Pinochets gehört.

Santiago hat viele Gesichter: Die Fundación Salvador Allende residiert in einem strahlend weißen Haus in einer kleinen Seitenstraße der lärmigen Avenida Libertador Bernardo O'Higgins (kurz »Alameda«), der Hauptverkehrsader Santiagos. Die Internetseite der Stiftung lässt mehr erwarten, als man vorfindet: einige kleine Büros, darin Teresa Rubio, die energiegeladen und mit dickem Notizbuch die Stiftung leitet, dazu ein paar Regale voll mit Büchern, eine Art unsortierter Bibliothek, die allerdings Fremden nicht offen steht. Alles wirkt wie im Aufbau befindlich, es ist noch viel zu tun. Auf Besucher ist man nicht eingestellt – nicht einmal eine Ausstellung informiert über Salvador Allendes Leben und Werk, obwohl ein Zweck der Stiftung genau dieser ist.

Direktorin der Fundación Salvador Allende ist offiziell Isabel Allende, die Tochter des Expräsidenten. Sie gibt keine Interviews zur Familiengeschichte und will nicht über ihren Vater sprechen. Zur Vergangenheit sei alles gesagt, meint sie. Ähnlich reagiert Hortensia Bussi de Allende, seine Witwe: »Ich habe so oft darüber gesprochen, ich will nicht mehr, ich bin müde.« 1975 sagte sie in einem Interview: »Ich bin glücklicherweise unfähig zum Hass. Ich habe einen einzigen Wunsch, und ich würde glücklich sterben, wenn der erfüllt würde: Ich möchte sehen, wie die chilenischen Militärs leiden. Ich möchte erleben, dass sie in der Welt herumwandern, wie die Nazitäter es taten, sich ihrer Identität schämend, ebenso ihrer Rolle in der Geschichte, anonym, versteckt im Schatten der Nacht, die sie selbst schufen.«

Santiago hat viele Gesichter: Volodia Teitelboim lebt in einem kleinen bescheidenen Haus im bürgerlichen Stadtteil Nuñoa, wenige Kilometer vom Zentrum Santiagos entfernt. Teitelboim ist Schriftsteller, Intellektueller und Politiker – seit den dreißiger Jahren des 20. Jahrhunderts eine öffentliche Person in Chile. Er war langjähriger Vorsitzender der Kommunistischen Partei und ein enger Freund des Lyrikers und Nobelpreisträgers Pablo Neruda, dessen Biografie er schrieb. Außerdem war Teitelboim mit Salvador Allende befreundet, und selbst Christdemokraten wie Enrique Krauss, die nahezu auf allen Gebieten der Politik anderer Meinung als Teitelboim sind, loben ihn als anregenden Gesprächspartner. Sein Wohnzimmer ist voll gestopft mit Büchern, die Regalbretter biegen sich förmlich unter der Last. Kleine Zettel, die an den Brettern kleben, verweisen darauf, welche Bücher sich in welchem Regal befinden: französische Romanciers, spanische Erzähler, englischsprachige Schriftsteller – alle Werke meist in der Originalsprache und fein säuberlich alphabetisch nach Autoren sortiert. Teitelboim spricht gerne über chilenische Geschichte und Politik, über Salvador Allende und die Unidad Popular, lieber aber noch über Literatur: »Sie ist eine sehr wichtige Schriftstellerin«, sagt er über Isabel Allende. »Die Leser lieben sie, das zeigen die Auflagenzahlen. Die Kritiker dagegen nicht unbedingt, und viele andere Schriftsteller mögen sie überhaupt nicht.« Der Grund? Teitelboim zuckt ein wenig die Achseln. »Vielleicht ist es Neid. Manche denken aber auch, Isabel Allende produziert nur leichte, etwas triviale Literatur. Bücher, die nicht sehr tiefsinnig sind.« Und was denkt er selbst? Teitelboim lächelt. »Ich glaube, dass sie eine authentische, kraftvolle Erzählerin ist.«

Santiago hat viele Gesichter: Jacques Chonchol, Weggefährte und erster Landwirtschaftsminister in der Regierung Allende, unterrichtet heute Studenten. »Sind die Allendes eine der großen Familien Chiles?« Der Sozialwissenschaftler lehnt sich in seinem Schreibtischstuhl zurück. »Nein und ja«, sagt er schnell. Dann überlegt er kurz: »Die klassische Aristokratie in Chile setzt sich aus den großen Gutsbesitzerfamilien zusammen, die ursprünglich aus dem Baskenland kamen. Dazu gehören die Allendes mit Sicherheit nicht. Sie waren und sind Teil der Mittelschicht – und zwar jenes Teiles, der sich durch Intelligenz, Bildung und Wissen auszeichnet. Diese Schicht war bis zum Putsch sehr einflussreich, verliert heute aber immer mehr an Bedeutung. Die Aristokratie tendierte seit jeher zu den rechten Parteien

– meist zu den Nationalen, bestenfalls zu den Liberalen. Die Allendes hingegen gehörten immer zu den Radikalen und den Sozialisten. Die großen Familien kommen entweder aus Santiago oder vom Land – die Allendes stammen jedoch aus Valparaíso. Trotzalledem waren sie aber immer bedeutend.« Und dann ergänzt er: »Die Familiengeschichte der Allendes lässt sich nicht ohne einen Blick auf die Geschichte Chiles verstehen.«

Santiago hat viele Gesichter: Dem italienischen Architekten Joaquín Toesca verdankt die Stadt zwei ihrer wichtigsten Bauten: die dreischiffige, neoklassizistische Kathedrale an der Plaza de Armas im Zentrum und den Palacio de la Moneda, den Präsidentenpalast. Letzterer wurde zwischen 1788 und 1805 erbaut und beherbergte, wie der Name verrät, ursprünglich die Münze. Ab 1846 wurde er als Regierungssitz genutzt. Es handelt sich hier um ein nur zweigeschossiges, aber sehr wuchtiges und breites und damit erdbebensicheres Gebäude, mit vier Innenhöfen, in denen Zitronenbäumchen wachsen. Die Moneda wurde erst kürzlich renoviert: Die Außenwände sind weiß gestrichen, die Fenstersimse poliert, das Holz der Rahmen wurde lackiert und der Rost von den Balkongittern abgeschliffen. Die Moneda ist frisch renoviert, genau wie fast alle anderen Gebäude, die sie umgeben. Am Landwirtschaftsministerium, an der Staatsbank – überall verschwanden die Einschusslöcher, die länger als 25 Jahre an den Putsch vom 11. September 1973 erinnerten. Ließ die Militärdiktatur sie all die Jahre mit Absicht dort? Als Drohung, dass sich die Geschichte wiederholen könnte? Und will die heutige Regierung das Erlebte Vergangenheit sein lassen? Die Gebäude erstrahlen wieder in neuem Glanz, an die Zerstörung der Moneda durch die Luftwaffe erinnert nichts mehr, und Allende steht als einer von drei Vor-Diktatur-Präsidenten auf einem Denkmalssockel. Rückkehr zur Normalität im 21. Jahrhundert?

Santiago hat viele Gesichter: Die Plaza de Armas ist nach wie vor der Treffpunkt der Stadt. Morgens lesen hier auf den schattigen Bänken sitzend die Rentner ihre Tageszeitung, und Geschäftsleute lassen sich noch schnell die Schuhe putzen, dann kommen die

Fotografen und bauen ihre riesigen Balgenkameras und Plüschpferde auf, damit Eltern ihre lieben Kleinen als verwegene *Huasos* – wie die chilenischen Gauchos heißen – vor der Kathedrale fotografieren lassen können. Schließlich treffen die Schachspieler ein, die umringt von schweigendem, aber fachmännischem Publikum vor ihren Brettern schwitzen. Mitunter spielt eine Musikgruppe, mal führen Gaukler ihre Kunststücke vor, und immer – immer stehen ab nachmittags einige mehr oder weniger begabte Maler vor dem Bischofspalais neben der Kathedrale und bieten ihre Werke an. Man kann kitschige Landschaften und schnell gemalte Porträts erstehen; aber es gibt auch Stände mit Fotografien und Postern, unter anderem vom verträumt durch seine Brillengläser blickenden John Lennon oder von Britney Spears, die ihren Bauchnabel zeigt, aber auch von Che Guevara und vom chilenischen Sänger Victor Jara mit seiner Gitarre vor der Kulisse von Machu Picchu. Junge Leute, die zur Zeit des Putsches noch nicht geboren waren und in der Schule bestimmt nichts von Salvador Allende und der Unidad Popular gehört haben, verkaufen dort große Drucke mit dem Bild Allendes und einigen Sätzen aus seiner letzen Rede: »Sie haben die Macht; sie können uns zertreten, aber der soziale Fortschritt ist nicht aufhaltbar, weder durch Gewalt noch durch Macht. Die Geschichte gehört uns, und sie wird vom Volk gemacht. Eher früher als später werden sich die großen Alleen öffnen, durch die freie Menschen schreiten werden, um eine bessere Gesellschaft zu errichten.«

TEIL EINS

1. Eine Familie macht Geschichte

»Ich liebe, Valparaíso, alles, was du umschließt,
alles, was du ausstrahlst, Braut des Ozeans,
weiter noch, als dein tauber Nimbus reicht.
Ich liebe dein ungestümes Licht, mit dem du
in der Meernacht dem Seemann zu Hilfe eilst,
und dann bist du – der Orangenblüte Schönste –
die Lichte, Nackte, Feuer und Nebel ...
Königin aller Küsten der Welt,
wahrhaft Mittelpunkt der Wogen und der Schiffe,
du warst immer in mir wie der Mond oder wie
im Hochwald des Windes Flug.
Ich liebe deine strafbaren Gässchen,
deinen Dolchmond über den Hügeln,
und auf deinen Plätzen, mit Blau
den Frühling kleidend, das Schiffsvolk.«

In seinem Versepos *Der Große Gesang* preist der chilenische Dichter Pablo Neruda Valparaíso, die größte Hafenstadt Chiles. Ihr Name bedeutet »paradiesisch schönes Tal«, ist aber irreführend. Von einem Tal ist nichts zu sehen, und die Schönheit Valparaísos erschließt sich den meisten Betrachtern erst beim zweiten Hinsehen. Die Stadt erstreckt sich entlang einer weiten Bucht, hinter der sich die Ausläufer der Cordillera de la costa erheben. Ein schmaler Küstenstreifen mit Chiles wichtigstem Hafen, einige parallel dazu verlaufende Straßen, gesäumt von teilweise prunkvollen, teilweise verfallenen Häusern, die das Bürgertum des 19. Jahrhunderts in Erinnerung rufen, sowie das zu groß und zu protzig geratene Gebäude des chilenischen Parlamentes. Dahinter zieht sich die Stadt die Hügel hinauf. Auf schmalen

Terrassen, die vom Meer aufsteigen, kleben die Häuser wie Schwalbennester, irrwitzig steile Treppen führen zu ihnen hinauf sowie prunkvolle Aufzüge, zum größten Teil Ende des 19. Jahrhunderts erbaut, als Valparaíso in voller Blüte stand.

Damals legte hier jeder Überseedampfer an, der von Europa oder Afrika kommend Kap Hoorn umrundet hatte. Bereits Mitte des 19. Jahrhunderts verkehrten von hier Güterschiffe in die wichtigsten Häfen der Welt, nach New York, Rotterdam, San Francisco, Yokohama oder Hamburg. Selbst der Güterverkehr zwischen der Ost- und der Westküste der Vereinigten Staaten lief über Valparaíso, denn es war damals billiger und sicherer, Waren von New York nach San Francisco oder von Boston und Baltimore nach Seattle rund um den südamerikanischen Kontinent zu schippern, statt sie auf dem Landweg quer durch die USA zu transportieren. Handelshäuser aus aller Welt unterhielten Kontore in der südamerikanischen Hafenstadt, und auch Thomas Manns literarischer Held Christian Buddenbrook verlässt 1846 das Elternhaus, um erst in London und dann in Valparaíso Geschäfte zu tätigen. Er berichtet hinterher begeistert von der Hafenstadt. Die Reederei Hamburg-Süd stellte 1873 sogar einen Schnelldampfer namens *Valparaíso* in ihren Dienst. In der chilenischen Hafenstadt gab es Seefahrerspelunken und internationale Clubs, in denen die von Heimweh geplagten Engländer, Deutschen oder Franzosen zusammenkamen – meistens nach Nationen getrennt, mitunter auch untereinander.

In dieser Hafenstadt wurde am 26. Juni 1908 Salvador Allende Gossens – Salvador Isabelino del Sagrado Corazón de Jesús Allende Gossens, wie sein Taufname in voller Länge lautete – geboren. Er war das jüngste Kind des Rechtsanwaltes Salvador Allende Castro und dessen Ehefrau Laura Gossens Uribe und hatte drei Geschwister: Alfredo, später Rechtsanwalt wie sein Vater, Inés, die Eduardo Grove Vallejo heiratete, der unter anderem Bürgermeister von Valparaíso wurde, und Laura, die Gastón Pascal Lyon heiratete, sich ab Mitte der sechziger Jahre politisch engagierte und für die Unidad Popular Parlamentsabgeordnete wurde. Die beiden ältesten Kinder der Familie, die ebenfalls Salvador und Laura hießen, waren beide 1898 gestorben; Salvador, nicht einmal ein Jahr alt, Laura knapp dreijährig.

Salvador Allende Gossens: Spanisch-lateinamerikanischer Sitte folgend, erhielt der Neugeborene zwei Familiennamen: den ersten vom Vater, den zweiten vom Großvater mütterlicherseits. Der junge Salvador wurde jedoch selten bei seinem Namen gerufen – zu Hause nannte man ihn nur Chicho, abgeleitet vom spanischen *chico* (klein) und am besten mit »Kleiner« zu übersetzen. Frühe Fotos zeigen einen kleinen Jungen, meistens für die besondere Gelegenheit gut gekleidet, mit wilden Locken, die sich nur mühsam durch einen Scheitel bändigen ließen.

Die Familie blieb nicht lange in Valparaíso. Sie zog nach Tacna, eine Kleinstadt, die heute in Peru liegt, damals aber zu Chile gehörte, und dann nach Iquique, eine Stadt, die ihren Reichtum den Salpeterfeldern des Nordens verdankte. Schließlich ließen sich die Allendes im Süden Chiles nieder, in Valdivia. Dort arbeitete Salvador Allende Castro als Anwalt. 1922 wurde ihm mit der Leitung des staatlichen Notariats im Hafen von Valparaíso eine einträgliche Stelle angeboten, und so kehrte die Familie in die Heimat zurück. Zwar hatte Valparaíso als Hafenstadt zu der Zeit nicht mehr die Bedeutung, die es noch zehn Jahre zuvor besessen hatte, war aber – wie heute auch – immer noch ein wichtiger Umschlagplatz für den chilenischen Außenhandel. Von vielen internationalen Schifffahrtslinien war die Stadt allerdings mit der Eröffnung des Panamakanals im August 1914 abgeschnitten worden. Der Kanal verkürzte den Seeweg von Europa zur nordamerikanischen Westküste – Waren für und von dortigen Häfen konnten nun den Durchstich in Mittelamerika passieren und mussten nicht mehr rund um Kap Hoorn transportiert werden.

Chicho kehrte anlässlich des Umzuges nach Valparaíso nach vier Jahren Abwesenheit in die Familie zurück. Er hatte zunächst die Grundschule in Tacna besucht, war dann aber von seinen Eltern nach Santiago geschickt worden, da die weiterführenden Schulen in der Grenz- und Garnisonsstadt keinen besonders guten Ruf hatten. Er wohnte bei seinem Onkel, Don Ramón Allende Castro, dem damaligen Bürgermeister der Hauptstadt. Zum Schulbesuch in Santiago hatten den Eltern übrigens die Nachbarn in Tacna geraten – Oberst Carlos Ibañez del Campo und seine Frau. Jener Oberst, der sich 1927 zum Diktator aufschwang, von Allende bekämpft wurde und der von 1952 bis 1958 Präsident Chiles werden sollte.

Ein Onkel, der Bürgermeister der Hauptstadt war, ein Nachbar, der später Präsident wurde – schon das zeigt, dass Salvador Allende nicht fern von der Macht geboren wurde und auch nicht fern von ihr aufwuchs. Seine Familie war schon seit einigen Generationen einflussreich in Chile – auch wenn sein Vater niemals ein öffentliches Amt bekleidete.

Die Familie stammte weder von den spanischen Eroberer ab, die getrieben von der Sucht nach Gold und Silber Mitte des 16. Jahrhunderts nach Chile kamen und eine große Enttäuschung erlebten, noch von den ersten Siedlern, die dann begeistert das Land unter sich in große Latifundien aufteilten. Die Allendes tauchten erst im 19. Jahrhundert in der Geschichte Chiles auf.

In der Zeit der spanischen Eroberungen war Diego de Almagro, Mitstreiter Pizarros, 1533 durch Peru und das heutige Bolivien nach Süden und schließlich bis Mittelchile gekommen. Doch statt der erhofften Schätze stieß er nur auf Wüsten, schneebedeckte Gipfel und unfruchtbare Hochebenen. Gold und Silber hatte er gesucht, Berge und Wüsten gefunden. Ein unzugängliches Land, ein Land mit einer »verrückten Geografie«, wie der chilenische Gelehrte Benjamin Subercaseaux 1940 bezogen auf die Proportionen und die landschaftliche Vielfalt des Landes meinte. Mehr als 4300 Kilometer in der Nord-Süd-Ausdehnung bei nur etwa 200 Kilometern in der Ost-West-Ausdehnung, dazu eine Fülle unterschiedlicher Naturphänomene, weshalb der Volksmund die Entstehung des Landes so beschreibt: »Als Gott seine in sieben Tagen erschaffene Welt betrachtete, stellte er fest, dass noch einiges übrig geblieben war: Vulkane, Urwälder, Wüsten, Fjorde, Flüsse und Eis. Er gab den Engeln den Auftrag, all das hinter einem langen Gebirge aufzuschütten. Das Gebirge waren die Anden – und so entstand Chile, das vielgestaltigste Land der

Erde.« Hinzu kommt, dass Chile vielleicht mehr als jeder andere Festlandstaat der Erde von seinen Nachbarn getrennt ist: Im Westen erstreckt sich der Pazifik, im Osten trennt die fast 7000 Meter hohe Kette der Andengipfel Chile von den Nachbarn Argentinien und Bolivien, und im Norden verläuft die Grenze zu Peru mitten durch eine unwirtliche Wüste.

Diego de Almagro zog sich enttäuscht zurück. Sein Nachfolger Pedro de Valdivia hingegen, der 1540 nach Südamerika kam, war von Chile begeistert: »Das Leben in diesem Land ist mit nichts zu vergleichen. Nur vier Monate herrscht Winter ... und der Sommer ist so mild, mit solch angenehmem Wind, dass man den ganzen Tag in der Sonne sein kann, ohne Schaden zu nehmen. Es gibt Gras in Hülle und Fülle, jede Art Vieh und Pflanzen kann hier gedeihen; sehr schönes Holz zum Bauen von Häusern ist reichlich vorhanden, ebenso ausreichend Brennmaterial zum Heizen und Betreiben der reichen Minen. Das Land scheint wahrlich von Gott gesegnet zu sein.« Er gründete die ersten Städte in Chile: am 12. Februar 1541 Santiago de Chile, 1544 La Serena und Valparaíso – Ausgangspunkte, um von dort aus das Land zu erobern. Doch das war nicht so einfach wie einst in Peru. Gegen die in Chile lebenden Mapuche musste jedes Dorf und jede Siedlung gesichert werden. Endgültig wurde der indianische Widerstand in Südchile erst im 19. Jahrhundert gebrochen.

Die spanischen Eroberer lebten daher überwiegend in den wenigen Städten, die festungsähnlich gesichert waren. Das unter ihnen aufgeteilte Land wurde in einer Mischung aus Lehnsystem und Sklaverei – der spanische Begriff dafür war *encomienda* – von Indianern bestellt. Der spanische König anempfahl (spanisch *encomendar*) einem seiner Konquistadoren ein Stück Land mit den darauf lebenden Indianern. Der Eroberer sollte als Schutzherr (*encomendero*) für die Verteidigung und Sicherheit sowie für die politische und religiöse Unterweisung seiner Anvertrauten sorgen. Dafür musste er natürlich belohnt werden. Er durfte im Gegenzug im Namen des Königs von den ihm anvertrauten Indianern Zahlungen verlangen: Sklavenarbeit, Nahrungsmittel, Gold. Der *encomendero* hatte das lebenslange Nutzungsrecht an dem Land, ein Recht, das später auch vererbbar war. Der uruguayische Intellektuelle Eduardo Galeano schrieb in seinem Buch *Die offenen Adern Lateinamerikas:* »Von 1536 an wurden die Indianer im »Encomienda«-Verhältnis (das heißt als ›Anvertraute‹) zusammen mit ihrer Nachkommenschaft für die Dauer von zwei Lebensaltern, nämlich für das des *encomendero* und das seines unmittelbaren Erben, zugeteilt; von 1629 an wurde das System auf drei und von 1704 an auf vier Lebensalter ausgedehnt. Im 18. Jahrhundert sicherte dies den Indianern, soweit sie am Leben blieben, ein bequemes Leben für vier Generationen.«

So entstanden schon kurz nach der Eroberung die großen Latifundien, die später in den Landreformen unter den Regierungen Frei und Allende teilweise enteignet wurden. Der Großgrundbesitz hemmte die wirtschaftliche Entwicklung in den Kolonien: Das Land wurde nicht entwickelt. Dank Sklavenarbeit und großer Landflächen ließen sich leicht Gewinne erwirtschaften. Der Gutsherr wohnte allerdings nicht auf dem Gut, sondern in der Stadt und führte dort ein Leben, das sich an dem der europäischen Oberschicht orientierte. »Die Landbesitzer residierten wie kleine Könige auf ihren Gütern«, schrieb der Wirtschaftswissenschaftler Edward Boorstein, »sie gaben den Untergebenen die Erlaubnis zur Hochzeit und waren oft die Taufpaten von deren Kindern. Sie teilten das Erbe der verstorbenen Untergeben unter den Hinterbliebenen auf, entschieden bei Disputen und urteilten bei Verbrechen. Viele Güter besaßen Zellen oder Verliese, um Aufrührer dort einzukerkern.« Ein Augenzeuge namens Willi Ule notierte noch 1924: »Der Betrieb der Feldwirtschaft ist hier in Chile anders eingerichtet als bei uns. Das Bestellen und Ernten führt nicht der Besitzer selbst aus, das Ackerland wird vielmehr an Landleute vergeben. Diese erhalten zugleich das Saatgut und müssen dafür das Feld bestellen und abernten. Den Ertrag der Ernte müssen sie dem Besitzer abgeben, der es (sic!) verkauft und die Gewinne mit den Landleuten teilt. Um Ordnung halten zu können, stehen dem Besitzer polizeiliche Rechte zu. Er kann über die Landleute, wenn sie ihre Pflichten vernachlässigen, Strafen verhängen.«

Dennoch war Chile damals eine der ärmeren Kolonien der Spanier: Weder Gold noch Silber hatte man hier gefunden. Stattdessen exportierte die Oberschicht landwirtschaftliche Produkte in die anderen, reicheren Kolonien, etwa Getreide, Obst und Wein nach Peru und Bolivien. So wuchs die spanische Bevölkerung nur langsam – um 1800 hatte Chile zwar 500 000 Einwohner, darunter allerdings nur 15 000 in den Städten wohnende Spanier. Santiago war mit 40 000 Einwohnern bereits die größte Stadt des Landes.

Der brasilianische Sozialwissenschaftler Darcy Ribeira beschrieb die Chilenen als ein »*neues* Volk, das aus der Vermischung von Spaniern und Indios hervorgegangen ist. Das ethnische Grundmuster stammt von den Araukanerinnen, die von den Spaniern gefangen und geschwängert wurden.« Schließlich seien nicht so viele Einwanderer nach Chile gezogen, dass sie die große indianische Mehrheit »hätten absorbieren oder diese als untergeordnete Kaste sozial überlagern können«.

Die neue chilenische Oberschicht litt darunter, nur eine entfernte Kolonie des spanischen Weltreiches zu sein. Sie strebte nach Unabhängigkeit, auch um besser Handel treiben zu können, beispielsweise mit englischen Handelshäusern, die, unterstützt von der britischen Krone, ihren Einfluss in Amerika ausbauen wollten. Zudem kannte man überall in Südamerika ein Beispiel, das Mut machte: 1776 hatten sich die nordamerikanischen Kolonien für unabhängig erklärt. Nachdem Spanien 1805 von den Engländern in der Schlacht von Trafalgar besiegt und 1808 von Napoleon besetzt worden war, bildeten sich überall in den lateinamerikanischen Kolonien regionale *juntas,* die im Namen der spanischen Krone weiter regierten. Am 18. September 1810 (heute ist dieser Tag in Chile Nationalfeiertag) gründete sich in Santiago erstmals eine eigene chilenische Regierung, die sich zwar zunächst zur spanischen Krone bekannte, 1811 jedoch einen Nationalkongress ausrief und 1812 eine eigene Verfassung verabschiedete. Spanien gewann zwar die ersten Schlachten im lateinamerikanischen Unabhängigkeitskrieg, musste sich aber 1817 und 1818 den vereinten chilenischen und argentinischen Truppen geschlagen geben.

Führer der chilenischen Truppen war Bernardo O'Higgins, ein Beispiel für die landestypische Vermischung: seine Mutter war halb Indianerin und halb Spanierin, sein Vater Ire. O'Higgins wurde 1818 erster chilenischer Präsident, musste aber bereits 1823 sein Amt niederlegen und ins Exil nach Peru fliehen. Der Grund: seine Reformfreudigkeit. Er schaffte die Adelstitel und das Majorat (Erbfolgeregelung) ab, förderte den kleinen Landbesitz, verbesserte die Grundbildung (Einrichtung von Volksschulen) und das Gesundheitssystem und legte sich mit der mächtigen katholischen Kirche an, weil er auf religiöser Toleranz bestand. Zahlreiche seiner liberalen Mitstreiter aus dem Unabhängigkeitskrieg folgten ihm – darunter auch drei Brüder: drei Brüder namens Allende, die als Erste der Familie in den Geschichtsbüchern auftauchen sollten. Gregorio Allende Garcés, der Urgroßvater Salvador Allendes, sowie dessen Brüder Ramón und José María. Gregorio diente in der Leibwache von General O'Higgins, die beiden anderen, der Urgroßvater und José María, bei den so genannten Todeshusaren, einer Schwadron, die von Manuel Rodríguez, einem der berühmtesten Bürgerkriegshelden Chiles, angeführt wurde.

Nachdem O'Higgins 1842 in Lima gestorben war, kehrte Gregorio Allende Garcés wenig später nach Santiago zurück. Er heiratete Salomé Padin, die Tochter von Doktor Vicente Padin, der damals ein berühmter Arzt in Santiago war und als Dekan der medizinischen Fakultät der Universidad de Chile ein bekanntes Krankenhaus gegründet hatte. 1845 wurde Sohn Ramón Allende Padin geboren, der so genannte »rote Allende«, der Großvater des zukünftigen Präsidenten.

Der »rote Allende« wurde Ramón wohl aus zwei Gründen genannt: zum einen wegen seiner radikalen politischen Anschauungen, zum anderen wegen seiner auffälligen roten Haarfarbe. Leider existieren nur Schwarzweißporträts aus seiner Zeit. Sie zeigen meist einen ernst aussehenden Mann mit glatten Haaren und entweder mit einem mächtigen dunklen Vollbart oder aber mit einem gepflegten Schnauzbart und dazu wuchtigen Koteletten. Ramón Allende mischte sich schon früh in die chilenische Politik ein. Er studierte Medizin und veröffentlichte als 20-Jähriger 1865 ein sozialmedizinisches

Ramón Allende Padín (1845-1884), Salvadors Großvater, wurde wegen seiner Haarfarbe und politischen Gesinnung auch der »rote Allende« genannt.

Werk, das erstmals in Chile den Zusammenhang von Hygiene, Armut und Sterblichkeit durch Typhuserreger behandelte. Die Eröffnung der ersten Geburtsklinik Santiagos geht ebenfalls auf seine Anregung zurück.

Ramón Allende war eine ungewöhnliche Gestalt in der normalerweise sehr zurückgelehnt und eher beobachtend lebenden gehobenen Mittelschicht Chiles. Glaubt man den erhaltenen, leider oft nur knappen Beschreibungen seiner Person, hatte er etwas für seine Herkunft untypisch Kämpferisches und Getriebenes. Als Mediziner war er sehr engagiert. Er gab eine gesundheitspolitische Zeitschrift heraus und behandelte seine Patienten, egal ob sie ihn bezahlen konnten oder nicht; fehlte ihnen das Geld für die Medikamente, dann bezahlte er diese aus eigener Tasche. Materielle Werte interessierten ihn nicht. Ramón war Mitglied der Radikalen Partei, vertrat sie acht Jahre als Abgeordneter im Parlament, kämpfte für Bürgerrechte und für die Trennung von Staat und Kirche. Er wollte die Säkularisierung der Friedhöfe und der Personenstandsakten und setzte die Gründung der ersten weltlichen Schule in Chile durch. Die Kirche exkommunizierte ihn dafür, was der Großmeister der Freimaurerloge wohl eher als Ritterschlag empfand.

Die Freimaurer spielten in Südamerika vor allem während der Herausbildung der neuen Staaten eine wichtige Rolle. Sie brachten die Ideen der Aufklärung, der französischen und nordamerikanischen Revolution nach Südamerika, diskutierten diese zunächst in ihren Geheimgesellschaften und verbreiteten sie dann in liberalen Blättern. Den Unmut der Kirche erregten die Freimaurer seit ihrer Gründung, da sie sich immer für antiklerikalistische Ziele aussprachen. Auch Salvador Allende war später, genau wie sein Großvater Ramon und sein Vater Salvador, Meister der Freimaurer.

Ramón Allende legte 1879 sein Parlamentsmandat nieder. Der Grund: Er zog als Freiwilliger in den Krieg, in die *Guerra del Pacífico* (den Pazifischen Krieg), der im deutschen Sprachraum als »Salpeterkrieg« bekannt wurde. Zwischen dem 19. und dem 27. südlichen Breitengrad, also in der Atacamawüste, zwischen den chilenischen

Hafenstädten Arica (an der Grenze zu Peru) und Caldera erstrecken sich die wichtigsten Salpeterlagerstätten der Welt. Salpeter ist ein Salz, das seine Entstehung dem Meer verdankt, in der Wüste gefunden wird und zweifach genutzt werden kann – ein Rohstoff also, für den sich ein Krieg angeblich lohnte. Bereits im 16. Jahrhundert war bekannt, dass Salpeter sich wundervoll zur Schießpulverherstellung eignete, und Anfang des 19. Jahrhunderts entdeckte der deutsche Forschungsreisende Thaddaeus Peregrinus Haenke die riesigen Salpeterlagerstätten in der Wüste. Salpeter wurde ein begehrter Rohstoff, noch gefragter wurde er allerdings, als der deutsche Physiker Justus von Liebig herausfand, dass sich aus dem Natriumnitrat auch Kunstdünger gewinnen ließ.

Das lockte die Menschen in die Wüsten des heutigen Nordchile, in eine der trockensten und lebensfeindlichsten Regionen der Erde: Geröll und bunte Felsen, Sand und harte Erde, dazwischen weißliche Salzseen und in der Ferne die schneebedeckten Gipfel der Anden. »Die Wüste ist ein unruhiges, welliges, hügeliges Gelände, bedeckt von einem gelblichen bis braunroten Guss, den die Sonne leuchten und erglühen lässt, die tote Landschaft mit einer eigenartigen Farbenpracht belebend. In der Salpeterwüste ist es tagsüber heißer, nachts kälter als an der Küste«, schrieb der deutsche Wissenschaftler Otto Bürger 1926.

Trotzdem entstanden hier Siedlungen – *oficinas*, wie die Salpeterstädte genannt wurden. Ihre Namen wie Esperanza oder Santa Margarita kündeten von großer Hoffnung und erflehten himmlischen Beistand. 1830 verließen bereits die ersten Schiffe den damals noch peruanischen Hafen Iquique, beladen mit Salpeter für die Alte Welt. Denn die europäischen Landwirte waren die Hauptabnehmer. Sie schrien nach Kunstdünger, um ihre Erträge steigern und die stetig wachsende Bevölkerung versorgen zu können. 1840 wurden etwa 75 000 Tonnen produziert, 1870 waren es schon über 500 000 Tonnen.

Damals gehörte die Atacamawüste noch nicht zu Chile. Das dank des Salpeters aufblühende Iquique war eine peruanische Hafenstadt, und Antofagasta, ein anderer wichtiger Hafen, gehörte zu Bolivien. Chile, Peru und Bolivien hatten sich auf eine gemeinsame Strategie zur Ausbeutung des »weißen Goldes« geeinigt. Als die Bolivianer allerdings erfuhren, wie viel Geld wirklich mit dem Salpeter zu verdienen war, kündigten sie den Vertrag einseitig auf und gleichzeitig an, eine chilenische Gesellschaft in Antofagasta hoch zu besteuern. Und als Peru dann die Nationalisierung des peruanischen Salpeters verkündete – was unter anderem die Chilenen geschädigt hätte –, suchte Chile die Konfrontation und schlug zu: Truppen besetzten im Februar 1879 Antofagasta und lösten so den »Salpeterkrieg« aus. Zwar verlor der heute als Seeheld gefeierte Hauptmann Arturo Prat Chacón die Seeschlacht bei Iquique am 21. Mai 1879, aber 1883 waren Peru und Bolivien endgültig geschlagen, Chile besaß ab sofort das Salpetermonopol und war um zwei Provinzen reicher: um Antofagasta und Tarapacá. Bolivien ist seither ein Binnenstaat, allerdings wurde den Bolivianern damals die Nutzung der Häfen von Arica und Antofagasta zugesagt.

Der Sieg steigerte den Nationalstolz der Chilenen. Chile wurde zur politisch und wirtschaftlich führenden Macht am Pazifik. »Mit Vernunft oder mit Gewalt« – der Wappenspruch der Republik hatte auf einmal einen ganz bestimmten Sinn bekommen.

Ramón Allende allerdings gehörte zu den Verlierern des Krieges. Mittellos und gesundheitlich angeschlagen kehrte er zurück – die Freimaurerloge gewährte ihm ein Darlehen, damit er seine Familie ernähren konnte. Er starb 1884, mit nicht einmal 40 Jahren, und wurde mit großen Ehren bestattet. Zwei spätere Präsidenten trugen seinen Sarg, José Manuel Balmaceda und Ramón Barros Luca, die Grabrede hielt Enrique MacIver, der damalige Vorsitzende der Radikalen Partei.

Gewinner des Salpeterkrieges waren in erster Linie allerdings nicht die Chilenen, sondern vor allem Engländer, aber auch Deutsche, Nordamerikaner und Spanier, denn, wie Otto Bürger schrieb, gehörten »von den Salpeterwerken vor dem Kriege [gemeint ist der I. Weltkrieg] annähernd die Hälfte den Engländern, der dritte Teil Chilenen, die aber stark mit deutschem Kapital arbeiteten, und der Rest Deutschen, Nordamerikanern, Spaniern.«

Hauptnutznießer des Streites um den Salpeter war John Thomas North, der ungekrönte Salpeterkönig, ein ehemaliger Mechaniker, der 1865 nach Peru gekommen war. Er hatte sich zunächst von den Peruanern die Konzession für die Wasserversorgung der nördlichen Provinz Tarapacá besorgt und mit Wasser gehandelt – Wasser war nicht nur als Trinkwasser wichtig, sondern auch dafür, den Salpeter aus dem Rohgestein auszukochen. Zwei bis drei Liter benötigte man, um ein Kilo reines Salpeter zu gewinnen. Während des Krieges setzte North dann auf einen chilenischen Sieg: Er lieh den Truppen seine Schiffe, damit sie an der peruanischen Küste landen konnten und kaufte gleichzeitig mit Geld, das er sich bei einer Chilenischen Bank lieh, peruanische Salpeterfelder, die – je mehr sich das Kriegsglück den Chilenen zuwandte – immer billiger wurden. Wie er handelten auch andere britische Unternehmer, und so ist es nicht weiter verwunderlich, dass zwischen 1890 und 1900 England den chilenischen Außenhandel beherrschte: Drei Viertel aller chilenischen Exporte gingen nach England, und die Hälfte seiner Einkünfte bezog Chile von dort; sein Handel war noch stärker als der Indiens, das ja eine Kolonie war, auf England ausgerichtet. Die britischen Gesellschaften scheffelten Geld. John Thomas Norths »Liverpool Nitrate Company« konnte ihren Aktionären eine Dividende von 40 Prozent zahlen. Glücklich ließen die britischen Händler eine verkleinerte Nachbildung des Big Ben auf der Plaza in Antofagasta errichten, und auch Iquiques Plaza wurde mit einem Uhrturm verziert. »Iquique hat seinen eigenen König. Man nennt ihn den Wüsten- oder, besser, den Salpeterkönig. Sein Foto, auf dem eine Königskrone abgebildet ist, wird überall in den Läden verkauft. Er heißt Oberst North«, schrieb der russische Reisende und Diplomat A. J. Jonin Ende des 19. Jahrhunderts in seinem Buch *Durch Südamerika*.

Chile erhielt einen Peso Ausfuhrzoll für jeden Zentner Salpeter. Verglichen mit Norths Gewinnen war das ein Almosen, aber dennoch genug, um damit den halben Staatshaushalt zu finanzieren.

Zwei Jahre nach dem Tod Ramón Allendes kam ein Politiker an die Macht, mit dessen Ideen der »rote Allende« sehr einverstanden gewesen wäre: José Manuel Balmaceda stammte zwar aus einer reichen Großgrundbesitzerfamilie, hatte aber anders als seine Amtsvorgänger nicht nur das Wohlergehen seiner eigenen Schicht im Kopf. Er engagierte sich für eine aufwändige Erziehungspolitik, versuchte die nationale Industrie zu diversifizieren, baute die öffentliche Infrastruktur aus und schloss mit Deutschland ein Abkommen über die erste und einzige Anleihe ab, die Chile im 19. Jahrhundert nicht von England erhielt – so eng waren die Handelsverflechtungen mit dem Königreich inzwischen geworden. 1888 ging Balmaceda daran, die Rechte an neu entdeckten Salpetervorkommen nicht mehr an Privatunternehmer zu vergeben, sondern Staatsbetriebe zur Ausbeutung der Vorkommen zu gründen. Und er versuchte, die Eisenbahn, die unabdingbar für den Transport des Salpeters in die Häfen war, zu verstaatlichen – die Eisenbahn, die bis dahin den Gesellschaften von John Thomas North gehört hatte.

North versuchte zu intervenieren. Die *Financial Times* schrieb am 6. Februar 1889: »Ein Gespräch von wenigen Minuten zwischen dem chilenischen Wirtschaftsminister und einem Mann wie Mr. North wird genügen.« Zumal North auf prominente Unterstützung zählen durfte, schließlich standen Enrique MacIver, der Führer der Radikalen Partei, und Carlos Walker Martínez, der Vorsitzende der Konservativen Partei, als Anwälte auf seiner Lohnliste. Doch es reichte nicht, Balmaceda bestand auf seinen Plänen. North begann seine Lobbyarbeit und bestach Politiker und Journalisten. Das Parlament entzog Balmaceda das Vertrauen, doch dieser regierte auf die Verfassung gestützt weiter. 1891 begann der Bürgerkrieg. »North und seine Kollegen finanzierten in großzügiger Weise die Rebellen, und britische Kriegsschiffe blockierten die chilenische Küste, während die Londoner Presse gegen Balmaceda »als ›einen Diktator der schlimmsten Sorte‹ und ›Schlächter‹ tobte« – so Eduardo Galeano in seinem Werk *Die offenen Adern Lateinamerikas*.

Der Bürgerkrieg kostete etwa 100 000 Menschenleben, und

schließlich wurde Balmaceda gestürzt. Er flüchtete in die argentinische Botschaft, lehnte das Angebot, ins Exil zu gehen, ab und beging am 19. September 1891 Selbstmord. Ein Präsident, der Politik für das Volk machte, sich mit dem ausländischen Kapital anlegte, gestürzt wurde und sich selbst tötete – er wurde später ein Volksheld.

Für die Liberalen und Radikalen, die Anhänger Balmacedas, brach eine schwere Zeit an. Einige wurden ermordet, andere mussten ins Exil flüchten, und viele wurden aus den öffentlichen Ämtern verbannt. Die Allende-Familie war nicht davon betroffen, denn Salvador Allende Castro war zwar wie sein Vater, der »rote Allende«, Mitglied der Radikalen Partei, mischte sich aber nicht in das tagespolitische Geschehen ein. Er war glücklich als Notar und Großmeister der Freimaurer, ihn trieb nicht die Unruhe seines Vaters. Vielleicht auch, weil sich seine Frau Laura Gossens Uribe, die aus einer streng katholischen Familie stammte und auch weiter an ihrem katholischen Glauben festhielt, nur wenig an den politischen Debatten beteiligte. Nur einmal hatte sich ganz Lateinamerika über Salvador Allende Castro gefreut beziehungsweise geärgert: Als er, in Tacna lebend, ein Sonett auf den peruanischen Diktator Augusto Bernardino Leguía (1862–1932) gedichtet hatte. Die Hymne gefiel dem Peruaner, vor allem weil damals auch die nach dem Salpeterkrieg ungelöste Grenzziehung zwischen Chile und Peru auf der politischen Tagesordnung stand, und er ordnete an, sie in allen peruanischen Zeitungen abzudrucken. Als sie erschienen war, lachten die Chilenen über die Eitelkeit des Diktators: Dieser hatte übersehen, dass die Anfangsbuchstaben der Gedichtzeilen hintereinander gelesen den derben Fluch »Me cago en Leguía« (»Ich scheiße auf Leguía«) ergaben.

Ende der neunziger Jahre des 19. Jahrhunderts arbeitete Salvador Allende Castro als Rechtsanwalt, häufig sogar als Pflichtverteidiger. Er verteidigte zumeist sozial schwache Klienten vor dem Gericht und gewann so aus erster Hand Einsicht über die soziale Lage der Chilenen.

Chile war ein gespaltenes Land. Die Salpeterbarone beispielsweise verdienten Millionen, die unteren Gesellschaftsschichten, die so ge-

Während der Notar Salvador Allende Castro durch ein Spottgedicht auf den peruanischen Diktator Leguía von sich reden machte, hielt sich seine streng katholische Ehefrau Laura Gossens Uribe weitgehend aus dem politischen Leben heraus.

nannten *rotos* dagegen lebten in Armut. Der Salpeterreichtum ist heute noch in und um Iquique zu bewundern. An der Plaza Prat mit ihrem Uhrturm steht das prunkvolle mit Salpetergeld erbaute neoklassizistische Theater, das 1890 als Opernhaus eingeweiht wurde. Nur wenige Kilometer landeinwärts, auf Höhe der Küstenkordillere, trifft der Besucher von heute auf die verlassenen Salpeterstädte Humbertstone und Santa Laura. Diese beiden Geisterstädte in der Wüste wurden 1862 und 1872 gegründet. Heute weht der Wind durch die zerfallenen Villen der Aufseher und treibt Sand und Staub in deren Schwimmbad und in die winzigen Quartiere der Arbeiter. Die Salitreras hatten zwei Gesichter: Sie boten den höheren Angestellten der Salpeterbarone alles, den Arbeitern nichts. Der deutsche Reisende Erwin von Hase lobte 1907 die Unterkünfte der höheren Angestellten überschwänglich: »Das Haus selbst, speziell für die Tropen gebaut, mit riesig hohen, luftigen und kühlen Räumen und breiten Veranden, sah schon von weitem wie der Palast eines Gouverneurs in unseren Kolonien aus und stand auch in seinem Innern an Behaglichkeit und Luxus einem solchen in nichts nach. Elegante Portieren und Polstermöbel, bequeme lederne Klubsessel, gute Bilder und eine reichhaltige Bibliothek mit allen Neuerscheinungen in deutscher, spanischer, englischer und französischer Sprache, sowie die aktuellen Zeitungen und Zeitschriften – es war eben einfach alles da, selbst ein Billard und ein Klavier sowie vor dem Hause ein Tennisplatz und eine Kegelbahn.« Für die Unterkünfte der Arbeiter findet er hingegen nur zwei Worte: »niedrige Wellblechbaracken.« Die Salitreras gehörten de facto den Minenbesitzern. Diese besaßen die Wellblechhütten der Arbeiter, die wenigen Geschäfte, die Kneipen und die Freizeiteinrichtungen. Ausbezahlt wurden die Arbeiter mit Wertmarken, den *fichas*, die nur in den jeweiligen Salitreras gültig waren, außerhalb dieser, beispielsweise in anderen Salpeterstädten oder in Iquique, jedoch wertlos. Die Wertmarken konnten nur einmal monatlich gegen Geld umgetauscht werden. So wurde mit einem einfachen System gewährleistet, dass die Arbeiter ihre Löhne direkt wieder bei ihrem Arbeitgeber ablieferten.

Streiks und Proteste der Arbeiter wurden zerschlagen, sogar mit Waffengewalt. 1903 töteten Militärs 200 Menschen bei einer Demonstration von Armen und Eisenbahnarbeitern in Santiago; 1905 schossen Soldaten ebenfalls in Santiago auf Demonstranten, nach zwei Tagen zählte man etwa 350 Tote und 1000 Verletzte. 1907 fand dann in der Hafenstadt Iquique eines der größten Massaker der chilenischen Geschichte statt: Streikende Arbeiter waren mit ihren Familien aus den Salitreras in die Stadt gezogen und hatten sich auf der Plaza versammelt, als das Militär mit Maschinengewehren das Feuer eröffnete: 2000 Menschen – Kinder, Frauen und Männer – starben im Kugelhagel. Und selbst noch im Februar 1921 schossen Truppen in der Salpetermine San Gregorio bei Antofagasta Arbeiter zusammen, die sich dort versammelt hatten – 500 Tote wurden hinterher beklagt.

Präsident war zu jener Zeit Arturo Alessandri Palma, genannt »der Löwe von Tarapacá«. Er war als Kandidat der Radikalen und der Liberalen Partei sowie der Sozialistischen Arbeiterpartei gewählt worden. Letztere, unter der Führung von Luis Emilio Recabarren, war natürlich besonders enttäuscht, dass Alessandri, der im Wahlkampf noch mit antioligarchischen Parolen aufgetreten war, nun bestenfalls halbherzige Sozialreformen durchsetzte. Der junge Salvador Allende war bei Alessandris Amtsantritt 1920 gerade zwölf Jahre alt. Er lebte bei seinem Onkel in Santiago und sah seinen Vater nur bei dessen Besuchen in der Hauptstadt. Salvadors Vater kannte Arturo Alessandri gut und traf sich regelmäßig mit ihm. Bei einem dieser Besuche fragte er ihn, ob er die versprochenen Reformen denn überhaupt durchführen wolle. Alessandri soll gelacht und dann gesagt haben: »Du bist ein Romantiker, Salvador, ein Dichter. Versteh doch, dass die Versprechungen vor der Wahl die eine Sache sind und dass es etwas ganz anderes ist, das Volk von La Moneda aus zu regieren. Nur von außen scheint es so, als sei der Präsident allmächtig, als sei er in der Lage, alle zu kleiden und zu ernähren. Aber da hast du dich verrechnet! Die *pelucones* [wörtlich: die Perückenträger, gemeint sind die Konservativen] sind geizig, egoistisch und rachsüchtig. Versuche nur, sie anzurühren, und schon setzen sie dich aus La Moneda an die Luft, denn dieses Haus gehört ihnen. Nicht umsonst heißt es ›Moneda‹, und wer die Moneten besitzt, weißt du ja.«

»Aber du bist doch der Löwe! Handle kühn und entschlossen, und das Volk wird dich unterstützen! Oder hast du Angst?«

»Nein, das nicht, aber ich will die Macht nicht verlieren.«

Die Macht, in der Moneda, also im Regierungspalast zu sitzen – welcher Chilene wollte sie nicht? In einigen Biografien findet man folgende Episode über den jungen Salvador Allende, den späteren Politiker, der viermal kandidierte, um endlich in die Moneda einziehen zu können: 1916 soll der achtjährige Chicho, als die Familie den Präsidentenpalast besichtigen wollte, in Tränen ausgebrochen sein. Nein, er wolle nicht in die Moneda, habe er geschrien. Er habe auch nicht den Traum, den alle Chilenen hätten: Er wolle nicht Präsident werden. Lieber ein *huaso,* wie in Chile die freiheitsliebenden Gauchos genannt werden. Was interessierte ihn damals nicht: die Politik oder die Macht oder beides?

Als die Familie 1922 nach Valparaíso umzog und Chicho aus Santiago zurückkehrte, um in der Hafenstadt eine Schule zu besuchen, änderte sich zumindest Ersteres schnell. Der 14-jährige Salvador begann sich für Politik zu interessieren, kein Wunder in der multikulturellen Hafenstadt, Chiles Tor zur Welt. Hier kamen die neuen Ideen aus Übersee als Erstes an und wurden in den internationalen Vereinigungen diskutiert. In Valparaíso wurde die erste chilenische Zeitung gedruckt und die chilenische Gewerkschaftsbewegung gegründet. Vor allem die Nachrichten aus Europa – die Berichte über das Kriegsende 1918 und die Revolution in Russland sowie über andere europäische revolutionäre und soziale Bewegungen – hielten Chicho in Atem. Sein Wissensdurst und sein Diskussionsbedarf waren schier unstillbar.

Chicho pflegte freundschaftliche Beziehungen zu einem italienischen Schuster namens Juan Demarchi. »Nach dem Unterricht im Gymnasium ging ich zu dem Anarchisten«, erinnerte sich Salvador Allende später, »um mich mit ihm zu unterhalten. Er hat meine ideologische Entwicklung stark beeinflusst. Obwohl er schon über sechzig war, unterhielt er sich gerne mit mir. Er lehrte mich das Schachspiel, diskutierte mit mir über so manche Fragen und lieh mir Bücher.« So las der junge Allende die Werke sozialistischer Denker, deutscher Philosophen und vor allem auch russischer Anarchisten.

Zwei Eigenschaften, die ihn später auszeichneten, muss er damals schon besessen haben: Immer wieder wurde von denen, die ihn kannten, seine Konzentrationsfähigkeit und seine Energie gerühmt. Denn Chicho las nicht nur die Bücher, die der Anarchist ihm gab, und spielte nicht nur im Hinterzimmer begeistert Schach mit ihm, er war auch Vorsitzender des Schülerrates seiner Schule und bestand 1924 sein Abitur mit Auszeichnung. Gleichzeitig wurde der ehrgeizige Junge chilenischer Jugendmeister im Zehnkampf und im Schwimmen. Fotos zeigen einen zumeist gut gekleideten jungen Mann, oft im dreiteiligen Anzug, mit ordentlich streng zurückgekämmtem Haar, die wilden Locken mühsam gebändigt. Auf den meisten Bildern erscheint er ohne Brille, obwohl er schon damals eine benötigte.

Damals träumte er davon, ein Gaucho zu werden: Salvador Allende Gossens, genannt Chicho, im zarten Alter von 10 Jahren.

Nach seinem Schulabschluss entschied sich Salvador Allende zunächst, seinen Militärdienst abzuleisten. Er hätte zwar noch zwei Jahre bis zur Einberufung Zeit gehabt, hätte dann aber dafür sein Studium unterbrechen müssen. Chicho wollte Medizin studieren – darin ein wenig der Familientradition folgend –, und zwar an der Universidad de Chile in Santiago, der damals einzigen medizinischen Fakultät des Landes, der sein Urgroßvater bereits als Dekan vorgestanden hatte.

So ging Salvador freiwillig vor der Zeit zu einem Kavallerieregiment – er war immer schon ein begeisterter Reiter gewesen – nach Viña del Mar, einer Nachbarstadt von Valparaíso und damals wie heute der bekannteste Badeort Chiles. Gegründet wurde der Ort erst um die Mitte des 19. Jahrhunderts auf dem Weingut (viña) einer reichen Familie. Mit dem Ausbau des chilenischen Verkehrsnetzes wuchs der Ort zu einer Stadt, die sich schon im frühen 20. Jahrhundert zu einem begehrten Treffpunkt für Sommerfrischler aus der chilenischen Hauptstadt entwickelte.

Das chilenische Militär wurde Ende des 19. Jahrhunderts ausgebaut. Bis dahin war die Armee ein bunt zusammengewürfelter Haufen gewesen mit schlecht ausgebildeten Bauern als Soldaten und den Söhnen der Großgrundbesitzer als Offiziere. Zwar hatten die Chilenen den Salpeterkrieg triumphal gewonnen, aber das war weniger ihrer Stärke, sondern mehr der Schwäche ihrer Gegner zu verdanken gewesen. Nach dem Krieg sah Chile schnell ein, dass es seine Landesgrenzen schützen musste, und baute eine moderne Armee auf. Das Militär übernahm (und übernimmt auch heute noch) neben dieser eigentlichen Aufgabe drei weitere Funktionen: Es baute Straßen und Eisenbahnen und erschloss damit das Land – in den achtziger Jahren des 20. Jahrhunderts ließ der Diktator Augusto Pinochet vom Militär die Carretera Austral, die Straße von Puerto Montt über Coyhaique nach Villa O'Higgins, bauen, und zwar durch eine Region, die bis dahin nur an wenigen Stellen zugänglich war. Weiterhin fungierte es als außerordentliche Polizeitruppe – so schlug das Militär, nicht die Polizei, Anfang des 20. Jahrhunderts die Streiks und Proteste in

Iquique oder Santiago nieder. Außerdem war und ist es die Institution, die, wenn notwendig, aggressives Nationalbewusstsein vermittelt.

Deutsche – das heißt preußische – Offiziere bauten die chilenischen Streitkräfte auf, denn die preußische Kriegsführung galt weltweit als vorbildlich. Friedrich Wilhelm von Steuben hatte die nordamerikanischen Truppen so erfolgreich organisiert, dass diese gegen die Engländer triumphierten. Im lateinamerikanischen Unabhängigkeitskrieg hatten deutsche Offiziere mitgekämpft, und nach den preußischen Siegen im 19. Jahrhundert – zuletzt 1870/71 – stand Preußen als führende Militärmacht da. So verpflichteten die Chilenen bereits 1884 den ersten deutschen Offizier an die Escuela Militar. 1885 kam dann Emil Körner ins Land, der den preußischen Stechschritt und Uniformen, die den preußischen zur Verwechslung ähnlich waren, sowie Pickelhaube und Knobelbecher, aber auch absolut hierarchische Befehlsstrukturen, strengste Disziplin und Kadavergehorsam einführte. Die allgemeine Wehrpflicht folgte im Jahr 1900.

Frisch aus der Schule, zwar innerlich sehr diszipliniert, aber auch voller sozialistischer und anarchistischer Ideen hatte der junge Salvador Allende recht schwer mit dieser Struktur zu kämpfen. Er war ein durchaus mustergültiger Soldat, ein hervorragender Reiter und guter Schütze. Aber er kam wegen Unbotmäßigkeit zumindest einmal in Arrest: Er hatte gegen die seiner Meinung nach ungerechte Bestrafung eines anderen Soldaten protestiert.

Politisch war Salvador Allende während seiner Militärzeit nicht aktiv, auch weil sich das chilenische Militär als politikfreier Raum verstand. Obwohl es unter den Offizieren durchaus engagierte Politiker gab: Oberst Marmaduque Grove beispielsweise, der später die Sozialistische Partei Chiles mitbegründete. Er hatte bei der Armee, der Flotte und der Luftwaffe gedient, war Militärattaché in London und Berlin gewesen. Mit der Familie Allende war er nicht nur aufgrund gleicher politischer Ansichten verbunden, sondern auch durch verwandtschaftliche Beziehungen: Sein Bruder Eduardo war mit Chichos älterer Schwester Inés verheiratet.

Im Jahr 1926 begann Salvador Allende sein Medizinstudium in Santiago; es sollte bis 1932 – also überdurchschnittlich lange – dauern, bis er es abgeschlossen hatte. Was weder an mangelndem Talent oder Konzentration noch an fehlendem Arbeitseinsatz lag und auch nicht daran, dass er das Studentenleben zu sehr genoss oder zu viel nebenher arbeiten musste, um den Lebensunterhalt und die Studiengebühren zu verdienen. Es lag vielmehr an seiner neu entdeckten Leidenschaft: der Politik.

Chile Mitte der zwanziger Jahre des 20. Jahrhunderts: Das Land wurde regiert von einem Mann, Carlos Ibañez del Campo, der es nur mühsam schaffte, seiner Regierung ein demokratisches Mäntelchen umzuhängen. Chiles gewählter Präsident Alessandri war im September 1924 von einer Militärjunta gestürzt worden, die sich dann innerlich zerstritt. Ihr Führer – besagter Carlos Ibañez – setzte Alessandri wieder als Präsidenten ein und übte in der neuen Regierung das wichtige Amt des Kriegsministers aus. Das Land war sozial zutiefst gespalten. 1927 wurde Ibañez dann mit einer Mehrheit von 98 Prozent aller Stimmen zum Präsidenten gewählt – er war der einzige Kandidat gewesen. Doch seine Präsidentschaft dauerte nicht die sechs Jahre, welche die Verfassung eigentlich vorsah.

Carlos Ibañez del Campo hörte es gern, wenn man ihn den »Mussolini Lateinamerikas« nannte. Er nutzte zur Erhaltung seiner Herrschaft die Methoden seines politischen Vorbildes: Er schuf eine Sonderpolizei, die seine politischen Gegner, insbesondere Sozialisten und Kommunisten, bespitzelte und terrorisierte, die Streiks und Aufstände niederschlug. Dann verbannte er zahlreiche linke und demokratische Politiker auf den Juan-Fernández-Archipel, knappe 700 Kilometer vor der Küste im Pazifik gelegen. Allendes Freund und Bruder seines Schwagers, der sozialistische Politiker Marmaduque Grove, musste nach Argentinien fliehen.

Versuche, Ibañez zu stürzen, gab es einige, einen darunter angeführt von Marmaduque Grove. Grove landete im August 1928 mit einem roten Flugzeug, einer Fokker, aus Argentinien kommend in Valparaíso, weil er hoffte, die dortige Garnison zum Aufstand gegen den Diktator bewegen zu können. Er wurde aber bereits bei der Landung von Carabineros verhaftet und kurzerhand für zehn Jahre auf die Osterinsel verbannt. Auch sein Bruder Eduardo, Salvador Allendes Schwager, wurde dorthin geschickt, und beide konnten erst 1931, nach Ibañez' Sturz, wieder auf das Festland zurückkehren.

Auch die Studentenbewegung agierte gegen die Diktatur, und Salvador Allende wurde zu einem ihrer bekanntesten Führer. Er war seit 1927 Präsident der Studentenvertretung seiner Fakultät, ab 1930 Vizepräsident der Studentenföderation – der Organisation aller Studenten des Landes – und Mitglied des Universitätsrates. Gleichzeitig führte er die sozialistische Studentenorganisation Avance (Vormarsch) an. Dazu das Studium, die Arbeit als Assistent am Lehrstuhl für Pathologie und Anatomie sowie später am Lehrstuhl für Stomatologie, die anschließende Tätigkeit im Rettungsdienst und in einer psychiatrischen Klinik – über Langeweile konnte sich Chicho wirklich nicht beklagen. Zumal er abends noch an einer allgemeinbildenden Schule für Arbeiter Kurse in Sozialmedizin gab und das Studentenleben ebenfalls nicht zu kurz kam. Er traf sich mit Kommilitonen, ging viel aus, war beliebt, weil er – wie sich Freunde erinnerten – sehr komisch, witzig, schlagfertig und charmant sein konnte. Seine immer elegante Kleidung trug ihm schon damals den Ruf eines *pije* (Schnösel oder Dandy) ein, ein Ruf, den er nie mehr verlieren sollte (und wollte). »Er war bourgeois«, erinnert sich die Schriftstellerin Isabel Allende, die in den sechziger und siebziger Jahren des 20. Jahrhunderts engen familiären Kontakt zu ihrem Onkel hatte. »Ein Sozialist mit bourgeoisen Vorlieben. Er liebte schicke Kleidung, und als er Präsident war, fragte er einmal den Botschafter in Italien, ob dieser ihm einen bestimmten Anzug schicken könne.«

Allendes langjähriger Freund Carlos Jorquera berichtet, dass Allende keinen Mangel an Freundinnen kannte. Sein Ruf als Dandy und Frauenheld wurde später in Wahlkämpfen und nach dem Putsch von den Militärs dazu genutzt, um ihn als charakterschwachen Menschen darzustellen. Aber Allende war vor allem empfindsam und schwärmerisch. Er war knapp über 20 Jahre alt und mischte verträumte Romantik mit aufgeklärtem und durchaus zielstrebigem Politikergeist. Er las wie fast jeder Chilene die Gedichte Pablo Nerudas und schrieb auch selber welche. In dem von ihm verfassten Gedicht »Angustias« (Ängste) heißt es:

> Beruhige deine
> verrückten Ängste
> mein armes Herz.
> Wenn du spürst, dass dich
> die kalte Tiefe bedrückt
> des ewigen Schnees
> und der Felsen.
>
> Und bis zum unendlichen Meer,
> das kämpft
> allein mit seinen Schmerzen
> und schluchzend
> ergießt am Strand
> seine Tränenfluten
> und Wellen.

Unter der Regierung Ibañez veränderte sich das Land. Statt des britischen floss Ende der zwanziger Jahre des 20. Jahrhunderts immer mehr US-amerikanisches Kapital ins Land. Die Anaconda Copper Mining Company wurde schnell zur größten Kupfergesellschaft des Landes, die International Telephone and Telegraph Corporation (ITT) errichtete eine Monopolgesellschaft im Fernmeldewesen, und die Chilenische Elektrizitätsgesellschaft, die in Wirklichkeit ein US-Unternehmen war, erhielt eine 99-jährige Konzession zur Verteilung von Elektrizität.

Vor allem der Kupferbergbau löste die Salpetergewinnung als wichtigsten Industriezweig ab. Der deutsche Wissenschaftler Otto Bürger schrieb 1926: »Das Kupfer, von dem Chile heute 13,3 Prozent des Weltbedarfes liefert, ist bereits während der frühesten Kolonialzeit gewonnen worden. Chile (ist) durch die nordamerikanischen Unternehmungen von Chuiquicamata, Provinz Antofagasta, und El Teniente, Provinz O'Higgins heute an die zweite Stelle der Welt mit seiner Kupferproduktion gerückt.«

Heute ist Chile der weltgrößte Kupferproduzent. Das rote Metall erbringt knapp die Hälfte aller Exporterlöse des Landes, und Chuquicamata, eine Kleinstadt in der nördlichen Wüste, besitzt die weltweit größte offene Kupfermine. 15 000 Menschen leben in der Minenstadt – genauso viele wie Mitte der zwanziger Jahre. Die Minenarbeiter lebten damals, so der deutsche Reisende Fritz Klute, »in einstöckigen Häusern aus grauem Stein, die älteren mit einem Zimmer und Küche, die neueren mit drei Zimmerchen und Küche, davor ein zementierter Gehweg. Staub ist hier überall, und soweit er nicht an sich vom Boden stammt, wird er im Werk reichlich erzeugt beim Zerkleinern des Erzes.«

Viel hat sich bis heute nicht verändert – nur die Größe der Mine, der Maschinen und des Ertrages. Die Mine ist mittlerweile ein riesiger Krater, umgeben von Industrieanlagen: Sie ist vier Kilometer lang, zwei Kilometer breit und in Terrassen abfallend etwa 700 Meter tief. Täglich werden hier mehrere hunderttausend Tonnen Gestein gesprengt, abgefräst, auf gigantische Lastwagen, deren Räder vier Meter hoch sind und die bis zu 225 Tonnen Gestein fassen, verladen, hochgekarrt, zertrümmert, mit Chemikalien ausgewaschen und schließlich zu künstlichen Hügeln aufgeschüttet. Übrig bleiben im Jahr etwa eine Million Tonnen reines Kupfer (99,6 Prozent) sowie – als Abfallprodukte – andere wertvolle Mineralien in geringeren Mengen, darunter auch Gold und Silber.

Seit 1915 wird Chuquicamata ausgebeutet. Die US-amerikanische Anaconda Copper Mining Company gründete das Werk, das heute von der staatlichen Minengesellschaft CODELCO (Cooperación Nacional del Cobre) betrieben wird – und damit auch die Stadt in der Wüste. »In das Werk Chuquicamata«, so Fritz Klute 1925, »wurden 30 Millionen Dollar hineingesteckt, bevor es überhaupt Kupfer lieferte. Jetzt werden pro Jahr etwa 100 000 Tonnen reines Kupfer erzielt. Der Vorrat reicht bei gleich bleibendem Betrieb somit gut für 100 Jahre, sodass sich die Kapitalsanlage [sic!] rentiert.«

Die Weltwirtschaftskrise 1929 beutelte Chile hart und erschütterte auch die Machtfesten des Diktators Ibañez. Die Salpeter- und

Kupferpreise fielen weltweit in den Keller, Unternehmen schlossen, und die Arbeitslosigkeit stieg. Proteste gegen die Diktatur waren die Folge. Sie begannen an der Universität von Santiago. Ein Student wurde dabei von den Carabineros getötet, und mehrere Studentenführer, darunter auch Salvador Allende, wurden verhaftet. Doch die Situation ließ sich nicht mehr beruhigen – Ibañez schien den Zenit seiner Macht überschritten zu haben. Im Juli 1931 ließ er erneut Carabineros gegen aufrührerische Studenten vorgehen. Diesmal wurden zwar viele Studenten getötet, aber die Truppen schafften es nicht, die Universitätsgebäude zu stürmen. Die Studenten riefen gemeinsam mit einigen Arbeitervertretern zum Generalstreik auf, und Ibañez floh aus der Moneda. Er sollte später noch einmal zurückkommen.

Die Freude über den Sturz des Diktators war nur kurz, denn sein Nachfolger wurde der amtierende Innenminister Juan Esteban Montero, den Wahlen im Oktober 1931 auch im Präsidentenamt bestätigten. Montero setzte Ibañez' Politik fort; er ließ politische Gegner brutal verfolgen und mit Truppen Streiks und Ausstände gegen ihn niederschlagen. Mehr und mehr sprachen sich nicht nur linke, sondern auch liberale Politiker gegen die Regierung aus.

Salvador Allende beteiligte sich zwar ebenfalls an politischen Aktionen, widmete sich aber verstärkt seinem Studium. Seine Familie befand sich in einer prekären Lage. Der Vater war schwer an Diabetes erkrankt und lag im Krankenhaus. Die Familie litt deshalb unter akuten Geldschwierigkeiten. Chicho setzte nun alles daran, möglichst schnell sein Studium zu beenden. In der ersten Hälfte des Jahres 1932 legte er alle Prüfungen ab und zog danach von Santiago zu seiner Familie nach Valparaíso; dort wollte er seine Abschlussarbeit mit dem Thema »Psychische Gesundheit und Kriminalität« schreiben und das noch notwendige Praktikum in einer Klinik absolvieren.

Salvador Allendes Schwager Eduardo Grove und dessen Bruder Oberst Marmaduque Grove waren inzwischen aus ihrer Verbannung von der Osterinsel nach Santiago zurückgekehrt, und Grove war zum Kommandierenden des Luftwaffenstützpunktes El Bosque in der Nähe von Santiago ernannt worden. Von dort aus agierte er in verschiedenen linksradikalen Gruppen gegen die Regierung Montero, bis der Präsident am 3. Juni 1932 den Befehl aussprach, Marmaduque Grove von seinem Posten abzulösen. Dieser widersetzte sich dem Befehl und bildete seinerseits eine so genannte »revolutionäre Junta«, zu der unter anderem auch Carlos Dávila gehörte, der unter Ibañez Chiles Botschafter in Washington gewesen war. Am 4. Juni zog Grove mit Truppen nach Santiago vor den Regierungspalast, die Moneda, und forderte Montero zum Rücktritt auf. Montero ergab sich seinem Schicksal.

Grove begründete am 6. Juni 1932 die »Sozialistische Republik Chile«, die allerdings nur eine Lebensdauer von elf Tagen hatte. Die Junta verabschiedete allerlei Gesetze zur Verstaatlichung von Betrieben, von denen keines jedoch bis zum 16. Juni umgesetzt wurde, dem Tag, an dem Carlos Dávila, der schon am 12. Juni aus der Junta ausgeschlossen worden war, gegen Grove putschte. Die Gesetze waren dennoch bedeutsam, denn die Unidad Popular-Regierung Salvador Allendes nutzte sie teilweise während ihrer Regierungszeit. Dávila selbst blieb auch nur knappe 100 Tage als Präsident in der Moneda. General Bartolomé Blanche putschte ihn am 13. September 1932 aus dem Amt. Er wiederum übergab dann am 2. Oktober 1932 die Macht an den Vorsitzenden des Obersten Gerichtshofes Chiles, und dieser schrieb für den 30. Oktober 1932 Präsidentschaftswahlen aus.

Die Übergangsregierung ließ zwar sämtliche politischen Gefangenen frei und sorgte für die ordentliche Durchführung freier Wahlen, unterstützte allerdings den eher konservativen Arturo Alessandri Palma, den »Löwen von Tarapacá«. Alessandri erhielt bei den Wahlen am 30. Oktober auch knapp die absolute Mehrheit und trat im Dezember 1932 sein Amt an – damit endete in Chile für über 40 Jahre die Zeit der Putsche, es begann die Epoche der friedlichen Wahlen, der funktionierenden parlamentarischen Demokratie und der demokratischen Machtübergabe.

Und die Familie Allende? Wo blieb sie in diesen verworrenen Wochen und Monaten? Salvador Allende versuchte – soweit ihm die Zeit blieb –, während der kurzen, elftägigen »Sozialistischen Republik« in Valparaíso Unterstützung für Grove zu organisieren. Auch im Präsidentschaftswahlkampf unterstützte er Grove, der die zweitmeisten Stimmen auf sich vereinigen konnte. Zwischenzeitlich wurde Salvador Allende verhaftet, schaffte es aber dennoch, sein Studium Ende 1932 abzuschließen. Einen großen persönlichen Verlust sah das Jahr 1932: Salvador Allendes Vater starb. Er selbst sagte, Jahrzehnte später während seiner Präsidentschaft, über dieses ereignisreiche halbe Jahr in Valparaíso: »Auf einem Treffen in der Juristischen Fakultät hielt ich eine Rede im Namen der Studenten, die nicht nur zu meiner Festnahme, sondern auch zur Festnahme einiger meiner nächsten Verwandten führte; darunter waren mein Schwager, ein Bruder Marmaduque Groves, und mein eigener Bruder, der sich überhaupt nicht am politischen Kampf beteiligt hatte. Wie hieraus hervorgeht, waren wir durch enge Familienbande mit Grove verbunden. Wir wurden vor ein Militärtribunal gestellt, das uns freisprach. Man warf uns aber dennoch ins Gefängnis und übergab unsere Sache einem anderen Militärtribunal, das eine neue Untersuchung einleitete. Mein Vater war krank, man hatte ihm ein Bein amputiert, aber am anderen Bein trat eine Gangrän auf, sodass seine Lage sehr kritisch wurde. Mein Bruder und ich erhielten die Erlaubnis, ihn zu besuchen. Als ich – selbst Arzt – ihn sah, wurde mir klar, dass er im Sterben lag. Ich konnte nur einige Worte mit ihm wechseln. Er sagte zu meinem Bruder und mir, dass er uns den unbefleckten Namen eines ehrlichen Mannes als Erbe hinterlasse, und das sei mehr als materielle Güter. Am folgenden Tag starb er. An seinem Grabe habe ich gelobt, mich dem Kampf für die Freiheit des Volkes, für die soziale Befreiung der Notleidenden zu widmen, und ich glaube, mein Gelübde gehalten zu haben.«

Ob er am Grab seines Vaters tatsächlich diese theatralischen Worte sprach, ist heute nicht mehr zu überprüfen. Aber Salvador Allende, so erzählen viele Freunde und Mitstreiter, hatte durchaus schon früh Sinn für große Gesten und Selbstinszenierungen. So soll er Freunden seinen Arm hingehalten haben mit den Worten: »Fühlt einmal. Irgendwann wird der aus Marmor sein.«

2. Salvador – Politiker und Familienvater

Nur wenige Fotos zeigen Salvador Allende im weißen Arztkittel, und auf denen, die es gibt, ist er aufgrund des Mundschutzes und der weißen Haube meist nur an der charakteristischen großen Brille zu erkennen. Dass so wenige Fotos existieren, hat seinen Grund: Der junge Arzt hatte Anfang der dreißiger Jahre des 20. Jahrhunderts Schwierigkeiten, seinen Beruf auszuüben. Er bewarb sich im städtischen Krankenhaus in Valparaíso um eine Stelle als Assistenzarzt, die ihm aber verwehrt wurde. Viermal erhielt er auf seine Bewerbungen auf entsprechende Stellen eine Absage, obwohl es offensichtlich keine anderen Anwärter gab. Wahrscheinlich wollte man den ausgewiesenen Sozialisten nicht im erlauchten Ärztestand wissen. Vielleicht war Salvador Allende sich aber auch gar nicht sicher, ob er überhaupt Arzt werden wollte. War das nicht widersinnig: den Einzelnen heilen, wenn in der Gesellschaft so vieles im Argen lag, was sein Handeln erforderte? Musste er nicht stärker auf gesellschaftliche Lösungen setzen, sich also mehr der Politik widmen als der Medizin? Schließlich trat Salvador eine Stelle als Hilfsanatom im städtischen Leichenschauhaus an. Dort führte er nachts Obduktionen durch, und so blieb tagsüber Zeit für die Politik. Oder für seine Forschungen über sozialmedizinische Probleme, denn das war die Arbeit, die er liebte, und die Schnittstelle seiner beiden Berufe: des Arztes und des Politikers.

Salvador Allende wurde mehr und mehr zum Berufspolitiker. Es war eine fast natürliche Entwicklung. Er war zwar Vorsitzender der Chilenischen Medizinischen Assoziation und gab eine sozialmedizinische Zeitschrift heraus, die meiste Arbeit steckte er aber in seine Tätigkeit als Vorsitzender der Sozialistischen Partei in Valparaíso. Diese Partei war landesweit am 19. April 1933 als Zusammenschluss verschiedener, bunt gemischter sozialistischer Gruppierungen gegründet worden. Ihr Vorsitzender wurde Oberst Marmaduque Grove, Generalsekretär Oscar Schnake Vergara.

Die Sozialistische Partei wuchs rasch; zum einen, weil Grove mitreißend für sie warb, zum anderen, weil wegen der misslichen sozialen Lage in Chile Mitte der dreißiger Jahre viele Menschen ihre Hoffnung im Sozialismus sahen. Bei den Senatsnachwahlen 1934 wurde Marmaduque Grove mit überwältigender Mehrheit zum Senator gewählt, und viele hofften schon, dass er auch 1938 bei den Präsidentschaftswahlen triumphieren würde.

Die zweite Regierungszeit Alessandris von 1932 bis 1938 verlief sehr widersprüchlich. Auch diesmal war dessen oberstes Ziel, Sozialreformen durchzusetzen, jedoch wurden viele seiner Vorschläge vom mehrheitlich konservativen Parlament zunächst blockiert. Später wandte sich Alessandri den Rechtsparteien zu, woran manch ein politischer Beobachter der Zeit den Linksparteien die Schuld gab. Diese hätten zu viel verlangt, was nicht durchsetzbar gewesen wäre. Alessandri ließ Aufstände und Streiks brutal niederschlagen, und zwar mithilfe der so genannten Republikanischen Miliz, einer Organisation, die zuletzt etwa 50 000 Mitglieder umfasste. Angehöriger dieser Miliz war auch Jorge González de Marées, der Führer der chilenischen Nazipartei, die sich überwiegend aus Deutschstämmigen rekrutierte, in enger Verbindung mit Nazi-Deutschland arbeitete und von diesem finanziell unterstützt wurde. Die Linke antwortete darauf mit dem Aufbau der Sozialistischen Miliz, einer ebenfalls paramilitärisch organisierten Truppe von Freiwilligen, die Streiks und Kund gebungen schützen sollte. Salvador Allende wurde ihr Kommandant in Valparaíso.

Im Januar 1935 streikten 18 000 Eisenbahner für höhere Löhne – ihr Ausstand wurde mit militärischer Gewalt niedergeschlagen. Über tausend Arbeiter wurden verhaftet. Im Juli gab es einen Aufstand der

Bauern in der südlichen Provinz Cautín. Alessandri ließ auch hier die Carabineros aufmarschieren, und fast 400 Bauern wurden getötet. Streiks und weitere Demonstrationen folgten. Der Präsident setzte daraufhin die Grundrechte außer Kraft, verhängte den Ausnahmezustand und ließ führende Sozialisten und Kommunisten verhaften. Darunter auch Salvador Allende. Er wurde jedoch – anders als viele seiner Gesinnungsgenossen – nicht lange inhaftiert, sondern, vielleicht weil sein Vater einst mit Alessandri befreundet gewesen war, in die Verbannung geschickt. Nach Caldera, in eine kleine Fischer- und Hafenstadt etwa 850 Kilometer nördlich von Santiago.

Caldera war zwar nicht gerade eine Geisterstadt, aber viel fehlte nicht daran. Eine kleine Plaza, eine Hand voll Straßen, der Hafen, aus dem das Kupfer aus Copiapó, der nahe gelegenen Industriestadt, verschickt wurde und in dem die Fischer morgens ihren Fang anlandeten, sowie ein paar tausend Adobe-Häuser. Man möchte meinen, Allende wäre hier verloren gewesen, der junge Arzt und schwungvolle Sozialist von nunmehr 27 Jahren. Doch er war es nicht. Vielleicht kam ihm zugute, was später immer wieder an ihm gerühmt wurde: »Allende war ein Mann, der mit allen Menschen direkt in Kontakt treten konnte«, sagt Arturo Girón, ein langjähriger Freund und Vertrauter im Gespräch. »Er konnte mit Bauern und Fischern genauso gut reden wie mit Politikern und internationalen Managern. Er nahm sie ernst, und sie fühlten sich ernst genommen.«

So wurde das erzwungene Exil für Allende letztlich zu einer positiven Erfahrung. Er konnte endlich als Arzt arbeiten, begründete die damals zunächst illegale Ortsgruppe der Sozialistischen Partei und hielt im Schulgebäude Seminare über chilenische Politik ab. Die Behörden ignorierten sein Tun, und selbst der lokale Kommandierende der chilenischen Armee sagte in einem Interview mit der Zeitung *El Mercurio*: »Doktor Allende versorgt die Bevölkerung medizinisch, die ihm für diese große patriotische Tat dankbar ist. Wir lassen uns ansonsten hier gegenseitig in Ruhe und kommen daher wunderbar miteinander aus.«

Als Allende Ende 1935 nach Valparaíso zurückkehrte, planten die linken Parteien bereits ihre künftige Strategie, auch im Hinblick auf die Präsidentschaftswahlen 1938. Ein Gedanke machte sich breit: als breite Volksfront anzutreten, wie es die Linksparteien in Frankreich und Spanien 1936 getan hatten. Die Sozialisten und Kommunisten schlossen sich schnell zusammen, der wirkliche Durchbruch gelang aber erst, als sich ihnen 1937 noch die Radikale Partei – eine eher linksliberale Gemeinschaft – anschloss. Denn ohne diesen Zusammenschluss wären die Siegeschancen eines linken Kandidaten zum Scheitern verurteilt gewesen. Zur Wahl 1938 kandidierte das gesamte politische Spektrum – von Nazis über Anhänger des Ex-Diktators Ibañez, Konservative und Rechtsliberale, Demokraten, Linksliberale bis hin zu Sozialisten und Kommunisten. Eine Zersplitterung der Linkskräfte wäre verhängnisvoll gewesen.

Salvador Allende hatte aber vor den Präsidentschaftswahlen noch seinen ersten persönlichen Wahlkampf zu bestehen. Denn bei Nachwahlen zum Abgeordnetenhaus 1937 – das chilenische Parlament ist ein Zweikammernparlament bestehend aus Abgeordnetenhaus und Senat – stellte ihn die Sozialistische Partei als Kandidaten für den Wahlkreis auf, der Valparaíso und Quillota, eine Industriestadt im Landesinnern, etwa 25 Kilometer nordwestlich von Valparaíso, umfasste. Allende war nicht so ein genialer Redner wie Marmaduque Grove, der problemlos eine Masse begeistern konnte; er trat ruhig, aber energisch auf und sprach sehr nachdrücklich und ernsthaft über die Probleme Chiles und vor allem über die der *rotos,* wie im Unterschied zu den Reichen, den *ricos,* die Angehörigen der Unterschicht genannt werden. Salvador Allende wies auf die Defizite der bestehenden Regierung hin, versprach dabei jedoch nicht zu viel – vor allem nicht, alles besser zu machen. Er überzeugte die Wähler auch durch seinen konsequenten Lebenslauf: Ein junger Arzt, der, statt ans Geldverdienen zu denken, für seine Überzeugungen steht und sich auch für sie verbannen lässt. So wurde er mit großer Mehrheit 1937 ins Abgeordnetenhaus gewählt – die Arztkarriere war nun endgültig vorbei, die des Politikers hatte ihren ersten Höhepunkt erlebt.

Für die Wahlen von 1938 stellte die Volksfront nicht Marmaduque

Grove auf, mit dessen Kandidatur alle politischen Beobachter gerechnet hatten. Vor der Versammlung der etwa 1200 Delegierten, die den Präsidentschaftskandidaten bestimmen sollten, zog Grove seinen Anspruch zurück. Er unterstützte stattdessen den gemäßigten Radikalen Pedro Aguirre Cerda, der dann auch mit großer Mehrheit gewählt wurde.

Der amtierende Präsident Alessandri, der aus verfassungsmäßigen Gründen nicht erneut kandidieren konnte, wollte seinen Finanzminister Gustavo Ross, einen bekannten Bankier, als nächsten Präsidenten sehen. Auch Carlos Ibañez kandidierte erneut zum Präsidenten, diesmal vor allem mit Unterstützung der chilenischen Nazis um González de Marées. Letzterer versuchte wenige Tage vor der Wahl noch einen Putschversuch gegen die Regierung Alessandri. Doch der Staatsstreich scheiterte kläglich, und Alessandri griff hart durch. 60 Putschisten wurden sofort erschossen, González de Marées und Ibañez inhaftiert. Ibañez trat als Kandidat zurück, sodass am Wahltag nur noch Aguirre Cerda, der Kandidat der Volksfront, gegen Gustavo Ross, den Kandidaten des Establishments, antrat. Gewählt wurde Cerda, allerdings mit einer denkbar knappen Mehrheit von wenigen tausend Stimmen.

Ende 1938 übernahm also Aguirre Cerda die Regierung. Er hatte kaum Zeit, sich in der Moneda einzurichten, denn das Jahr 1939 brachte eine Menge Turbulenzen mit sich. Vor allem auch für Salvador Allende.

Am 25. Januar erschütterte eines der schwersten Erdbeben der Neuzeit Chile. Das Land ist Erdbeben gewöhnt, und staatliche Stellen verzeichnen mehr als 500 Erschütterungen jedes Jahr. Doch sind die meisten Beben nicht gefährlich, sondern lediglich kleine, für Menschen nicht fühlbare Erschütterungen. Im Januar 1939 aber wurden neben zahlreichen kleineren zwei größere Städte schwer zerstört: die Hafenstadt Concepción und Chillán. Innerhalb weniger Minuten waren tausende von Todesopfern zu beklagen (die Schätzungen schwanken zwischen 5700 und 25000), hinzu kam, dass etwa 70000 Menschen ihre Wohnung verloren und buchstäblich nur noch das besaßen, was sie auf dem Leib trugen. Die neue Regierung wäre fast darüber zerbrochen, denn sie war nicht in der Lage, schnell und effektiv zu helfen. Zumal der unvermeidliche Carlos Ibañez erneut einen Versuch startete, das Chaos zu nutzen und mit militärischen Mitteln die Macht an sich zu reißen. Er und General Ariosto Herrera brachten am 25. August 1939 das in der Tacna-Kaserne in Santiago stationierte Artillerieregiment dazu, vor die Moneda zu ziehen. Sein Adjutant Herrera forderte den Präsidenten auf, zurückzutreten, und bot ihm an, er könne dann in einem bereitgestellten Flugzeug das Land verlassen. Allende und die Minister, die sich in der Moneda zum Schutz der Regierung zusammengefunden hatten, hörten mit Hochachtung die Antwort des Präsidenten: »Teilen Sie General Hererra mit«, sagte Aguirre Cerda, »dass sich der Präsident der Republik nicht einem Meuterer unterwirft und gar nicht daran denkt, aus La Moneda zu flüchten. Ich möchte Don Ariosto raten, das für mich bereitstehende Flugzeug selbst zu benutzen, solange es nicht zu spät ist, um das Land zu verlassen.« Allende schienen die Worte besonders beeindruckt zu haben, ruft man sich seine spätere Antwort an die Putschisten in Erinnerung.

Der Putsch gegen Aguirre Cerda scheiterte. Kurz darauf, Ende September 1939, bildete dieser sein Kabinett um. Minister für Gesundheit wurde Salvador Allende.

Das Erdbeben war ein entscheidendes Ereignis in Salvador Allendes Leben. Und das nicht nur, weil er sah, wie der Präsident dem Putschversuch entgegentrat, und weil er danach Minister wurde. Auch sein persönliches Leben änderte sich durch das Erdbeben. Salvador Allende war in dieser Nacht in Santiago und besuchte dort eine Veranstaltung im Zentrum der Freimaurer. Als die Erde bebte, tat er das, was alle anderen auch machten: Er rannte auf die Straße. Die Markise des nahe gelegenen Kinos Santa Lucia war durch das Beben herabgestürzt, und Salvador ging dorthin, um sich den Schaden anzusehen. Er traf einen Bekannten und dessen Frau in Begleitung einer jungen Dame. »Doktor Allende«, sagte sein Bekannter, »darf ich vorstellen? Das hier ist Tencha Bussi.«

Hortensia Bussi Soto, genannt Tencha. Geboren 1905 in Valparaíso als Tochter eines italienischen Seemannes und einer Chilenin, Studentin der Geografie und Geschichte an der Universidad de Chile in Santiago. Tencha war eine dunkelhaarige, schöne Frau; die meisten Fotos zeigen sie etwas zurückhaltend, oft leicht ironisch lächelnd, in aufrechter Haltung, meist perfekt gekleidet. Enrique Krauss, christdemokratischer Politiker, heute Vorsitzender seiner Partei, langjähriger politischer Opponent Allendes und trotzdem gut mit ihm befreundet, beschreibt Tencha so: »Sie ist heute eine schöne alte Dame, damals muss sie eine sehr schöne junge Frau gewesen sein.«

Salvador und Tencha zogen bald zusammen – unverheiratet zunächst, in dem kleinen, mit Büchern, Zeitschriften und Bildern vollgestopften Apartment Nummer 26 in der Victoria Supercaseaux 191, unmittelbar am Cerro Santa Lucia am Rande der Altstadt Santiagos. Ende 1939 heirateten sie. Es gab jedoch keine kirchliche Trauung und kein großes Fest.

Es war keine Zeit für Partys. Der Wiederaufbau im Süden erforderte alle Kraft der jungen Regierung. Sie gründete dafür die Cooperación de Fomento (CORFO, Förderungsgesellschaft), die mit knapper Mehrheit im Parlament bestätigt wurde – in beiden Häusern hatte die Regierung die Minderheit. Die CORFO sollte zum einen den Wiederaufbau koordinieren und zum anderen langfristige Struktur- und Entwicklungsmaßnahmen ankurbeln. Allende arbeitete auch hier mit und brachte in seinem Bereich, der Gesundheits- und Sozialpolitik, eine Reihe von Gesetzesinitiativen durch, um die soziale Lage der Chilenen zu verbessern. So begründete er den Nationalen Gesundheitsdienst, der rund 3 Millionen Chilenen (bei einer Bevölkerung von damals 4,6 Millionen Menschen) eine Krankenversicherung ermöglichte. Ein anderes Programm half verstärkt schwangeren Frauen, ein drittes bot Schulkindern ein kostenloses Frühstück in der Schule. Und als ob das alles nicht reichte, schrieb er auch noch ein Buch über Sozialmedizin, das 1940 erschien: *Gesellschaft und Medizin in Chile* mit der Widmung »Für Tencha, meine Helferin, Genossin und Freundin, mit tiefer Zärtlichkeit«.

Am 10. Januar 1941 wurde die erste Tochter von Salvador und Tencha geboren: Carmen Paz Allende. Salvador teilte seine knappe Zeit zwischen Arbeit und Familie auf, widmete sich beidem mit gleicher, ungeheurer Intensität. Präsident Aguirre Cerda war schwer krank. Er litt an fortschreitender Tuberkulose und trat enttäuscht im November 1941 zurück. Zwar hatte seine Regierung manches erreicht: Sie hatte Schulen gebaut und billige Wohnungen errichtet, etwas Land an Kleinbauern verteilt und die Landwirtschaft gefördert und dazu die staatliche Entwicklungsagentur CORFO gegründet, die durchaus erfolgreich in der Strukturpolitik gewesen war. Doch Cerdas Fazit lautete: »Ich versprach, die Menschen aus ihrem Elend zu erlösen, ihre soziale, ökonomische und moralische Lage zu verbessern. Abgesehen von einigen klugen und konstruktiven Handlungen meiner Ministerien, haben wir viel Zeit durch zu lange Debatten verschwendet, ohne die wirklichen Probleme zu lösen. Das schmerzt mich sehr, denn ich glaube, dass das Volk, das ich sehr liebe, nun denkt, dass ich es betrogen habe.«

Wenige Tage später starb er, und sofort setzte das Gerangel um seine Nachfolge ein. Mittendrin im Geschehen wie immer Carlos Ibañez. Doch der gemäßigte Radikale Juan Antonio Ríos gewann die Wahl. Er war der Kandidat der mehr und mehr auseinander brechenden Volksfront. Sie hatte sich mühsam wieder zusammengerauft, auch weil die internationale Lage, nachdem Deutschland im Juni 1941 die Sowjetunion überfallen hatte, die Konflikte zwischen den einzelnen politischen Gruppen, vor allem zwischen Teilen der Sozialisten und der Kommunisten, geglättet hatte. Doch außer dem Willen, die Wahl gegen Ibañez zu gewinnen, hielt die Koalition nicht viel zusammen – zu unterschiedlich waren die politischen Vorstellungen. Allende wollte eine weitaus radikalere Politik als Ríos und zog schließlich die Konsequenzen: Er trat im April 1942 von seinem Posten als Gesundheitsminister zurück.

Während Tencha an verschiedenen Schulen als Aushilfslehrerin unterrichtete, schließlich aber eine Stelle als Bibliothekarin annahm, und Salvador als Direktor der Sozialbehörde arbeitete, wurde am

2. August 1942 in Lima, der peruanischen Hauptstadt, ein Mädchen geboren, die Tochter des chilenischen Diplomaten Tomás Allende und seiner Frau Francisca Llona Barros Allende. Tomás Allende war ein Cousin ersten Grades von Salvador Allende, und dieser wurde auch Taufpate des Mädchens. Der Name des Kindes: Isabel Allende. Die später weltbekannte Schriftstellerin bezeichnete ihren Paten immer als ihren Onkel.

Salvador und Tencha konnten am 8. September 1943 die Geburt ihrer zweiten Tochter verkünden. Sie wurde auf den Namen Beatriz Jimena getauft, aber von Anfang an immer nur Tati gerufen. Am 18. Januar 1945 kam dann die dritte Tochter zur Welt: Isabel. Auch Salvadors Schwester Laura, die mit dem Unternehmer Gastón Pascal verheiratet war, hatte Kinder: 1940 wurde ihre Tochter Denise geboren, 1944 ihr Sohn Andrés.

Als seine Tochter Isabel geboren wurde, stand Salvador Allende mitten im Wahlkampf. Er kandidierte diesmal als Senator für die Sozialistische Partei in Südchile, der Region, die sich südlich von Valdivia bis nach Feuerland ausdehnt. Ein vor allem im tiefen Süden hartes Land, über das ein ewiger eisiger Wind pfeift. Hier erstrecken sich die Estancias mit den riesigen Schafherden, die bis weit ins 20. Jahrhundert hinein ihre Besitzer, die wie Könige über große Reiche herrschten, zu Millionären machten. Ein dünn besiedelter Streifen Land mit einer einzigen richtigen Stadt: Punta Arenas an der Magellanstraße – mit einigen großen Schafschurbetrieben, Schlachthäusern und Fleischfabriken. Allende zog durch Patagonien, in Ledermantel, dickem Pullover und schweren Schuhen; auf den schicken Anzug verzichtete er diesmal. Er besuchte nicht die Estancieros, die Gutsbesitzer und Viehzüchter, sondern er sprach mit denen, mit denen vor ihm noch kein Politiker gesprochen hatte: mit den Arbeitern und Tagelöhnern. Er sprach von Gesundheitsversorgung und festen Steinhäusern, von Gewerkschaften, gerechten Löhnen und Landreform. Hier sammelte Allende seine Stimmen und hier wurde er auch überraschend zum Senator gewählt. Niemand hatte das vermutet, denn die ebenfalls zum Wahlbezirk gehörenden, dichter besiedelten Gebiete um Valdivia und Osorno sowie die am Lago Llanquihue erschienen als sichere Bastionen der politischen Gegner Allendes. Hier lebten überwiegend die Nachfahren der Deutschen, die meist in der zweiten Hälfte des 19. Jahrhunderts eingewandert waren, das Land kolonialisiert hatten und politisch zumindest konservativ waren; viele waren auch Mitglieder der chilenischen Nazipartei.

Neben Allende zog bei diesen Wahlen auch der Dichter Pablo Neruda in den Senat ein. Er hatte für die Kommunistische Partei in Nordchile kandidiert und in seinem Wahlkampf die Nationalisierung der Salpeterfelder und des Kupferbergbaus gefordert.

Juan Antonio Ríos konnte seine Amtszeit als Präsident ebenfalls nicht beenden. Er trat, an Krebs erkrankt, im Januar 1946 zurück und starb im darauf folgenden Juni. Wieder einmal waren Neuwahlen nötig, und die Linksparteien einigten sich auf Gabriel González Videla. Pablo Neruda schrieb die »Wahlkampfhymne« für ihn:

> Im Norden der Arbeiter der Kupferminen
> und im Süden der Eisenbahner
> vom einem zum anderen Ende des Vaterlandes
> nennt das Volk ihn »Gabriel«.

González Videla wurde mit knapper, aber nicht mit der absoluten Mehrheit gewählt, dicht gefolgt von Fernando Alessandri, dem Sohn des Löwen von Tarapacá, sowie von Cruz Coke – die Stimmen der rechten Parteien waren aufgesplittert. González Videla trat an mit einem ambitionierten Programm. Erstmals erhielten die Kommunisten drei Ministerposten in einer Regierung. Aber schon 1948, zwei Jahre später, zu Beginn des Kalten Krieges, schwenkte González Videla um: Er ließ per Dekret die Kommunistische Partei verbieten, ihre Mitglieder verhaften und in schnell errichtete Lager werfen, in den Wüstenoasen des Nordens oder auf den winzigen Inseln des Südens. González Videla brach die diplomatischen Beziehungen zur Sowjetunion ab, denn er war der festen Ansicht – so schreiben einige Historiker – dass der Dritte Weltkrieg binnen der nächsten drei

Monate ausbrechen würde und Chile im Kampf gegen den Kommunismus voranschreiten solle. 20 000 Menschen verloren durch das so genannte »Gesetz zur Permanenten Verteidigung der Demokratie« ihre Bürgerrechte, darunter auch der Senator Pablo Neruda, der unter falschem Namen bei Nacht und Nebel ins Nachbarland Argentinien flüchten musste. Von dort reiste er mit dem Pass des mexikanischen Schriftstellers Miguel Angel Asturias weiter nach Frankreich. Dem »verfluchten Gesetz« – *ley maldita,* wie es die politischen Gegner nannten – hatte auch die Sozialistische Partei im Parlament zugestimmt, allerdings nicht eine Gruppe um Salvador Allende, der daraufhin gemeinsam mit seinen Freunden die Partei verließ und die Sozialistische Volkspartei gründete.

Allende behielt seinen Senatorensitz, verbrachte aber auch viel Zeit mit seiner Familie. Er war ein guter Vater, spielte und lachte gerne mit seinen Töchtern. Ein Foto zeigt ihn mit den dreien: Carmen Paz, Tati und Isabel; die Mädchen mit ernsten Gesichtern, in die gleichen dicken, hellen Wollmäntel gehüllt. Die Familie ging viel zusammen spazieren und fuhr im Sommer regelmäßig ans Meer, oft aber nur für ein kurzes, zu kurzes Wochenende. Mitunter verbrachten die Allendes auch nur den Sonntag in einem Badeort in der Nähe von Santiago, beispielsweise in Viña del Mar. Baden, am Strand spazieren, einige Segelversuche. »Salvador war ein miserabler Segler«, erinnert sich Ramón Huidobro, »aber ein begeisterter. Er wäre oftmals fast gekentert.« Später gab es dann ein Ferienhaus in Algarrobo, direkt am Meer, sodass Allende seiner Leidenschaft öfter frönen konnte, ohne sie jemals zu meistern. Dort führte er auch lange Unterhaltungen mit Freunden und mit der Familie. »Salvador Allende hatte immer ein sehr enges Verhältnis zu meiner Mutter«, sagt Denise Pascal Allende, die Tochter von Salvadors Schwester Laura, »sie führten stundenlange Gespräche. Er war auch immer interessiert daran, was wir taten. Die Familienfeste waren für ihn sehr wichtig, aber auch so kamen wir mindestens einmal im Monat alle zu einem großen Essen zusammen.« Es gab danach ausgedehnte Spaziergänge, vorbei am Zoologischen Garten und hinauf auf den

Papa Salvador mit seinen drei Töchtern Carmen Paz, Beatriz und Isabel, um 1950.

Gipfel des Cerro San Cristobal. Mitunter nahmen sie auch die Drahtseilbahn, wenn der Weg für die kurzen Beine der Mädchen zu lang wurde. Und mitunter war auch die zweite Isabel dabei, die Salvador immer *tío Salvador* – Onkel Salvador – nannte.

Salvador Allende genoss sein Leben, auch das mit der Familie, und auch seine Frau Tencha genoss es, obwohl es immer wieder Gerüchte gab. Verbürgt ist nichts, aber abstreiten will es auch nie jemand, und die meisten seiner heute noch lebenden männlichen Freunde lächeln, wenn man sie darauf anspricht: Salvador Allende war bereits damals schon nicht unbedingt der treueste Ehemann. »Er war ein Frauenheld«, schreibt Salvadors Biograf Fernando Alegria, »er war bereit, alles zu riskieren, um die Gunst einer Frau zu gewinnen.«

Und er bereitete sich auf eines vor: auf die Zeit nach González Videla, die mit den Wahlen 1952 beginnen sollte.

3. Die Verwandtschaft aus dem »Geisterhaus«

Der Mann mit dem klangvollen Namen Tomás Allende Pesce de Bilbaire war ein Cousin des späteren chilenischen Präsidenten, ein Mitglied des Diplomatischen Korps und, wie die argentinische Literaturwissenschaftlerin Celia Correas Zapata schrieb, »ein Intellektueller, ein Bohemien und ein Dandy.« Die Haare mit Pomade gebändigt und zurückgekämmt, fast immer, selbst auf dem Hochzeitsfoto, eine Zigarette in den Fingern, ein selbstzufriedenes und spöttisches Lächeln auf den Lippen – so kannte man ihn. Tomás war ein sehr belesenes und bekanntes Mitglied der Intellektuellenszene Santiagos der zwanziger und dreißiger Jahre des 20. Jahrhunderts. Anders als sein Cousin Salvador diskutierte er nicht über die soziale Ursache von Krankheit und wie man die Gesellschaft verändern solle, sondern über moderne europäische Literatur Europas, über André Gide, Franz Kafka oder James Joyce. In seinen Kreisen schrieb man Gedichte und trug sich die des neu aufgehenden Sternes am chilenischen Dichterhimmel vor: die frühen Werke Pablo Nerudas.

Tomás Allende hatte 1941 Francisca Llona Barros geheiratet, und kurz danach reisten die Jungvermählten nach Peru, wo Tomás in Lima eine Stelle als Sekretär der chilenischen Botschaft antreten sollte. Sie nutzten die Seefahrt gleichzeitig als Hochzeitsreise, und diese war trotz aller Probleme – Seekrankheit und Streitigkeiten – wahrscheinlich die beste gemeinsame Zeit des Ehepaares. Denn in Lima stellte sich schnell heraus, dass die Ehe nicht glücklich war. Tomás Allende benahm sich nicht wie ein treu sorgender Ehemann, der sich seinen familiären Verpflichtungen stellte; er war – glaubt man seiner ältesten Tochter, der am 2. August 1942 geborenen Schriftstellerin Isabel Allende – ein »aalglatter Mann« und »ein feiger Kerl«.

Vier Jahre lebte das Ehepaar mit Unterbrechungen zusammen, drei Kinder – Isabel und ihre jüngeren Brüder Francisco (Pancho) und Juan – wurden in dieser Zeit geboren. Dann verließ der Vater die Familie; er legte sein Amt in der Botschaft nieder und ging wohl zurück nach Chile. Die Kinder hatten nie wieder Kontakt mit ihm, die Mutter nur noch in einer Angelegenheit: wegen der Annullierung ihrer Ehe, da es bis heute in Chile keine Ehescheidung gibt. Tomás Allende stimmte der Auflösung nur unter einer Bedingung zu: dass er nie Unterhalt für seine Kinder zahlen müsste. »Ich sah meinen Vater nie wieder, hörte nie seinen Namen nennen und weiß nichts über sein Äußeres; um so grotesker war es, dass ich eines Tages gerufen wurde, um im Leichenschauhaus seinen Leichnam zu identifizieren«, schrieb Isabel Allende später in *Paula*. Und in einem Interview fügte sie hinzu: »Ich konnte das nicht, denn ich hatte ihn nie mehr gesehen.« Der einzige Kontakt, den die Schriftstellerin zur Familie ihres leiblichen Vaters hatte, war der zu dessen Cousin Salvador Allende, der »aus einem unerschütterlichen Gefühl der Loyalität zu uns hielt«.

»Uns« bedeutete Isabel, die Mutter und die Brüder; sie alle gingen 1945 zurück nach Santiago. Für die Überfahrt sorgte der chilenische Konsul in Lima, ein Mann namens Ramón Huidobro. Der war damals selbst noch verheiratet und Vater von vier Kindern. Acht Jahre später wird er jedoch der zweite Mann von Francisca Llona Barros und Isabels Stiefvater. Vielleicht lässt sich Salvador Allendes Loyalität der Familie gegenüber dadurch erklären. Er war ein guter Freund des Politikers.

»Wir lernten uns 1939 kennen«, erinnert sich Ramón Huidobro, »und zwar, weil Salvador so eine unglaublich offene Art hatte. Ich arbeitete damals im Außenministerium, und wir hatten einen Termin beim Präsidenten. Wir warteten vor dessen Büro, und Salvador – damals Gesundheitsminister – kam heraus, trat auf mich zu und sagte: ›Und, wer bist du?‹ Ich sagte, wer ich sei, und er antwortete: ›Prima, lass uns doch gleich einen trinken gehen.‹ So begann unsere

Die spätere Schriftstellerin Isabel Allende mit ihrer Mutter Francisca Llona Barros Allende – kurz nach der Geburt ihres Bruders Francisco.

Freundschaft, die bis zum 11. September 1973 andauerte. Er war einfach ein unglaublich sympathischer Mensch.«

Francisca Llona Barros zog mit den Kindern ins Haus ihrer Eltern, Augustín Llona Cuevas und Isabel Barros Moreira, von Isabel Allende immer nur Tata und Memé gerufen. Das Haus der Großeltern war *das Geisterhaus*, »ein düsterer Ort«, so Isabel Allende in einem Interview, »er war riesig, windig und wunderbar.« Doch Erinnerungen neigen zur Übertreibung, vor allem solche aus der Kindheit. Betrachtet man das Haus in der Calle Suecia 81 heute, so fällt nichts Besonderes daran auf. Die Calle Suecia im Stadtteil Providencia, übrigens unweit der Calle Guardia Vieja, in der Salvador Allende seit den späten vierziger Jahren lebte, ist heute eine Straße, in der sich Restaurant an Kneipe und Bar an Diskothek reiht – ein beliebtes abendliches Ziel der Jugend aus der Mittel- und Oberschicht.

»Ich wuchs auf umgeben von exzentrischen Erwachsenen. Ich war nicht das, was man ein glückliches Kind nennen würde, aber ich hatte die unbedingte Liebe meiner Mutter und einen unglaublich großen intellektuellen Freiraum. Ich lernte schon früh Lesen, und Bücher begleiteten mich durch meine Kindheit. Es gab so viele in dem Haus, dass man sie nicht zählen, ordnen oder gar sauber halten konnte. Und ich hatte Zugang zu ihnen, zu allen, sodass ich nicht sagen kann, welches mich am meisten beeinflusst hat.«

Die Großmutter beeindruckte Isabel besonders. Sie diente als Vorbild für die meisten ihrer Frauengestalten, besonders für die Clara im *Geisterhaus*. Leider starb sie früh, und vieles, was Isabel Allende von ihr erzählt, beschreibt sie selbst als Mischung aus Erlebtem und Erfundenem: die parapsychologischen Fähigkeiten beispielsweise oder auch das Vermögen, Gegenstände zu bewegen, ohne sie zu berühren. Das Verhältnis, das sie zu ihrem Großvater hatte, nennt Isabel »zornige Vertrautheit«. Man habe in fast nichts übereingestimmt, sich aber unendlich viel vertrauensvoll zu sagen gehabt.

Acht Jahre lebte Isabel Allende im Haus ihrer Großeltern; Isabel zählte elf Jahre, als ihre Mutter wieder heiratete und die Familie auf Wanderschaft ging. Ramón Huidobro war Diplomat, und ein unstetes Leben mit vielen Ortswechseln war die Folge. Isabel Allende spricht übrigens nicht von ihm als ihrem Stiefvater, sie nannte und nennt ihn *tío Ramón* – Onkel Ramón. Dritten gegenüber bezeichnet sie ihn als ihren Vater. »Er war derjenige, der mich formte. Ich schulde ihm meine intellektuelle Wissbegierde, meine Neugierde und meine Disziplin«, schrieb sie später, und er sagte dazu: »Sie war sehr talentiert. Sie war immer Klassenbeste, sowohl in Chile als auch im Libanon. Sie war dabei nicht einmal besonders ehrgeizig; es fiel ihr einfach leicht. Sie begriff sehr schnell.«

Nach zwei kurzen Stationen in Bolivien und wechselnden Einsatzorten in Europa zog die Familie Mitte der fünfziger Jahre nach Beirut. »Wir lebten drei surrealistische Jahre im Libanon«, so Isabel Allende in der Rückschau, drei Jahre, in denen sie ihren Stiefvater kennen und schätzen lernte und sich zwischen sämtlichen Kulturen bewegte: Sie lebte in einem chilenischen Elternhaus mit einem scharfsinnigen, freigeistigen Stiefvater, der einst Jesuitenschüler gewesen war, besuchte eine englische Quäkerschule, die sich bemühte, ihren Schülern rigide Moralvorstellungen, Jungfräulichkeit und Keuschheit zu vermitteln, und erlebte das Ganze in einem mehrheitlich arabischen Staat. Dazu kamen die Leseerfahrungen der *Geschichten aus tau-*

sendundeiner Nacht, die sie heimlich las. In ihrem Werk *Paula* heißt es: »Der Kontrast zwischen dem Puritanertum der Schule, welche die Arbeit verherrlichte und weder die grundlegenden Bedürfnisse des Körpers noch den Blitzstrahl der Einbildungskraft anerkannte, und dem schöpferischen Müßiggang und der überwältigenden Sinnlichkeit dieser Bücher hat mich endgültig geprägt.«

Als 1958 der Bürgerkrieg im Libanon ausbrach und Beirut sich vom »Paris des Nahen Ostens«, einer lebenslustigen, internationalen Stadt zur Bürgerkriegsmetropole wandelte, schickten die Eltern Isabel zurück nach Chile. Sie wohnte wieder im Haus des Großvaters, die Eltern blieben zunächst noch im Libanon, und Isabel und ihre Mutter entwickelten damals eine Angewohnheit, die sie bis heute beibehalten haben: Sie schrieben sich jeden Tag einen Brief, der mittlerweile allerdings per Faxgerät, nicht mehr per Post übermittelt wird.

Im selben Jahr beendete Isabel die Schule – sie erhielt Privatunterricht – und lernte ihren späteren Mann kennen. Miguel Frias war 20 Jahre alt, also 5 Jahre älter als Isabel, und studierte Ingenieurwissenschaften. Er stammte aus einer chilenisch-britischen Familie, die stolz auf ihre britische Herkunft war. Miguel habe wahrscheinlich lange Jahre nicht gewusst, in welchem Land er aufwachse, schrieb Isabel Allende später, er sei in einer perfekten britischen Enklave groß geworden.

»Die Mehrheit der Chilenen weist eine Ähnlichkeit mit vielen asiatischen und afrikanischen Völkern, aber auch mit den indoamerikanischen Völkern entschieden zurück. Wir bilden uns gerne ein, dass wir die Engländer des farbigen Amerika sind«, so der chilenische Intellektuelle Jorge Ahumada 1958. Chile kennt wenig offenen Rassismus, doch viel versteckten: Die Oberklasse hat im Allgemeinen ein europäisches Aussehen, und je weiter man der gesellschaftlichen (und vor allem der ökonomischen) Leiter nach unten folgt, desto stärker sind indianische Züge bei den Chilenen erkennbar.

TEIL ZWEI

4. Der lange Weg in die Moneda

»Hier ruht der zukünftige Präsident Chiles« – so sollte seine Grabinschrift lauten, scherzte Salvador Allende Mitte der sechziger Jahre öfter. Schließlich war er bereits dreimal als Präsidentschaftskandidat angetreten und hatte jedes Mal die Wahl verloren. So ändert das Zeitgeschehen die Menschen: Als Achtjähriger soll Salvador sich geweigert haben, die Moneda überhaupt zu betreten, und 1952 kandidiert er erstmals für das Amt des Präsidenten. Jetzt wollte er die Moneda erobern, auch aus persönlichem Ehrgeiz.

»Die erste Wahlkampagne war die wichtigste«, sagte seine Frau Tencha rückblickend, »denn in ihr konnte man sehen, wie Salvador sich veränderte, eine Veränderung, die für den Rest seines Lebens wirksam blieb. Die Kampagne war die revolutionärste, und sie war wirklich heldenhaft; sie war der Test, in dem er bewies, dass er ein beliebter und volksnaher Kämpfer sein und nicht nur abstrakte Umfragen anführen konnte.«

Salvador Allende war 1952 der natürliche Kandidat für die Linksparteien, die sich in der Frente del Pueblo (Volksfront) zusammengeschlossen hatten, denn schließlich war er der einzige Senator der Sozialistischen Partei, der größten Partei im Bündnis. Doch der Wahlkampf von 1952 brachte nicht viel mehr, als dass er zur Persönlichkeitsbildung Salvador Allendes beitrug und durch ihn der Grundstein für spätere Kampagnen gelegt wurde. Salvador Allende erreichte gerade mal 52 000 Stimmen – ein auch für ihn wahrscheinlich enttäuschendes Ergebnis. Sieger wurde mit einer überwältigenden Mehrheit Carlos Ibañez del Campo, Ex-Diktator, mehrfach gescheiterter

Putschist und politischer Abenteurer, der sich, nach dem argentinischen Vorbild Juan Domingo Peróns, zum absoluten Populisten gewandelt hatte. »Er versprach die gesamte Welt: ökonomische Planung, die Zentralisierung der Banken, eine Agrar- und eine Steuerreform, die Kontrolle über die Kupferbergwerke und das Ende der Inflation. Er sagte aber nie, wie er diese Versprechungen erfüllen wollte«, schreiben Simon Collier und William F. Sater in ihrer *History of Chile 1808–1994*. Er erfüllte sie auch nicht, zum Ersten, weil er es nicht konnte, zum Zweiten, weil er es nicht wollte, und zum Dritten, weil er sich wahrscheinlich nicht mehr an sie erinnern konnte oder wollte. Einer von Ibañez' Ministern, Pedro Fonseca, berichtete später, er habe auf der ersten Kabinettssitzung Präsident Ibañez darauf angesprochen, dass man einen Entwurf zur Annullierung des »Gesetzes zur Verteidigung der Demokratie« vorlegen müsse. Warum, habe Ibañez gefragt. »Weil Sie im Wahlkampf davon gesprochen haben und weil es im Septemberprogramm (dem Wahlprogramm) gestanden hat.« Die Antwort darauf war: »Was für ein Septemberprogramm?« Bei Amtsantritt war Ibañez immerhin schon 75 Jahre alt.

Salvador Allende wurde 1953 erneut zum Senator gewählt – diesmal im Norden des Landes, in Antofagasta und Tarapacá. Er war immer noch der einzige Senator der Sozialistischen Partei.

Die Familie zog um, weg aus der Stadtmitte. 392 Guardia Vieja, benannt nach einem Tango, hieß die neue Adresse in Providencia, einem der besseren Stadtteile Santiagos. Das zweistöckige Einfamilienhaus mit Garten lag in einer schmalen, ruhigen Straße ohne Verkehr, ohne Geschäfte, ohne Sensationen. Im Erdgeschoss befanden sich Salvadors Arbeitszimmer, ein Wohnraum, die Küche und ein Esszimmer, im Obergeschoss die Schlafräume. Flügeltüren führten vom Wohnraum auf die große Terrasse. Vielleicht das richtige, ruhige Ambiente für Tencha, die ernsthaft erkrankt war. Die Diagnose: Tuberkulose. Sie konnte zunächst nicht mehr mit Salvador reisen, blieb zu Hause und begründete und pflegte neue Freundschaften, etwa mit Manuel Rojas, dem Ex-Vagabunden, Ex-Bauarbeiter, Ex-Buchdrucker, mittlerweile Journalisten und Schriftsteller und späteren Professor, der wenige Jahre zuvor (1951) sein Buch *Hijo de Ladrón* (Der Sohn des Diebes) veröffentlicht hatte.

Salvador Allende und seine politischen Freunde schauten derweil schon auf die Wahlen 1958. Die Regierung Ibañez konnte kein Problem Chiles lösen – im Gegenteil, sie wurde immer stärker selbst zu einem. Das Land sank von Tag zu Tag tiefer in die Krise, die Armut wuchs, die Wirtschaft lahmte. So rechnete sich die Opposition, insbesondere Allende und sein diesmal auf solideren Füßen stehendes Volksfrontbündnis, gute Chancen aus, die Wahlen zu gewinnen. Bereits im März 1956 gründeten die Sozialistische, die Demokratische und die Kommunistische Partei die Frente del Acción Popular (FRAP).

Zwar bekleidete Allende in seiner eigenen Partei kein herausgehobenes Amt, wurde aber dennoch zum Präsidentschaftskandidaten der FRAP gekürt. Während der Wahlkampagne war Allende in seinem Element. Lange Tage, randvolle Programme, die abenteuerlichsten Termine, all das schien ihm nichts auszumachen. Im Schlachthof von Valparaíso führte man ihn an einen Platz, wo gerade ein Stier geschlachtet wurde. Während der Vorarbeiter dem Tier den Kopf abschnitt, fing ein anderer Arbeiter in einer Schale das frische Blut auf. Es wurde mit Paprika, Zwiebeln, Knoblauch und Salz gewürzt, umgerührt und dann dem Gast angeboten. Die Umstehenden, so sein Sekretär, drehten sich angewidert weg, aber Allende guckte kurz in den Topf, setzte ihn an den Mund und nahm einen ordentlichen Schluck. Dann wischte er sich mit dem Handrücken den Mund ab. Prüfung vor den Schlachthofarbeitern bestanden, als gleichberechtigt anerkannt.

Er fühlte sich wohl unter den Arbeitern des Schlachthofes, genau wie unter den Hafenarbeitern oder den *peones*, den Tagelöhnern auf den großen Landgütern. »Er kam mit allen direkt ins Gespräch, er suchte es, er war ein Kommunikationstalent«, sagt seine Nichte Denise Pascal Allende. »Er konnte mit allen reden, war immer ansprechbar und aufgeschlossen, auch gegenüber politischen Gegnern. Selbst mit denen scherzte er. Er wurde von allen akzeptiert.« Und:

»Er war unglaublich neugierig«, berichtet sein Freund Ramón Huidobro. »Wir sind einmal zusammen im Auto in die Stadt gefahren. Da kamen wir an einer Bushaltestelle vorbei, an der eine alte Frau stand. Allende hielt an, kurbelte das Fenster runter und sagte: ›Wohin wollen Sie?‹ Die Frau antwortete: ›Ins Zentrum.‹ ›Dann steigen Sie mal ein.‹ Während der ganzen Fahrt hat er die Frau ausgequetscht, er wusste hinterher alles über sie und ihre Familie und wie sie lebte.« Allende konnte aber auch kühl beobachten, schnell und scharf antworten, und er wusste, wann er austeilen und wann er einstecken musste.

Er war spontan – mitunter zu spontan. Sein Sekretär Osvaldo Puccio berichtet in seinen Memoiren, wie Salvador Allende einmal von einigen Jugendlichen provoziert wurde. Er habe sich den Nächstbesten geschnappt und in die Büsche geworfen. Und Puccios Sohn weiß noch zwei weitere Anekdoten, die veranschaulichen, dass Allendes Taten nicht immer vollständig überlegt waren: Ende der fünfziger Jahre, zu Carmen Paz Allendes 15. Geburtstag, schrieb eine Boulevardzeitung in einem Artikel, Carmen Paz habe auf ihrer Geburtstagsfeier die ganze Nacht durchgetanzt. Dieser verlogene Artikel habe das Mädchen sehr geschmerzt, weil sie seit ihrer Kindheit partiell gelähmt war. Allende sei so erbost gewesen, dass er – so erzählte man sich später – den Journalisten geschlagen habe.

Vier Jahre zuvor, im August 1952, wenige Wochen vor der Wahl, bei der er zum ersten Mal für das Amt des Präsidenten kandidierte, hatte Allende sich sogar duelliert. Und zwar mit seinem Parteigenossen und Freund Raúl Rettig, jenem Rettig, der in den neunziger Jahren der so genannten Wahrheitskommission zur Aufarbeitung der Menschenrechtsverletzungen während der Militärdiktatur vorstand. Beide Politiker saßen damals im Senat. Natürlich war in Chile das Duell wie fast überall auf der Welt verboten. Am 6. August 1952 trafen sich die beiden Politiker im Morgengrauen in Macul Alto, außerhalb von Santiago. Als Waffen hatten sie alte Pistolen gewählt – und in einem Anfall von Einsicht solche, mit denen sich nicht präzise schießen ließ. »Die beiden Duellanten standen da wie die Statuen: Rettig auf die Anden schauend und Allende auf Santiago. Die Kugel von Chicho verschwand irgendwo in der Landschaft, die von Rettig traf fast ins Schwarze. Sie verfehlte nur knapp, sehr knapp ihr Ziel; sie hätte die Geschichte ändern können«, erzählte Salvador Allendes Freund Carlos Jorquero später. Ihrer politischen und persönlichen Freundschaft tat das Duell übrigens keinen Abbruch, Salvador Allende ernannte Raúl Rettig später zum Botschafter in Brasilien und gab ihm damit einen der wichtigsten Diplomatenposten. Kurz vor seinem Tod verriet Rettig, worum es bei dem Duell wirklich gegangen war: Nicht um unterschiedliche politische Meinungen, sondern um eine Frau.

Allende liebte es zu repräsentieren, im eleganten Anzug auf Empfängen zu plaudern. Er konnte aber auch gut zuhören, und selbst für verrückt erscheinende Ideen hatte er ein offenes Ohr. Überzeugten sie ihn, war er durchaus bereit, sie anzugehen. So entstand die Idee, die fehlenden Wahlkampfgelder für die Kampagne 1958 durch eine Spendenkampagne unter dem Motto »Ein Tagelohn für den Sieg« aufzutreiben. Osvaldo Puccio berichtet von dieser Kampagne, von der Beteiligung breiter Bevölkerungskreise und davon, dass sich auch die Komödianten und Varietékünstler Santiagos zusammengeschlossen hatten, um im größten Theater der Stadt eine Vorstellung zu geben, die ein riesiger Erfolg wurde. Und er berichtet noch von einem weiteren Ereignis:

Eines Tages kamen zwei Frauen in Allendes Büro. Sie stotterten ein wenig unsicher und sagten endlich: »Wir wollen auch Geld für die Wahlkampagne spenden.« Allende und Puccio warteten, denn offensichtlich gab es noch mehr zu sagen. Eine der Frauen druckste herum und rückte schließlich damit heraus, dass sie und ihre Freundin Prostituierte seien und auf einer Veranstaltung Allendes je eine Tageseinnahme spenden wollten. Ein etwas heikles Unterfangen. Allende im Bordell beim Entgegennehmen einer Spende, womöglich begleitet von Dutzenden von Journalisten. Nicht machbar. Schließlich fand sich eine Lösung: Puccio und José Toha, der spätere Innenminister der Unidad Popular – ein langer, hagerer Mensch, der, so beschreibt ihn Fernando Alegria treffend, wie einer der zwölf Apostel aussah –, gingen auf die Veranstaltung. Sie trafen die 200 Prostituierten, die ihre Hoffnung in einer FRAP-Regierung sahen, hörten zahlreiche Reden und nahmen schließlich im Namen von Salvador Allende dankend das Geld entgegen.

Höhepunkt der Kampagne war die mehrere Wochen dauernde Wahlkampfreise. Die FRAP hatte eine alte Dampflok gemietet und fuhr unter dem Motto »A todo vapor por Allende – mit Volldampf für Allende« durch das Land. Allende hetzte von Termin zu Termin und sammelte Stimmen, langsam, aber sicher immer mehr, auch wenn es bei manchen Versammlungen auf dem Land enttäuschende Umfragen gab. Von 100 anwesenden Menschen hoben mitunter nur 30 die Hand, wenn sie gefragt wurden, ob sie für Allende stimmen würden. Warum nicht die anderen? Die waren nicht wahlberechtigt, weil sie nicht lesen und schreiben konnten.

Vielleicht war das der Grund, warum Allende die Wahl am Ende verlor. Vielleicht lag es auch daran, dass sich die Kirche in den Wahlkampf einmischte. Osvaldo Puccio erzählt, dass Allendes Mutter Doña Laura, eine streng katholische und bereits hoch betagte Frau, zur Beichte gegangen und dort vom Priester gefragt worden sei, wen sie denn wähle. Sie habe geantwortet: »Salvador Allende«, worauf der Priester gesagt haben soll, dass dies eine schlechte Wahl sei. Allende sei Kommunist, er würde die Kirchen schließen lassen, die Priester einsperren, die Nonnen vergewaltigen und den Müttern die Kinder wegnehmen. Doña Laura habe geantwortet, das sei falsch, all das würde nicht passieren. Salvador sei ein guter Sohn. Woher sie das wisse? »Ich bin seine Mutter.«

Am Ende bekam der FRAP-Kandidat 356 000 Stimmen, etwa 33 000 weniger als der Wahlsieger Jorge Alessandri, der Sohn von Arturo Alessandri, dem Löwen von Tarapacá. Der Christdemokrat Eduardo Frei erhielt 255 000 Stimmen (das bürgerliche Lager war gespalten, was Allendes Chancen beträchtlich erhöht hatte). Die Stimmen, die Allende fehlten, hatte vermutlich Antonio Zamorano erhalten, ein Ex-Priester und Kandidat der letzten Minute, der – so vermuteten Beobachter – nur ins Rennen geschickt wurde, um mit demagogischen Parolen auf der linken Seite des Wählerspektrums Allende Stimmen wegzunehmen.

»Man soll zwar in der Geschichtsbetrachtung niemals wenn sagen«, meint Osvaldo Puccio Huidobro, der selbst in der chilenischen Politik aktiv ist. »Aber es ist ein interessantes Gedankenspiel, sich zu überlegen, wie sich Lateinamerika entwickelt hätte, wenn Allende 1958 die Wahlen gewonnen hätte. Sein damaliges Programm war wesentlich weniger radikal als das der Unidad Popular 1970; es waren sehr sozialdemokratische Vorstellungen. Damals war Kuba noch kein sozialistischer Staat, damals gab es noch keine Systemauseinandersetzungen auf dem lateinamerikanischen Kontinent. Vielleicht wäre das eine Chance gewesen, einen anderen Entwicklungsweg in Lateinamerika zu beschreiten, einen, der sich politisch mehr an den Staaten Nordeuropas orientiert und dem Kontinent die bitteren Erfahrungen der Diktaturen der siebziger und achtziger Jahre erspart hätte.«

Im Januar 1959 hatte sich die politische Lage in Lateinamerika radikal geändert: Die Guerillakämpfer um Fidel Castro und Che Guevara waren siegreich in die kubanische Hauptstadt Havanna eingezogen. Sie hatten den Diktator Batista gestürzt und begannen nun in Kuba einen sozialistischen Staat aufzubauen.

Ein sozialistischer Staat in Lateinamerika. Im Hinterhof der USA, in ihrem ureigensten Interessengebiet. Die Reaktion der amerikanischen Regierung kam schnell, und sie war hart: Die USA brachen die wirtschaftlichen Beziehungen ab, nachdem Kuba Mitte der sechziger Jahre die US-Erdölraffinerien beschlagnahmt hatte. Die politischen Beziehungen kühlten ab und froren schließlich ganz ein, nachdem eine vom US-Geheimdienst unterstützte Landung von Exilkubanern, welche die Castro-Regierung stürzen sollten, 1961 in der so genannten Schweinebucht gescheitert war. Kuba lehnte sich daraufhin politisch und wirtschaftlich immer mehr an die Staaten des Ostblocks an.

Die USA versuchten Kuba international zu isolieren. Sie schworen zunächst die anderen Staaten Amerikas auf ihre Linie ein, und im Januar 1962 gelang es ihnen, Kuba aus der Organisation Amerikanischer Staaten (OAS) ausschließen zu lassen. 1961 hatten sie bereits auf einer Tagung im uruguayischen Seebad Punta del Este die Alianza para el Progreso (Allianz für den Fortschritt) gegründet. Die Regierung Kennedy wollte mit diesem Abkommen die soziale und wirtschaftliche Entwicklung Südamerikas fördern – und weiteren Revolutionen vorbeugen. Als Gegenleistung für die Finanzierungshilfen erwartete sie, dass die Länder ihre diplomatischen Beziehungen zu Kuba abbrächen. Die chilenische Regierung unter Jorge Alessandri begrüßte die Allianz für den Fortschritt und akzeptierte einen Plan zur Stabilisierung und Entwicklung der Wirtschaft, der überwiegend von US-Wirtschaftsexperten und dem internationalen Währungsfond ausgearbeitet wurde.

Die US-Politik gegenüber Lateinamerika war seit 1823 durch die Monroe-Doktrin festgelegt: Außeramerikanische Einflüsse auf die Vereinigten Staaten sind zu verhindern und als unfreundliche Akte anzusehen. Die Doktrin wurde 1904 unter Präsident Roosevelt im Sinn einer Polizeifunktion gegenüber den lateinamerikanischen Staaten erweitert. Noch 1954 war auf der 10. Interamerikanischen Konferenz in Caracas (Venezuela) eine *Declaration of Solidarity*, ein klassisches Dokument des Kalten Krieges, verabschiedet worden. Darin wurde der Kommunismus als das politische System einer außerhalb dieses Kontinents liegenden Macht bezeichnet. Weiterhin hieß es darin, »dass die Vorherrschaft oder Kontrolle politischer Institutionen in irgendeinem amerikanischen Staat durch die internationale kommunistische Bewegung eine Bedrohung für die Souveränität und die politische Unabhängigkeit der amerikanischen Staaten darstelle, welche den Frieden in Amerika gefährde.« Im Klartext: Ein sozialistischer Staat in Nord- oder Südamerika bedroht die anderen Staaten und gefährdet den Frieden des Kontinents.

Salvador Allende besuchte Kuba sofort nach der Revolution und traf dort unter anderem mit Che Guevara zusammen. Viel ist von ihrem Treffen nicht überliefert, außer dass Salvador Allende zwar den kubanischen Weg unterstützte, gleichzeitig aber darauf hinwies, dass der chilenische Weg zum Sozialismus anders aussähe. Er führe über allgemeine, demokratische Wahlen. Bei jeder Wahl sei man dem Ziel ein bisschen näher gekommen, und irgendwann werde man siegen. Genau das war ein Kernpunkt des Politikverständnisses von Allende: Ohne anderen Vorhaltungen zu machen, lehnte er für sich das Erringen der Macht mit Waffengewalt ab. Er setzte immer darauf, die Mehrheit zu gewinnen. Er wollte nicht mit einer Hand voll Bewaffneter die Macht erobern und dann das Land umgestalten, ihm ging es schon damals um das Überzeugen der Menschen – sie sollten sich aus freien Stücken für seine und damit für die besseren Vorschläge entscheiden, eine Strategie, die der Auffassung Che Guevaras, der über Guerillakämpfer revolutionäre Bewegungen in andere Länder tragen wollte, diametral gegenüberstand.

In Chile kämpfte die Regierung Alessandri seit ihrem Amtsantritt mit großen Schwierigkeiten. Die Wirtschaft lahmte, die Bergleute im südchilenischen Kohlerevier streikten, und im Mai 1960 kam es zu einem der verheerendsten Erdbeben in der Geschichte Chiles. Mehrere Vulkane brachen aus, viele hundert Menschen starben, Valdivia und andere Städte wurden komplett zerstört. Osvaldo Puccio, der sofort mit Allende in den Süden reiste, beschreibt die Verwüstungen: »In Puerto Saavedra [bei Valdivia] war etwas Schreckliches geschehen. Dem Erdbeben folgte ein Seebeben, und das war noch viel schlimmer. Das Meer trat über die Ufer. Dann rollte es zurück, kehrte aber kurz darauf mit noch größerer Wucht zurück. Es entstand eine entsetzliche Flut. Die Leute flüchteten in die Berge. Als die Wassermassen zurückbrausten, rissen sie einen großen Teil der Stadt weg. Die Stadt glich danach einem Stück Brot, von dem ein Happen abgebissen war. Von den Bergen schien es, als sei die Stadt ganz; nur dass an einer Stelle ein rundes Stück fehlte. Da gab es keine Straße, keine Häuser mehr. Es war gerade noch zu erkennen, wo Straßen gewesen waren. Überall Sand und Geröll. Unzählige Menschen fanden den Tod. Die Überlebenden hatten nur noch das, was sie auf dem Leibe trugen.«

Die Regierung wurde mit den Folgen des Desasters kaum fertig.

Bei den Gemeindewahlen 1962 gewann die Linke, und ein politischer Wandel lag förmlich in der Luft. Das Parlament verabschiedete endlich eine Wahlrechtsreform; diese ermöglichte auch den Analphabeten zur Wahl zu gehen. Statt 1,12 Millionen Wählern wie 1958 waren bei den Wahlen 1964 mehr als doppelt so viele Menschen, nämlich 2,92 Millionen, wahlberechtigt.

Salvador Allende wurde in diesen Jahren immer sicherer, irgendwann die Präsidentschaftswahlen zu gewinnen. Er war inzwischen über 50 Jahre alt; er war, so beschrieb ihn sein Biograf Fernando Alegria, »kräftig, aber nicht dick. Seine Augenbrauen sind stark, und sein durchdringender Blick wirkt ein bisschen ironisch. Er spricht ruhig, aber seine Konsonanten sind kräftig, sie erschüttern seine gut gebauten Sätze. Er stellt eine Frage nach der nächsten. Er will immer alle Details über aktuelle Politik wissen, egal ob nationale oder internationale. Er spricht keine Urteile aus, sondern scheint alle Informationen für später aufzubewahren. Seine dicken, starken Hände mit den rötlichen Haaren erregen Aufmerksamkeit. Er zieht die Augenbrauen hoch, beobachtet amüsiert und lacht explosiv.«

»Ich habe mich meistens gelangweilt. In Chile wird über nichts anderes gesprochen. Ich war nicht einmal 20 Jahre und wollte nicht immer nur über Politik reden. Meine Cousinen waren da anders. Die ganze Familie war von der Politik besessen. Wahrscheinlich wurde ich rein aus Rebellion dagegen so unpolitisch.« So erinnert sich die Schriftstellerin Isabel Allende an das Ende der fünfziger und an den Anfang der sechziger Jahre. Sie hatte sich nach ihrem Schulabschluss 1958 als 17-Jährige nicht dafür entscheiden können zu studieren, ihre Idee sei vielmehr gewesen, irgendwann zu heiraten, Kinder zu bekommen und als Hausfrau leben. »Ich wurde zur Hausfrau erzogen, nicht dazu einen Beruf auszuüben.« So nahm sie weniger aus Überzeugung, sondern mehr zufällig eine Stelle als Sekretärin bei der Food and Agricultural Organization (FAO) der Vereinten Nationen in deren Büro in Santiago an. Während sie sich langsam durch die unterschiedlichen Abteilungen quälte und schließlich in die Pressestelle kam (»Dort lehrten mich zwei Journalisten Spanisch zu schreiben, was ich kaum konnte. Ich hatte eine sehr ungleiche Erziehung genossen, auf Französisch, Englisch und auch ein wenig auf Spanisch«), hatten ihre Cousinen, die Töchter Salvador Allendes, bereits konkrete berufliche Wege eingeschlagen: Die älteste, Carmen Paz, die als Kind lange krank gewesen war, wurde Erzieherin, die zweitgeborene Tati studierte, fast schon einer Familientradition folgend, Medizin, und die jüngste Tochter Isabel Soziologie. Vor allem Tati interessierte sich sehr für Politik.

Salvador Allende war im Frühjahr 1962 Trauzeuge seiner »Nichte« Isabel, die als 19-Jährige ihren Verlobten Miguel Frias heiratete, um – wie sie später schrieb – ihren Eltern nicht in die Schweiz folgen zu müssen, da ihr Stiefvater Ramón dort als Chiles Vertreter zu den Vereinten Nationen entsandt worden war. Gleichzeitig startete sie mehr zufällig ihre journalistische Karriere. Sie arbeitete inzwischen in der Pressestelle der Food and Agricultural Organization, und das staatliche Fernsehen mit Sitz in Santiago hatte ihrem Chef 15 Minuten Sendezeit zur Verfügung gestellt, um über die Arbeit der Organisation zu berichten. »Mein Chef konnte nicht zu einer Live-Sendung kommen«, berichtete sie. »Ich rief den Sender an, sie das wissen zu lassen, und der Redakteur der Sendung sagte mir, dass ihm das leid tue, aber irgendeiner der Organisation müsse um 15 Uhr im Studio sein, um die Sendung zu machen, er habe kein anderes Material, um den Zeitraum zu füllen. Ich besaß einen italienischen Film über die UN-Ernährungskampagne und bearbeitete ihn schnell. Ich fügte Text dazu – je nachdem, was mir zu den Bildern einfiel – und ging damit zum Sender. Das Material wurde gesendet, aber ich hatte keine Ahnung, wie gut ich gewesen war. Ich war damals einfach ziemlich tollkühn. Eine Woche später bekam ich einen wöchentlichen Sendeplatz angeboten, und so startete meine journalistische Laufbahn.«

Isabel Allende war hin- und hergerissen: zwischen ihrer interessanten Arbeit bei der FAO und ihrem Wunsch, als Ehefrau zu Hause zu bleiben, besonders nachdem im Oktober 1963 ihre Tochter Paula geboren worden war. Die Lösung fand sich im Ausland. Ihr Mann

Miguel Frias hatte ein Stipendium für das Ingenieurstudium in Brüssel bekommen, und Isabel pendelte fortan zwischen Genf, wo ihre Mutter und ihr Stiefvater lebten, und Brüssel hin und her. In Brüssel absolvierte sie eine journalistische Fortbildung, die übrige Zeit nutzten sie und ihr Mann für ausgedehnte Reisen durch Europa.

Die Familie zog 1965 nach Chile zurück, als gerade die Christdemokratische Regierung unter Eduardo Frei Montalvo ihr Amt antrat. Salvador Allende hatte auch seinen dritten Präsidentschaftswahlkampf verloren.

Der Sieg des liberalen Christdemokraten Frei war überzeugend gewesen. Er hatte 1,4 Millionen Stimmen (56,1 Prozent) auf sich vereinigen können, Allende eine knappe Million (38,9 Prozent) und der dritte Kandidat, der Konservative Julio Durán, 130 000 Stimmen (5 Prozent). Niemand vermutete, dass Allende sich von dieser Niederlage noch einmal erholen würde. Er erschien auch nicht sehr kämpferisch. Salvador Allende sammelte seine persönlichen Papiere im Wahlkampfbüro ein, lud sie zu Hause in seinem vollgestopften Büro ab und fuhr in das Ferienhaus der Familie nach Algorrobo, einem kleinen Ort südlich von Valparaíso. Dort sei er glücklich, er habe ja jetzt den Strand für sich allein, sagte er, und das stimmte: Sein Nachbar in Algorrobo war Eduardo Frei gewesen, der jetzt keine Zeit mehr hatte, dort den Sommer zu verbringen. Frei und Allende pflegten trotz politischer Meinungsverschiedenheiten eine tiefe Freundschaft. Erst später sollte die Politik diese gefährden und schließlich auch zerstören.

Schon im Wahlkampf 1964 waren die Methoden der Christdemokraten nicht sehr elegant gewesen. Sie setzten zum einen auf ein starkes Reformprogramm und zum Teil linke Parolen (einer von Freis Wahlslogans lautete: »Revolution in Freiheit«), zum anderen auf plumpe Demagogie. Allende wurde als Kommunist verunglimpft, der Angst und Terror über das Vaterland bringen würde. Das wirkte besonders beim Bürgertum.

Dessen Ängste vor einer Revolution brachte der chilenische Theaterschriftsteller Egon Wolff auf die Bühne. Sein Stück *Los Invasores*

Salvador Allende, hier mit seiner Tochter Beatriz und seiner Frau Tencha während einer Wahlveranstaltung im September 1964, hatte sich zunächst dreimal vergeblich zur Wahl gestellt, bevor er 1970 zum Präsidenten gewählt wurde.

(Die Eindringlinge) wurde 1963 uraufgeführt und ist, so der Schriftsteller (und heutige Botschafter Chiles in Deutschland) Antonio Skarmeta »eine erhellende Tauchfahrt in das Bewusstsein der Bourgeoisie und ihre Sicht des Proletariats«. Das Haus des reichen Industriellen Lucas Meyer wird von einer Horde Bettler überfallen, die auf dem Grundstück eine Art sozialistischer Gemeinschaft errichten wollen. Meyer merkt, dass er keinerlei Verbindung zur Außenwelt hat, dass er keine Chance hat, die Armen zu bestechen, dass alles Reden nichts nutzt. Er muss schließlich gestehen, dass sein Reichtum vor allem durch Ausbeutung, nicht durch eigene Arbeit zustande gekommen ist. Die gesamte Industriellenfamilie ist verzweifelt – bis plötzlich ein Schrei Meyers alles beendet. Die Szene wechselt: Meyer steht im Pyjama auf der Bühne. Der Zuschauer erfährt, dass alles nur ein

Albtraum gewesen ist, sich alles nur in der Gedankenwelt des Protagonisten abgespielt hat. Doch als sich die Meyers beglückwünschen und das Publikum erleichtert aufatmet, hört man Glas brechen und sieht, wie Menschen versuchen, in das Haus einzudringen. Die Bettler?

Den Ausschlag für den Sieg der Christdemokraten hatte aber etwas anderes gegeben: Bei den Nachwahlen zur Abgeordnetenkammer im März 1964 hatte der Kandidat des linken Wahlbündnisses FRAP im Wahlkreis Curicó überraschend die Mehrheit erzielt, und das in einem konservativen, ländlichen Bezirk. Die Konservativen und die Christdemokraten hatten sich gegenseitig die Stimmen weggenommen – und rechnete man dieses Ergebnis auf die Präsidentschaftswahl hoch, konnte das bedeuten, dass Frei und Durán je bei einem knappen Drittel der Stimmen landeten und Allende mit einer relativen Mehrheit die Wahlen gewänne – was 1970 schließlich auch passierte. Die Rechte, die wenig Siegeschancen für ihren Kandidaten sah, rief deshalb 1964 noch einmal dazu auf, *el mal menor* (das kleinere Übel), nämlich Frei, zu wählen.

Gegen noch etwas kam Allendes FRAP diesmal nicht an: gegen die massive Wahlkampfunterstützung, die Frei aus dem Ausland erhielt. So spendete selbst die deutsche CDU Geld für Freis Wahlkampf, wichtiger aber waren die 2,6 Millionen Dollar, die aus den USA kamen. Dieses Geld stammte aus den Kassen des amerikanischen Geheimdienstes Central Intelligence Agency (CIA), und selbst Frei wusste nichts von dessen Herkunft. Im Bericht *Covert Action in Chile 1963–1973,* geschrieben für den US-Senat, heißt es außerdem über den Wahlkampf: »Über die Hälfte der Kampagne des christdemokratischen Kandidaten wurde von den USA finanziert. Zusätzlich zu den Spendengeldern rief die CIA eine massive antikommunistische Kampagne ins Leben. Dabei wurden Presse, Radio, Filme, Broschüren, Plakate, Briefsendungen, Wandbilder und Flugblätter gedruckt. Es war eine *Angstkampagne,* die besonders auf Bildern von sowjetischen Panzern und kubanischen Einsatztruppen beruhte und sich vor allem an die Frauen richtete. In der ersten Woche der intensiven Propaganda sendete eine von der CIA finanzierte Gruppe täglich 20 Radiospots über die Radiostationen in Santiago sowie über 44 weitere Radiostationen in der Provinz, dazu zwölf Minuten Nachrichten, die dreimal täglich über drei Radiostationen in Santiago und 24 Stationen in der Provinz ausgestrahlt wurden.«

»Diese [antikommunistische] Propaganda war haarsträubend«, schrieb Pablo Neruda in seinen Memoiren mit dem Titel *Ich bekenne, ich habe gelebt.* »Die Nonnen würden erschossen, die Kinder würden von fidel-ähnlichen Bärtigen auf Bajonette gespießt, die kleinen Mädchen würden ihren Eltern entrissen und nach Sibirien verschleppt werden.« Ständig wurde die FRAP, Allendes Volksfrontbündnis, mit Russland gleichgesetzt, am originellsten vielleicht noch auf einem Plakat, das die Christdemokraten drucken ließen: »Tor für Chile! Wir wiederholen bei den Wahlen den Sieg von der Weltmeisterschaft. Chile 2 : Russland 1.« Bei der Fußball-WM 1962 in Chile hatten die Chilenen das Team der Sowjetunion mit 2:1 Toren besiegt, und auf den Wahlzetteln stand vor Frei (sozusagen Chile) die Nummer 2, vor Allende (sozusagen Russland) die Nummer 1.

Vielleicht plante Allende Ende 1964 in seinem Ferienhaus am Pazifikstrand, unweit vom Wohnort des Dichters Pablo Neruda, schon wieder sein Comeback. Vielleicht überdachte er auch seine Wahlkampagne und überlegte, woran er gescheitert war. Vielleicht brauchte er aber nur eine kurze Auszeit. Der bis September dauernde Wahlkampf war anstrengend gewesen, und er hatte sich keinen freien Tag gegönnt. Nicht einmal, als im August 1964 seine Mutter starb.

Eines war jedoch bei der Wahl 1964 unübersehbar geworden: Chile hatte sich verändert. Die vereinigte Linke konnte nun mit einem Drittel der Stimmen rechnen, und zum Präsidenten war ein Mann gewählt worden, dessen Programm Verstaatlichungen und eine Landreform vorsah und dessen Losung »Revolution in Freiheit« hieß. Überall diskutierte man über die Revolution, überall war der Wandel in Chile spürbar.

Am wenigsten jedoch noch in der offiziellen Regierungspolitik. Die Christdemokratische Partei war recht heterogen, sie vereinigte

Industrielle, Bankiers und Geschäftsleute, meistens Liberale, mit Arbeitern aus den Kupferbergwerken; der überwiegende Teil kam allerdings aus der Mittelschicht. Diese Heterogenität schlug sich in der Regierung Frei nieder: Es gab eher konservative Minister, aber auch den Landwirtschaftsminister Jacques Chonchol, der allerdings bald sein Amt niederlegte und später der Unidad Popular-Regierung als Landwirtschaftsminister diente.

Das größte Projekt der Regierung Frei war die so genannte Chilenisierung des Kupfers. Die chilenischen Kupferminen waren alle in ausländischer (fast ausschließlich US-amerikanischer) Hand. Chile trug also die Lasten (Infrastruktur, Umweltverschmutzung) bei der Förderung des Kupfers, die Gewinne aber wurden ins Ausland transferiert. Es flossen nur minimale Steuererträge in die chilenische Staatskasse. Die Volksfront war seit jeher mit der Forderung nach Verstaatlichung der Minen angetreten, Frei sprach dagegen von der Chilenisierung – gemeint war, dass der Staat 51 Prozent, also die Mehrheit der Aktien der bestehenden Gesellschaften durch die Cooperación Nacional del Cobre (CODELCO) aufkaufte. So zahlte Chile 1967 beispielsweise der Kennecott-Tochter Braden Copper für die 51 Prozent Anteile an der Kupfermine El Teniente bei Rancagua 80 Millionen Dollar. Für Kennecott war das ein gutes Geschäft, lag der Buchungswert des gesamten Unternehmens doch gerade mal bei 67 Millionen Dollar. Unrealistisch niedrig, meinte Kennecott, doch waren die Steuern, die das Unternehmen in den Jahren zuvor hatte zahlen müssen, immer anhand des niedrigen Buchungswertes ermittelt worden. Außerdem behielt Braden die Kontrolle über die Betriebsführung der Mine, das Unternehmen handelte die Verträge mit den Arbeitern aus, kaufte Material und Geräte, bestimmte über die notwendigen Investitionen und verkaufte schließlich auch das Kupfer. Chile war also nach dem ausgehandelten Vertrag zwar der Mehrheitseigner, die Kontrolle übten aber immer noch die ehemaligen Besitzer aus. 1969 schloss die Regierung auch mit dem Kupferkonzern Anaconda, dem die Minen in Chuquicamata und El Salvador gehörten, einen ähnlichen Vertrag.

Innenpolitisch waren diese Abkommen umstritten. Für die Konservativen war Frei derjenige, der Chile den Sozialisten auslieferte, für die Linken waren seine Reformen reine Augenwischerei. Das stimmt nicht ganz. Die von vielen als »Blumentopfreform« geschmähte Landreform schaffte zwar nicht den Großgrundbesitz in Chile ab – Kritiker sagten sogar, dass sich die Großgrundbesitzer gegen hohe staatliche Entschädigungen von Land trennten, das sie eh nicht bewirtschaften konnten –, brachte aber immerhin etwa 30 000 Familien eigenes Land, und auch die Schulreform verbesserte die allgemeine Volksbildung. Vor allem die USA wollten einen Erfolg der Regierung Frei, da sie Chile zum Modellland der Alianza del Progreso machen wollten. Doch die von internationalen Krediten abhängige Wirtschaft Chiles lahmte. In der Mitte von Präsident Freis Regierungszeit war fast ein Viertel der Chilenen arbeitslos, und ihm liefen langsam, aber sicher die Wähler weg.

5. Revolutionäre Träume und Taten

Die zweite Hälfte der sechziger Jahre des 20. Jahrhunderts war in Südamerika die Zeit revolutionärer Träume und Taten. Die soziale Ungleichheit zwischen den entwickelten Industrieländern und den Entwicklungsländern wurde nicht länger übersehen, ebenso wenig die Abhängigkeitsverhältnisse. Die Kirche solidarisierte sich mit den Armen, auch wenn der Vatikan die Theologie der Befreiung offiziell verurteilte, und in vielen Ländern Lateinamerikas entstanden Guerilla-Bewegungen, die nach dem Vorbild Kubas ihre Länder zum Sozialismus führen wollten. Dort hatte Che Guevara inzwischen seinen Posten als Industrieminister niedergelegt, um im bolivianischen Urwald die Guerilla in ihrem Kampf gegen die Militärdiktatur von General René Barrientos Ortuño zu unterstützen. Anfang der sechziger Jahre hatte Raúl Sendic gemeinsam mit einigen Gesinnungsgenossen in Uruguay die Keimzelle der späteren Stadtguerilla-Bewegung Tupamaros gelegt. Gerade diese hatte eine hohe Ausstrahlungskraft für Chile, da das Land wie Uruguay eher städtisch geprägt ist.

Auch in Chile radikalisierte sich die Jugend, vor allem die Studentenschaft. 1965 gründete sich an der Universität von Concepción der Movimiento de la Izquierda Revolucionaria (MIR, Bewegung der revolutionären Linken). Eines der Gründungsmitglieder war Andrés Pascal Allende, der Sohn von Salvador Allendes Schwester Laura. Andrés war damals Anfang 20, besaß aber schon eine bewegte politische Vergangenheit. Er war wegen angeblicher Disziplinlosigkeit von der Schule geflogen, hatte dann auf einem anderen Gymnasium seinen Abschluss gemacht – und war dort durch seine

Lehrer, nordamerikanische Priester, mit einer ihm bis dahin unbekannten chilenischen Wirklichkeit konfrontiert worden. In einem Interview erinnerte er sich: »In den Wintermonaten sind wir in ein Armenviertel außerhalb von Santiago gegangen und haben Lebensmittelspenden verteilt. Es gab dort einen Arbeiter, der sich immer über uns amüsiert hat, er war Kommunist und hat bei der Müllabfuhr gearbeitet. Eines Tages kam er auf mich zu und sagte: ›Warte morgen früh um sechs Uhr auf mich an der Ecke, dort hole ich dich mit dem Lastwagen ab.‹ Und dann hat er mir gezeigt, was Chile war, wie die Leute vom Müll leben, sie haben richtige Höhlen in die Müllkippen gebaut, wo sie im Abfall wühlen, ihn aussortieren und einiges Essbare herausfischen. Und das waren nicht ein oder zwei, es waren hunderte von Leuten mit kleinen Kindern.«

Das war Ende der fünfziger Jahre, Anfang der sechziger war Andrés Pascal Allende dann in Kuba und arbeitete auf einem verstaatlichten Landgut. Voller Begeisterung für die kubanische Revolution kam er zurück und trat in die Sozialistische Partei (PS) ein. Er begann Soziologie zu studieren, genau wie seine Cousine Isabel Allende, dazu Geschichte, und beide waren sie, gemeinsam mit Tati, die Medizin studierte, in der Studentengruppe des PS aktiv. Doch Andrés Pascal Allende gründete mit Freunden zunächst eine eigene Organisation innerhalb der Sozialistischen Partei, die Sozialistische Revolutionäre Bewegung, eine Gruppierung, die weniger auf parlamentarische Vertretung und Reformen setzte. Schließlich trat er 1963 aus dem PS aus, was für ihn, wie er sagte, »auch einen Bruch mit der Familie bedeutete, weil mein Onkel Präsidentschaftskandidat war«, und schloss sich der so genannten Revolutionären Marxistischen Avantgarde an.

Die Mitglieder der Revolutionären Marxistischen Avantgarde gehörten zu denen, die 1965 die MIR gründeten. Zunächst sei diese Bewegung nichts anderes als eine Agitprop-Gruppe mit unterschiedlichen Strömungen gewesen, meinte Andrés Pascal Allende rückblickend, erst 1967 habe man sich für Radikalität entschieden. Damals wurde sein Freund Miguel Enríquez zum Generalsekretär der Vereinigung gewählt. Er selbst war zunächst auch Mitglied der Leitungsgremien, arbeitete später aber vorwiegend agitatorisch in den Armensiedlungen Santiagos. In einem Interview sagte er: »Meine Mutter [Laura Allende] war Abgeordnete der Sozialistischen Partei und hatte viele Sympathien für uns. Anfangs half sie uns, schickte Jugendliche aus dem PS zu uns. Deshalb begann ich, im Stadtteil meiner Mutter zu arbeiten, welcher der zweitgrößte Bezirk Santiagos war, und dort haben wir viele *compañeros* rekrutiert.«

»Jeder sprach damals von Revolution«, erinnert sich Osvaldo Puccio Huidobro. »Das Wort war ein Allgemeinplatz – selbst in der konservativen nationalen Partei. Die Stimmung war eben so, dass man die Revolutionäre bewunderte. Ich erinnere mich gut daran, dass am 8. Oktober 1967, als Che Guevara ermordet wurde, Tati Allende aus dem Krankenhaus, in dem sie ihr praktisches Jahr ableistete, zu uns nach Hause gerannt kam. Sie war in ihrem weißen Arztkittel aus dem Hospital gelaufen, sie kam zu uns, setzte sich in mein Zimmer und weinte den Rest des Tages.«

Auf ihrem Parteitag im November 1967 in Chillán bezeichnete sich die Sozialistische Partei als marxistisch-leninistisch und sprach ebenfalls von der Revolution, auch wenn Parteiführer wie Salvador Allende weiterhin auf demokratische Wahlen setzten.

Von der radikalen Linken kritisiert, von rechts angefeindet – Salvador Allende setzte sich in dieser Zeit zwischen alle Stühle, und damit vielleicht auf den Platz, auf dem er sich am wohlsten fühlte. Er war 1966 zum Senatspräsidenten gewählt worden und setzte sich in dieser Position für Reformen ein, was von der radikalen Linken, wie etwa der MIR, kritisiert wurde. Die Rechte forderte sowieso alle Nase lang seinen Rücktritt: Sei es, weil er im Juli 1967 zu einer Solidaritätskonferenz nach Kuba geflogen war, sei es, weil er 1968 gemeinsam mit seiner Tochter Tati nach Moskau flog, um dort den Festlichkeiten zum 50. Jahrestag der Oktoberrevolution beizuwohnen, oder auch, weil er sich nicht von der MIR und den Guerillakämpfern in anderen lateinamerikanischen Staaten distanzierte. Nach dem Tod Che Guevaras im Oktober 1967 gelangten Monate später fünf seiner Mitkämpfer über die Grenze nach Chile und baten dort um politisches Asyl. Das wurde ihnen nicht gewährt, doch Allende sorgte dafür, dass sie über Paris nach Havanna gelangen konnten. Dafür verhandelte er mit der französischen Regierung und setzte sich dann mit den Guerillakämpfern in ein Flugzeug, das sie über die Osterinsel nach Tahiti brachte. Von dort konnten sie ungehindert nach Paris weiterfliegen. Anders wäre die Reise nicht machbar gewesen, da ansonsten immer eine Zwischenlandung in einem anderen lateinamerikanischen Land, das die fünf nach Bolivien ausgeliefert hätte, nötig gewesen wäre.

Der chilenische Volkssänger Victor Jara beschrieb die politische Stimmung Mitte der sechziger Jahre in seinem Lied *Te recuerdo, Amanda* (»Ich erinnere mich an dich, Amanda«):

Ich erinnere mich an dich, Amanda,
die Straßen waren nass,
und du ranntest zur Fabrik,
in der Manuel arbeitete.
Mit deinem breiten Lächeln,
dem Regen im Haar,
es zählte sonst gar nichts,
nur sehen wolltest du ihn.

Nur fünf Minuten,
dein ganzes Leben in fünf Minuten.
Die Sirene heult,
Zeit, wieder zur Arbeit zu gehen.
Und überall, wo du gehst,
fängt alles zu leuchten an,
diese fünf Minuten,
haben dich zum Erblühen gebracht.

Und er ging zu den Kämpfern in die Berge.
Er hat nie einer Fliege etwas zuleide getan,
und in fünf Minuten,
war alles ausgelöscht.
Die Sirene heult,
Zeit wieder an die Arbeit zu gehen.
Viele kehren nicht mehr zurück,
unter ihnen auch Manuel.

Viele Sänger und Schriftsteller, Maler und Publizisten sangen, schrieben und dachten politisch – und die Volkssänger mischten sich schon früh in die politischen Debatten ein. Gefördert wurde das von vier Künstlern, um die sich bald andere scharten: von Violeta Parra, von ihren Kinder Isabel und Angel sowie von Victor Jara. Angel und Isabel hatten 1965 in der Calle Carmen, einer schmalen Straße südlich des Zentrums von Santiago, die Peña de los Parras eröffnet, eine Art Kneipe, in der man gut und vor allem billig essen konnte und in der Freunde von ihnen auftraten. Die Peña wurde zum Zentrum der La nueva canción chilena (Neue Chilenische Gesangsbewegung).

Joan Jara, die Witwe von Victor Jara, erinnert sich an einen ihrer ersten Abende dort: »In der stickigen, verräucherten Luft auf eine der unbequemen Holzbänke gequetscht, musste man schon echten Enthusiasmus besitzen, um die drei oder vier Stunden Musik durchzuhalten. Die Vortragenden saßen auf einem kleinen Holzpodest im Durchgang zwischen zwei Zimmern, den man mittels eines Wanddurchbruchs geschaffen hatte. Die Beleuchtung bestand aus einem kleinen Scheinwerfer. Die Wirkung war durchaus eindrucksvoll, und trotz der zwanglosen Atmosphäre und des vielen Weines spürte man beim Publikum Konzentration und Respekt.«

Vorbilder für die gewünschte Musik gab es auch in anderen Ländern Lateinamerikas: In Uruguay war Daniel Viglietti mit politischen Liedern bekannt geworden, in Argentinien Atahualpa Yupanqui. Man hörte aufmerksam die nordamerikanischen Folk Songs und besann sich gleichzeitig auf die traditionellen Instrumente der Andenländer – auf die kurzen Flöten, die *quena* und die *zampoña*, oder auf den *charango*, ein Saiteninstrument, dessen Klangkörper ein Gürteltierpanzer ist. Es gab Solisten wie Rolando Alarcón, Héctor Pávez, Patricio Manns oder auch Violeta Parra und Victor Jara, es gab Gruppen wie Inti-Illimani oder Quilapayún. Die meisten dieser explizit politischen Künstler hatten schon den Wahlkampf Allendes von 1964 unterstützt.

Gleichzeitig war Chile trotz aller Revolutionseuphorie unter den Intellektuellen nach wie vor ein zutiefst in traditionellen Prinzipien

Nicolas und Paula, die beiden Kinder der Schriftstellerin Isabel Allende, im Jahre 1969.

verhaftetes Land. »Die vernünftige, sittenstrenge Atmosphäre, die spießige Denkweise und die starren gesellschaftlichen Normen in Chile zu jener Zeit waren erstickend«, berichtet Isabel Allende in *Paula.* Sie selbst war 1966 zum zweiten Mal Mutter geworden, diesmal eines Sohnes, der Nicolas genannt wurde. 1967 begann sie bei der Zeitschrift *Paula,* ein Blatt, in dem die Chefredakteurin Delia Vergara neben den üblichen Modebotschaften »einen Teil für die Verbreitung ihrer feministischen Ideen«, so Isabel Allende, reserviert hatte. Sie schrieb darin eine eher humorvolle Kolumne. Aufsehen erregte sie mit einem Interview, das sie Ende 1967 machte: das Gespräch mit einer »untreuen« Ehefrau über die Gründe ihrer Seitensprünge. Sie erinnert sich: »Tausende Briefe erreichten die Redaktion, viele von religiösen Organisationen und von bekannten Persönlichkeiten der politischen Rechten, die entrüstet waren über das schlechte Beispiel einer solchen Schamlosigkeit.«

Die Zeitschrift *Paula* war das erste Magazin Chiles, in dem über Scheidung, Schwangerschaftsabbruch, Sex und Drogen, aber auch über Korruption innerhalb der Regierung berichtet wurde. Für Isabel Allende wurden die späten sechziger Jahre dank ihres Berufes zu einer verrückten Zeit. Sie berichtete über gesellschaftliche Außenseiter, fuhr ein bunt bemaltes, altes Auto, erschien wie eine Mischung aus Emanze und Hippie und führte daneben dennoch, wie sie in einem Interview sagte, »ein grundbürgerliches Leben: treues Weib und Hausfrau, Mutter von zwei Kindern, diejenige, die alle Regeln beachtete.«

Chile am Ende der sechziger Jahre war schwer einzuordnen: das Land war in mehrerer Hinsicht gespalten. In Santiago lebte es sich gut, zumindest, wenn man zur Oberschicht gehörte und im Zentrum oder im Vorort der Reichen, in Providencia lebte. Betrachtet man Bilder aus dieser Zeit, glich das Leben dort dem in jeder anderen Metropole der Welt, dieselbe Mode, dieselben seltsamen Frisuren, dieselben Autos, derselbe Luxus. Außerhalb des Stadtzentrums, in den Armensiedlungen, die sich wie Jahresringe um die Hauptstädte Lateinamerikas legen, oder in den Wüstengebieten des hohen Nordens, in denen die meisten Menschen in den Bergwerken arbeiteten, sowie in den waldreichen Regionen des tiefen Südens von Chile, dort, wo die Fischer Seehechte fingen, Seeigel und Muscheln ernteten und die Bauern entweder ihre winzigen Felder oder die großen Güter der Landherren bestellten, dort unterschied sich das Leben allerdings sehr von dem der so genannten Ersten Welt.

Ein paar Zahlen zur sozialen Lage Chiles Ende der sechziger Jahre verdeutlichen die Spaltung der Gesellschaft: Von den etwa 9,5 Millionen Chilenen lebten ungefähr 3 Millionen in Santiago, und von denen wiederum etwa 600 000 Menschen (20 Prozent) in den *poblaciones*, den Elendsvierteln mit ihren Bretterbuden. Die Arbeitslosigkeit betrug landesweit knappe 10 Prozent. Etwa 1,5 Millionen Kinder waren damals unterernährt, 600 000 in ihrer Entwicklung zurück, weil sie nicht genug zu essen bekamen. Die Kindersterblichkeit betrug landesweit 10, mancherorts aber auch 30 Prozent. Jährlich starben etwa 25 000 Kinder im ersten Lebensjahr an ernährungsbedingten Krankheiten. Ein Fünftel aller Kinder kam ohne ärztliche Hilfe zur Welt. Trotz der Schulreform gingen auf dem Land nur etwa die Hälfte aller Kinder in die Schule, weshalb etwa 15 Prozent der Chilenen Analphabeten waren.

So wunderte es kaum, dass ein Teil der Chilenen linke Parteien unterstützte, ein anderer Teil aber diesen Bewegungen mit Unverständnis begegnete, weil er in seiner Santiago-Enklave diese Wirklichkeit kaum wahrnahm. Letzterer brachte auch den spontanen Streiks und Aufständen, die während der Regierung Frei ausbrachen, wenig Sympathie entgegen und freute sich, dass diese mit Gewalt niedergeschlagen wurden.

Zwei Beispiele: Am 11. März 1966 schossen Soldaten auf streikende Arbeiter in der Anaconda-Mine »El Salvador«. Die Arbeiter, begleitet von Frauen und Kindern, hatten sich geweigert, ein Gewerkschaftslokal zu verlassen. Sechs Männer und drei Frauen wurden erschossen, 37 weitere Personen verletzt. Am 9. März 1969 versuchten 250 Polizisten eines Mobilen Einsatzkommandos ein Stück Land namens Pampa Irigoin, wenige Kilometer außerhalb der Hafenstadt Puerto Montt, zu räumen. Etwa 100 Landarbeiterfamilien hatten die brachliegende Fläche besetzt, um dort eine kleine Siedlung aus ärmlichen Hütten zu errichten. Die Polizisten warfen Tränengasbomben und eröffneten danach wahllos das Feuer: Sieben Männer wurden durch Schüsse getötet, ein Baby erstickte im Tränengas. Mehrere Dutzend weiterer Menschen wurden durch Schüsse verwundet.

Viele Wähler und Unterstützer der christdemokratischen Regierung merkten während Präsident Freis Regierungszeit, dass der Slogan »Revolution in Freiheit« nicht mehr als eine Parole gewesen war. So bröckelte die Unterstützung, und die Partei verlor bei den Kongress- und Gemeindewahlen. Teile des linken Flügels der Partei spalteten sich unter Jacques Chonchol ab. Sie begründeten den MAPU (Moviemiento de Acción Popular Unitaria, Bewegung der Vereinten Volksaktion; *mapu* bedeutet gleichzeitig Erde in der Sprache der Mapuche-Indianer), der sich später der Unidad Popular anschloss.

Radikalere Gruppen hingegen wurden noch radikaler. So begann der MIR, in dem Andrés Pascal Allende eine führende Rolle spielte, mit so genannten direkten Aktionen: Die Mitglieder gingen aufs Land und verschoben dort die Grenzzäune zugunsten der Kleinbauern und Landlosen, besetzten mit ihnen größere Güter oder brachliegende Gelände an den Stadträndern, um dort Siedlungen zu gründen, wie es auch in Pampa Irigoin geschehen war. Dazu kamen Banküberfälle – »Enteignungen«, wie das im Jargon der MIR hieß. Zum einen, weil die Organisation das Geld brauchte, zum anderen, weil sie sich ein Robin-Hood-Image geben wollte. So wurde ein Teil der Beute an soziale Bewegungen weitergegeben.

Langsam führte der Weg des MIR in die Illegalität. Glaubt man Andrés Pascal Allende, war die Situation zunächst noch fast »gemütlich«. »Wir sind zu zehnt, alle illegal, in einem uralten Taxi gefahren. Es kam die Polizei und eine Zivilstreife, sie hielten an und sahen auf diesen Haufen von Jungs, und natürlich sahen sie sofort, wen sie vor sich hatten. Sie beachteten uns zunächst nicht, dann stoppten sie uns mit Maschinenpistolen, und wir stiegen mit gezückten Pistolen aus. Wir guckten uns in die Augen, grüßten uns und stiegen lautlos ins Auto ein und setzten unseren Weg fort. Niemand wollte Streit mit dem anderen haben.« Osvaldo Puccio, Allendes Sekretär, berichtet, wie er in seinem Haus mit dem Wissen Allendes den von der Polizei gesuchten Andrés Pascal Allende und andere MIR-Mitglieder versteckte, während Salvador Allende gleichzeitig mit dem Wirtschaftsminister der Regierung Frei, dem Christdemokraten Enrique Krauss, dort Gespräche führte. Andrés Pascal Allende hingegen behauptete, Salvador Allende habe nichts davon gewusst, dass er gleichzeitig anwesend gewesen war.

Salvador Allende war 1969 erneut zum Senator gewählt worden – diesmal im Süden des Landes, und er hatte damit bewiesen, dass seine politische Karriere durch die Wahlniederlage 1964 noch nicht beendet war. Sicher war auch diesmal, dass die Linksparteien gemeinsam kandidieren würden. Aber mit einem Spitzenkandidaten Allende? War der Mann nicht ausgebrannt? Hatte er nicht drei Chancen gehabt und keine nutzen können? Sahen ihn die Wähler nicht als ewigen Verlierer? Allende wurde nur knapp von seiner eigenen Partei als Präsidentschaftskandidat bestätigt, und Ende 1969 hatte die Linke drei mögliche Kandidaten: Jacques Chonchol, der Vorsitzende der MAPU, Salvador Allende und – Pablo Neruda. Der weltbekannte Dichter war von seiner, der Kommunistischen Partei vorgeschlagen worden.

Schließlich lief es doch auf Allende hinaus – Neruda trat gern und freiwillig zurück, Chonchol, nachdem er gesehen hatte, dass er nicht mehrheitsfähig innerhalb der Koalition war. Volodia Teitelboim, damals Generalsekretär der Kommunistischen Partei, sagte später: »Allende war in Chile sehr, sehr populär Er wurde nicht unbedingt immer von seiner eigenen Partei gestützt, aber er war sicher der Kandidat des Volkes.« Für die Konservativen trat der hoch betagte Ex-Präsident Jorge Alessandri an, für die Christdemokraten Radomiro Tomic, der während Präsident Freis Regierungszeit Botschafter in Washington gewesen war. Tomic, der politisch weiter links als Frei stand, hatte lange versucht, ein Bündnis zwischen den Christdemokraten und den linken Parteien zu schmieden – er selbst nannte dieses Unidad Popular (Volkseinheit), ein Terminus, der dann von den Linken für ihr Bündnis übernommen wurde.

Ende 1969 passierte dann etwas, das niemand in Chile für möglich gehalten hatte: ein Putschversuch des Militärs. »Zwar wurden alle Nachbarländer von Militärs regiert, aber die Chilenen hatten ihre Demokratie für immun gegen diesen Virus gehalten«, schreiben Simon Collier und William F. Sater in ihrer Geschichte Chiles. Im Oktober erhob sich unter der Führung von General Roberto Viaux ein Regiment in Tacna, nahe der Hauptstadt Santiago. Frei wurde sofort von allen Parteien unterstützt, und der Putsch schlug fehl. Wichtigstes Ergebnis war die Neuordnung der Generalshierarchie in Chile: Oberkommandierender der Armee wurde General René Schneider, der dann gemeinsam mit seinem Stellvertreter General Carlos Prats öffentlich seine Loyalität zu jeder demokratisch gewählten Regierung verkündete – egal, wie sie aussähe. Diese Erklärung, die so genannte Schneider-Doktrin, war wichtig bei einem eventuellen Wahlsieg der Linkskoalition – hatte doch der Kandidat der Konservativen, Jorge Alessandri, schon im Vorfeld erklärt, dass er im Falle eines Wahlsieges der Unidad Popular hoffe, das Militär werde putschen.

Der Wahlkampf unterschied sich nicht sehr von dem im Jahr 1964. Es gab erneute Versuche, eine Angstkampagne gegen Allende zu schüren, diesmal aber nicht so sehr von Seiten der Christdemokraten. Diesmal ging das Geld aus dem Ausland – wiederum gab es Finanzierungshilfen von der CIA – an den konservativen Präsidentschaftsanwärter Jorge Alessandri, denn alles lief auf eine Entscheidung zwischen Allende und Alessandri hinaus.

Der Wahlkampf der Unidad Popular (UP) war gut organisiert. Landesweit gab es mehr als zehntausend Unterstützerkomitees (Comités de la Unidad Popular, CUP), die Plakate klebten, Wände bemalten und Flugzettel verteilten. »Jedes Viertel, jedes Büro, jede Fabrik, Universität und Schule hatte ihr eigenes CUP«, erinnerte sich Joan Jara. »Manchmal sogar mehr als eines. In La Faena beispielsweise, einer sehr armen Barackensiedlung am Stadtrand von Santiago, gab es 38 davon – so viele Anhänger hatte der Unidad Popular, dass beinahe jede Straße ihr eigenes Komitee gebildet hatte.« Ziel dieser CUP war es, den Wählern das Programm der UP nahe zu bringen. Diese hatte *Die ersten 40 Maßnahmen der Volksregierung* verabschiedet, die sofort nach der Wahl umgesetzt werden sollten. Sie versprachen beispielsweise eine kostenlose medizinische Versorgung im Krankenhaus oder einen kostenlosen halben Liter Milch für jedes Schulkind.

Während des Wahlkampfes stand Salvador Allende – so schreibt Andrés Pascal Allende in einem Rückblick auf die Geschichte der MIR – auch seit Dezember 1969 mit seiner Organisation in Verbindung. Und zwar durch seine Tochter Tati, die nicht nur Andrés Pascal Allendes Lieblingscousine war, sondern ihm auch politisch am nächsten stand. Sie war mit dem MIR-Generalsekretär Miguel Enríquez befreundet und hatte schon vorher mit anderen linksradikalen Gruppen – wie der Guerilla in Bolivien – zusammengearbeitet. Tati stellte den Kontakt zu Salvador Allende her, und man traf sich drei Monate vor der Wahl im Versteck des MIR in einem Armenviertel vor Santiago. Salvador Allende wollte, dass die Organisation keinerlei »Enteignungen« von Banken und andere illegale Taten durchführte. Der MIR sagte das zu, und gleichzeitig entstand bei diesem Treffen die Idee, dass Salvador Allende, der mehrfach bedroht worden war, eine Truppe zu seinem persönlichen Schutz vor Attentaten bräuchte. Es waren Mitglieder der MIR, die dann den so genannten Grupo Amigos Personales (GAP, Gruppe persönlicher Freunde), Allendes Leibwache, bildeten.

Für Salvador Allende selbst begann die Kampagne mit einem Schock: Er erlitt einen Herzanfall, ließ sich aber nur kurz behandeln und absolvierte danach ein Mammutprogramm aus Reisen und Reden, Reisen und Reden. Unterstützt und begleitet wurde er dabei von seinem Sekretär Osvaldo Puccio, seiner Tochter Tati – und von Miria Contreras, genannt Payita. Sie war mehr als seine Sekretärin, sie war – und das war ein offenes Geheimnis – auch seine Geliebte. »So lange ich Allende kannte, so lange hatte er eine Geliebte«, sagte Osvaldo Puccio Huidobro. »Das wusste jeder, das war nicht versteckt. Das begann wahrscheinlich schon 1952 und zog sich über all die Jahre hin. Das waren Beziehungen, die auch andere Personen einschlossen. Ich glaube, dass beispielsweise Tati zu Miria Contreras ein intensiveres Verhältnis als zu ihrer eigenen Mutter hatte.«

Dennoch war die Ehe mit Tencha nicht nur eine Ehe des Images wegen. Sie und Salvador hatten irgendwie ein Arrangement gefunden, mit seinen Verhältnissen umzugehen. Öffentlich äußerten sich weder er noch Tencha noch Payita über ihre Beziehung, aber auch im Freundeskreis schwieg man: Tencha war eine von allen Freunden hoch geachtete Frau, und niemand machte hinter ihrem Rücken Bemerkungen darüber, auch nicht nach Salvador Allendes Tod. Natürlich gab es Gerüchte, aber es spielte auch in der Öffentlichkeit eine kleinere Rolle, als man hätte vermuten können. So wie die Zeitung *Clarín* mitunter über die angebliche Homosexualität Alessandris spekulierte, so tauchte auch immer mal wieder eine Bemerkung über Allendes Affären auf – ohne ihm jedoch ernsthaft zu schaden. »Salvador Allende liebte seine Frau«, meinte Ramón Huidobro später sehr überzeugt. »Man redete viel über seine Untreue, aber viel weniger darüber, wie sehr er sie trotzdem liebte. Eine Trennung von ihr wäre für ihn nie infrage gekommen.« Ihre Freundeskreise waren getrennt – Salvadors Freunde waren andere als die von Tencha. Tencha machte jedoch auch aktiv Wahlkampf. Gemeinsam mit Salvadors Schwester Laura sprach sie auf Kundgebungen in Stadien, auf Plätzen und in Theatern. Nur selten gemeinsam mit Salvador.

Mehr als 1964 mischten sich auch diesmal Künstler in den Wahlkampf ein. Sergio Ortega schrieb das Wahlkampflied *Venceremos* (Wir werden siegen) sowie den Slogan *El Pueblo Unido Jamás Será Vencido* (Das geeinte Volk wird niemals besiegt werden). Jeder Umzug wurde von Musikgruppen begleitet, und auf Kundgebungen spielten Victor Jara, Sergio Ortega und die Gruppen Inti-Illimani und Quilapayún, um nur die bekanntesten zu nennen.

Isabel Allende beobachtete den Wahlkampf – sie mischte sich nicht ein, »sofern man sich in Chile damals nicht in Politik einmischen konnte. Mein Mann war Christdemokrat und ich war Sozialistin«, sagt sie im Interview, »und wir kamen überein, dass wir in ein Fenster unseres Hauses ein Wahlplakat für Salvador Allende hängen und in ein anderes eines von Eduardo Frei. Meine Schwiegereltern waren noch konservativer als mein Mann – sie waren für Alessandri. So verabredeten wir, dass wir, wenn sie zu Besuch kamen, nicht über Politik reden würden. Aber natürlich stritten wir uns jedes Mal darüber.«

Salvador Allende hätte eigentlich in Punta Arenas an der Magellanstraße wählen müssen, da er damals Senator für den Süden des Landes war. Kaum machbar und zu zeitaufwändig – Punta Arenas liegt etwa 2500 Kilometer südlich von Santiago. Allende hätte am Vortag der Wahl hinfliegen, dann wählen und wieder nach Santiago zurückfliegen müssen, schließlich wollte er an dem entscheidenden Tag seines Lebens in der Hauptstadt sein. In Chile herrscht Wahlpflicht, und so fuhr Salvador Allende am Morgen des 4. September 1970, dem Wahltag, auf das Kommissariat und erklärte, dass er nicht in der Lage sei, seine Stimme abzugeben. Das wurde vermerkt, und Allende war so seiner Wahlpflicht nachgekommen. Er hatte allerdings selbst nicht gewählt.

Er brauchte seine eigene Stimme auch nicht. Schließlich bekam er die von 1 075 616 Chilenen (36,3 Prozent aller Wahlberechtigten) und damit von knapp 40 000 Chilenen mehr, als für Jorge Alessandri (34,9 Prozent) gestimmt hatten. Radomiro Tomic wurde von etwa 825 000 Chilenen gewählt (27,8 Prozent). Allende hatte es im vierten Anlauf geschafft. Er hatte zwar nicht die absolute, aber die relative Mehrheit der Stimmen erreicht. Das langte, um Präsident zu werden.

In der Wahlnacht schlief in Santiago niemand. Die Anhänger der Unidad Popular feierten in den Straßen, Allende hielt auf einer improvisierten Kundgebung eine überraschend einfache und bescheidene Siegesansprache, Tomic sandte ein Telegramm, in dem er Salvador Allende gratulierte, und die Anhänger des konservativen Alessandri überlegten, welche Optionen sie nun hätten, den Amtsantritt von Allende doch noch zu verhindern. In den reicheren Stadtteilen versteckten ängstliche Alessandri-Anhänger ihr Bargeld und ihren Schmuck im Keller und bereiteten sich darauf vor, am nächsten Tag früh aufzustehen, um ihr Geld von der Bank zu holen. »Am Tag nach der Wahl war mein Schwiegervater einer der Ersten«, schrieb Isabel Allende, »die sich vor den Banken anstellten, um ihr Geld abzuheben, er hatte vor, ins Ausland zu fliehen, sowie die kubanischen Horden landeten oder die Sowjetdiktatur anfing, Bürger zu erschießen.« Er war nicht der Einzige, der dieser Propaganda erlegen war: Im Lauf von zehn Tagen nach der Wahl stellte die Zentralbank den Privatbanken 780 Millionen Escudo (etwa 80 Millionen Dollar) zur Verfügung, damit diese das Geld ihren Sparern auszahlen konnten. Gewaltige Mengen von Geld und Sachwerten wurden aus dem Land geschafft.

Wenn in Chile bei den Präsidentschaftswahlen kein Kandidat die absolute Mehrheit erhält, wählt das Parlament den Präsidenten.

Traditionell bestätigte es einfach den Wahlsieger, jedenfalls war es bei den vorherigen Wahlen immer so gewesen – außer bei der von Frei, da dieser die absolute Mehrheit erzielt hatte. Diesmal schien es nicht so einfach. Am Tag nach der Wahl gab es die ersten Gegenvorschläge, beispielsweise von Alessandri: Das Parlament sollte ihn wählen. Er würde dann zurücktreten und den Weg für Neuwahlen frei machen.

Allende war in glänzender Laune. Er gab Interviews zu heiteren Themen (»Wie stellen Sie sich die Wahlen im Jahr 3000 vor?« »Wahrscheinlich ohne meine Kandidatur!«) wie zu ernsten (»Vor allem müssen wir unsere Ressourcen wieder in Besitz nehmen, die jetzt noch dem Auslandskapital, vor allem dem USA-Kapital gehören: Kupfer, Eisenerz und Salpeter«, in einem Interview mit einem Reporter der *New York Times*), und er ließ keinen Zweifel daran, dass er sich als rechtmäßiger Wahlsieger und vom Volk gewählter Präsident fühlte, den das Parlament nur noch zu bestätigen habe.

Gespräche mit den christdemokratischen Parteiführern taten das ihre, Allendes Position zu stärken. Die Christdemokraten verlangten von Allende eine Garantie, bestimmte Punkte der Verfassung einzuhalten: keine Zensur, Meinungsfreiheit, keine Auflösung der privaten Schulen, Wahrung der Hochschulautonomie – Punkte, die Allende alle unterzeichnete. So sah es Mitte Oktober ganz danach aus, als könne seiner Wahl nichts mehr entgegenstehen. Selbst Alessandri rief seine Anhänger auf, für Allende zu stimmen.

Doch hatten die ultrarechten Kräfte noch eine Hoffnung: einen Putsch des Militärs. Dessen Oberbefehlshaber General Schneider hatte im Oktober 1969 allerdings noch erklärt, das Militär sei nur dazu da, die Verfassung zu schützen, und werde sich nicht in die aktuelle Politik einmischen. Mit ihm war also kein Putsch machbar. So versuchten dann am 19. und am 20. Oktober 1970 von General Viaux gedungene Verbrecher, Schneider zu entführen. Der erste Versuch schlug fehl, weil Schneider nicht seinen offiziellen Wagen nutzte, beim zweiten Versuch zwangen mehrere Wagen Schneiders Mercedes zum Halt. Zwei Kidnapper brachen die rückwärtige Tür auf, wider Erwarten zog Schneider aber die Pistole und setzte sich zur Wehr.

Schüsse fielen, der General wurde mehrfach getroffen und starb drei Tage später im Krankenhaus. Die Waffen der Mörder waren vom amerikanischen Geheimdienst CIA ins Land gebracht worden, der auch logistische Unterstützung bei dem Kidnapping-Versuch leistete. Im Jahre 2000, 30 Jahre später, kam heraus, dass die Täter 35 000 Dollar aus den CIA-Kassen erhalten hatten.

Salvador Allende aber wurde am 24. Oktober 1970 mit 153 zu 35 Stimmen zum Präsidenten gewählt und am 3. November 1970 in sein Amt eingeführt.

6. Der Präsident des Volkes

»Präsident Allende ernannte Onkel Ramón zum Botschafter in Argentinien, und so kam es, dass meine Mutter einem monumentalen Gebäude auf dem einzigen Hügel von Buenos Aires vorstand, das über mehrere Salons verfügte, einen Speisesaal für 48 Gäste, 2 Bibliotheken, 23 Toiletten und eine unbestimmte Anzahl von Teppichen und Kunstwerken, die von früheren Regierungen stammten, eine schwer zu erklärende Pracht für die Unidad Popular, die ein Inbild von Nüchternheit und Schlichtheit sein wollte.«

Onkel Ramón, der den wichtigen Diplomatenposten verliehen bekam, war Ramón Huidobro, Isabel Allendes Stiefvater. Sie selbst blieb in Santiago und erlebte dort die drei Regierungsjahre der Unidad Popular. Drei wechselhafte Jahre voller Aufbruchsstimmung, Zukunftsfreude und Utopien, aber auch voller Probleme, Alltagsschwierigkeiten und tiefer Ungewissheiten.

Allende hatte zwar die Wahlen gewonnen, aber nicht die Mehrheit der Chilenen. Er regierte ein gespaltenes Land – ein Drittel der Chilenen jubelte ihm begeistert zu, ein weiteres Drittel lehnte ihn ebenso vehement ab, und ein Drittel stand ihm mehr oder weniger indifferent gegenüber.

Er wusste das, und er konnte doch wenig tun, das zu ändern. Denn auch er war hin- und hergerissen. Die Unidad Popular war kein einheitlicher Block, der leicht zusammenzuhalten war. In ihr trafen verschiedene Weltanschauungen aufeinander. Von gemäßigten Linksliberalen und Kommunisten, die mahnten, man solle sich nicht übernehmen, und daran erinnerten, dass die Regierung ein sechs Jahre langes Mandat habe, ihr Programm zu verwirklichen, bis hin zu Ultralinken, die der Guerillabewegung MIR nahe standen und auf sofortige Umsetzung aller Reformprojekte drängten.

Vielleicht war er aber auch gerade deshalb der richtige Präsident. Er war schließlich das, was man gemeinhin einen »Vollblutpolitiker« nennt, ein in Auseinandersetzungen erfahrener Mann, der vor über 30 Jahren sein erstes Ministeramt angetreten hatte. 62 Jahre alt, von robuster Gesundheit. Ein Mann voller Energie, der im Land umherreiste, Reden hielt, sich mit dem politischen Gegner traf, diskutierte und trotz allem Zeit für seine Familie und Freunde hatte. Osvaldo Puccio Huidobro berichtet: »Mein Vater erzählte mir einmal, wie Allende ihn abends um 22 Uhr fragte, was er jetzt noch machen werde. Sie waren seit 7 Uhr morgens unterwegs gewesen. Es war ein harter Tag und mein Vater sagte: ›Ich fahre nach Hause und gehe schlafen.‹ Allende habe darauf nur gelacht und gesagt: ›Siehst du, Osvaldo, ich gehe jetzt noch mit meiner Frau aus.‹ Das sei der Grund, warum er Präsident und mein Vater sein Sekretär sei.«

»Ich muss sagen, dass sich Salvador nach der Wahl veränderte«, erinnerte sich Hortensia Bussi de Allende. »Die Macht hat ihn nicht etwa verdorben. [...] Natürlich sah er sich überraschend inmitten sehr ernster Probleme, die ganze Verantwortung lag auf seinen Schultern und die Schwierigkeiten wuchsen. Er war von seiner Tätigkeit voll und ganz in Anspruch genommen. Er war angespannter, besorgter und verlor zweifellos die Ruhe und Gelassenheit früherer Zeiten. Seinen Humor jedoch verlor er nicht. Salvador reagierte stets schnell auf einen Scherz, und er machte auch selbst gerne Späße. Solche Augenblicke der Gelassenheit wurden jedoch immer seltener. Sein Humor wurde allmählich immer polemischer. Seine Antworten, die früher einmal feinfühlig und ironisch gewesen waren, wurden jetzt schroff und trocken.

Es schien so, als ahnte er, dass er wenig Zeit hatte und sogar mit Worten sparsam umgehen musste. Seine Urteile gingen mehr in die Tiefe. Ich war davon begeistert, zugleich aber schmerzte mich diese Vertiefung der Persönlichkeit Salvadors. Ich war überzeugt davon,

Obwohl Salvador keineswegs der treueste Ehemann war, arrangierte Tencha sich mit ihm.

dass er als Staatsmann gewachsen war, als Mensch jedoch hatte er seine einstige Gelassenheit eingebüßt. Immer öfter sagte er: ›Zeit, Zeit! Ich brauche mehr Zeit, um das alles zu machen.‹ Er war stark und kräftig. Ich glaube, er hat in seinem ganzen Leben kein einziges Mal auch nur Schnupfen gehabt. Wenn er zu Fuß ging, konnten viele kaum Schritt mit ihm halten, selbst wenn sie jünger waren.«

Die wichtigsten Punkte ihres Programmes ging die UP sehr schnell an: Die Mindestlöhne wurden um 66 Prozent erhöht, die Krankenversorgung verbessert, die Mieten eingefroren. Alle Kinder unter 15 Jahren erhielten täglich kostenlos einen halben Liter Milch in der Schule – bis August 1971 sank die Kindersterblichkeit um über 20 Prozent. Und die Partei brachte am 11. Juli 1971 einen Antrag im Kongress ein, der dann auch einstimmig – sowohl von der UP, als auch von den Christdemokraten bis hin zu den Nationalen auf der rechten Seite des politischen Spektrums – verabschiedet wurde. In ihm hieß es, dass »der Staat das volle, ausschließliche und unveräußerliche Recht auf sämtliche Erzbergwerke, Guanolager, metallhaltige Sande, Salzbergwerke, Kohle-, Erdöl- und Erdgaslagerstätten sowie andere Bodenschätze hat.« Im Klartext ließ sich damit die Kupfer-, Eisen-, Stahl- und Salpeterindustrie verstaatlichen, eine Schlüsselfrage für die Allende-Regierung, weshalb sie den 11. Juli zu einem Feiertag, zum »Tag der Nationalen Würde« machte.

Salvador Allende begründete in einer Rede vor der Generalversammlung der Vereinten Nationen am 4. Dezember 1972, warum Chile die Kupferkonzerne entschädigungslos enteignete. »Wir haben unsere natürlichen Ressourcen verstaatlicht. Wir haben unser Kupfer verstaatlicht. Wir haben das in einer einstimmigen Parlamentsentscheidung getan, in einem Parlament, in dem die Regierungsparteien die Minderheit sind. Wir möchten, dass jeder eines genau versteht: Wir haben nicht die großen ausländischen Kupferunternehmen beschlagnahmt. In Übereinkunft mit unserer Verfassung haben wir eine lang anhaltende Ungerechtigkeit beseitigt, indem wir von der für die Nationalisierung zu zahlenden Kompensation die Profite über 12 Prozent abgezogen haben, die diese Konzerne seit 1955 getätigt haben.« Er führte weiter aus, dass die Profitrate einiger Unternehmen über 20 Prozent, die anderer über 50 Prozent, mitunter sogar über 100 Prozent gelegen hätte, während dieselben Unternehmer sich in anderen Ländern mit Gewinnen von drei oder fünf Prozent zufrieden gegeben hätten. So habe man 12 Prozent als vernünftigen Gewinn angesetzt. »Dieselben Unternehmen haben Chiles Kupfer lange Jahre ausgebeutet und in den letzten 42 Jahren etwa 4 Milliarden US-Dollar Gewinn gemacht, obwohl ihre Anfangsinvestitionen nur 30 Millionen Dollar betrugen. Lassen Sie mich dagegen als Kontrast nur ein schmerzhaftes Beispiel geben, was das für Chile bedeutet. In meinem Land leben 70 000 Kinder, die nie ein normales Leben führen werden, weil sie in den ersten acht Monaten nicht genügend Proteine bekommen haben. Mit etwa einer Milliarde Dollar ließe sich Chile komplett umbauen, und nur eine kleine Summe des Geldes würde die Eiweißversorgung für alle Kinder für alle Zeiten sicherstellen.«

Die vom christdemokratischen Präsidenten Frei begonnene Landreform wurde von der UP-Regierung weiter verfolgt. Sie enteignete im ersten Regierungsjahr mehr als drei Millionen Hektar Land. Um besser über den Fortschritt der Landreform unterrichtet zu sein, wurde das Landwirtschaftsministerium unter Jacques Chonchol in den Süden des Landes, nach Temuco verlegt.

Isabel Allende arbeitete weiterhin für die Zeitschrift *Paula*, verfasste ihre Kolumnen, »schrieb Nichtigkeiten und trieb törichtes Zeug im Fernsehen«, wie sie selbst anmerkte, und wurde damit ziemlich bekannt. Ihr einziger Ausflug in den politischen Journalismus endete nach einem ersten kurzen Versuch. Sie sollte Salvador Allende, den Präsidenten, für ihre Zeitschrift fragen, was er denn von Weihnachten hielte. So sprach Isabel ihren Onkel bei einem seiner Besuche im Hause ihrer Eltern an. Dessen Antwort lautete kurz und knapp: »Frag mich nicht nach solchem Schnickschnack, Kind.«

So stürzte sich Isabel lieber auf das Theater als in den politischen Journalismus. Sie schrieb ein Theaterstück namens *Der Botschafter,* ihre erste literarische Arbeit. Das Stück erzählt von einem Diplomaten in einem nicht näher genannten lateinamerikanischen Land, der von einer Guerilla gefangen genommen wird und ein Jahr lang mit seinen Entführern zusammen in einem Kellerloch verbringt. Lange Gespräche zwischen Entführern und Opfer führen schließlich dazu, dass beide Seiten einander verstehen und sich auch emotional annähern. Das fertige Stück zeigte Isabel Allende ihrer Tante, der Schauspielerin Malú Gatica, die einen Kontakt zu einer Theatergruppe vermittelte. Dass die Aufführung schließlich ein Erfolg wurde und durchweg gute Kritiken erhielt, sei nicht ihr Verdienst gewesen, gab sie später freimütig zu. Sie habe den Schauspielern die erste Fassung des Stückes gegeben, nach dem ersten Treffen schnell eine zweite geschrieben und während der weiteren Proben habe sie noch etliche Fehler und Brüche im Stück verbessert.

Es folgten zwei Auftragsarbeiten für eher komödiantisch-kabarettistische Inszenierungen. Eine davon wurde erst nach dem Putsch 1973 aufgeführt. Bei diesem Projekt arbeitete Isabel Allende mit dem *ballet de gordas* (dem Ballett der Dicken), einer Tanzgruppe mehrerer übergewichtiger Frauen. »Was ich interessant fand«, sagte sie später im Interview, »war, dass viele Leute einige dieser Szenen als Kritik an der neuen politischen Situation sahen.«

Die Regierung Allende fand ebenfalls ihre Kritiker. Das Land war in unversöhnliche Gruppierungen gespalten – die einen unterstützten die Unidad Popular, die anderen hassten diese Regierung und taten alles, um sie von ihrem Kurs abzubringen. Die Inflation stieg, und die Versorgung der Bevölkerung wurde immer schlechter – was die einen als Sabotage ansahen und die anderen als Beweis dafür, dass der Allende-Sozialismus nicht funktionieren konnte.

Wahrscheinlich stimmte beides. Die Regierung machte politische Fehler. Sie schuf unrentable Arbeitsplätze, erhöhte die Löhne immer wieder, beschleunigte die Inflation und sah zu, wie illegal Ländereien besetzt wurden. Sie versuchte sogar mit denen, die gewaltsam ihren Sturz vorbereiteten, zu diskutieren. Der chilenische Schriftsteller Antonio Skarmeta, der nach dem Putsch nach Deutschland ins Exil ging und heute Botschafter Chiles in Berlin ist, schrieb 1980 in einem Beitrag für den Hessischen Rundfunk: »Wenn der politische Prozess, den die Unidad Popular in Chile entfesselte, in einer Hinsicht als utopisch bezeichnet werden kann, dann deshalb, weil sie die Demokratie nicht nur vertieft, sondern auch überspitzt hat. Denn es fand ja nicht nur eine Umverteilung des nationalen Reichtums zu Lasten der Reichen und der Monopole statt, es wurden nicht nur das Kupfer, die Basisreichtümer und die Banken verstaatlicht, sondern zugleich wurden die Menschenrechte und die individuellen Freiheiten in einem Maße verwirklicht, wie dies in der Geschichte keines Landes je der Fall gewesen war. In der Praxis bedeutete das eine Schwächung, um nicht zu sagen einen ›Missbrauch‹ des Repressionsapparates der Regierung. Es gibt kein Regime, das ohne Anwendung eines bestimmten Maßes an Repression als Macht Bestand hätte: In den westlichen Demokratien wird sie wenigstens angewandt, um Akte zu bestrafen, die von der Gesellschaft selbst zur strafwürdigen Tat erklärt worden sind. Hingegen scheint es die Absicht Allendes und der großen Mehrheit seiner Parteigänger gewesen zu sein, durch eine möglichst expansive demokratische Praxis die Märchen Lügen zu strafen, welche die Reaktion der chilenischen Mittelklasse über die Marxisten als monströse Tyrannen und ›Invasoren‹ eingetrichtert hat. Es herrschte eine derartige Freiheit, dass der den Putsch anbahnende Terrorismus der Rechten, gemessen an seinem Ausmaß, praktisch straffrei zu sein schien.«

Während die Hausfrauen der Mittel- und Oberschicht bei Demonstrationen auf ihre Kochtöpfe schlugen, um so die mangelnde Versorgung anzuprangern – ein Protest, der in Spottliedern häufig veralbert wurde, da die Oberschicht nun wirklich wenig zu leiden hatte –, gab es andere Formen des Protestes, die bedrohlicher waren, etwa Terroranschläge durch die Gruppe Patria y Libertad (Vaterland und Freiheit). In Santiago waren plötzlich auf den Hauswänden und Mauern Aufschriften zu finden, die nicht die Unidad Popular unterstützten. Dort standen nur drei drohende Worte: *Djakarta ya viene* (Djakarta kommt bald) – eine Erinnerung an den Militärputsch in Indonesien 1965, bei dem etwa 300 000 Mitglieder der Kommunistischen Partei umgebracht worden waren.

Der Sänger Victor Jara beschrieb die politische Situation in Chile in seinem Lied *Vientos del pueblo* (Stürme des Volkes):

Wieder einmal wollen sie mein Land
mit dem Blut des arbeitenden Volkes tränken –
diejenigen, die von Freiheit reden,
aber deren Hände mit Schuld befleckt sind;
die unsere Kinder
von ihren Müttern trennen wollen,
und die das Kreuz, das Jesus trug,
verbiegen wollen.

Sie versuchen, die Niedertracht zu verbergen,
die sie von vergangenen Jahrhunderten ererbten,
doch die Spuren von Mördern
lassen sich nicht aus ihren Gesichtern wegwischen.
Schon haben Tausende und Tausende
ihr Blut geopfert,
und seine fließenden Ströme
haben die Laibe vervielfältigt.

Jetzt will ich mit meinem Kind
und meinem Bruder zusammenleben,
in der neuen Welt, die wir alle
Tag für Tag errichten.
Eure Drohungen schüchtern mich nicht ein,
ihr Herren des Elends,
die Sterne der Hoffnung bleiben die unseren.

Stürme des Volkes rufen mich,
Stürme des Volkes tragen mich,
sie verstreuen mein Herz
und durchwehen meine Kehle.
So wird der Dichter singen,
während mich der Tod hinwegnimmt,
entlang der Straße des Volkes,
jetzt und für alle Zeit.

Unterstützt wurden die Unruhen, Streiks und Sabotageakte gegen die gewählte Regierung aus dem Ausland. Heute ist erwiesen, dass der amerikanische Geheimdienst CIA aktiv an der Vorbereitung des Putsches und der Destabilisierung der Regierung Allende beteiligt war. Schon bevor Allende überhaupt gewählt wurde, hatte Henry

Kissinger, damals Sicherheitsberater des amerikanischen Präsidenten Richard Nixon, gesagt: »Ich weiß nicht, warum wir herumstehen und zusehen sollen, wie ein Land nur wegen der Unverantwortlichkeit seiner eigenen Bevölkerung kommunistisch wird.« Und John McCone, früherer Direktor der CIA, der damals noch Berater des Geheimdienstes war, und einer der Direktoren des Konzerns International Telephone and Telegraph (ITT) trafen sich schon im Vorfeld der Wahlen mit dem CIA-Chef Richard Helms. Am 15. September 1970, elf Tage nach der Wahl, aber noch eineinhalb Monate vor Allendes Amtseinführung, gab es schließlich eine Zusammenkunft im Weißen Haus. Teilnehmer waren Präsident Nixon, sein Sicherheitsberater Kissinger, CIA-Direktor Helms und der Generalstaatsanwalt der USA John Mitchell. Die Notizen, die sich Helms dabei machte, waren deutlich:

> Es ist eine Chance von 1:10, aber rettet Chile!
> wert, Geld auszugeben
> keine bedachten Risiken dabei
> keine Einbeziehung der Botschaft
> 10 000 000 Dollar verfügbar, mehr wenn nötig
> Vollzeitjob – für die besten Männer, die wir haben
> Kampfplan
> die Wirtschaft zum Schreien bringen
> 48 Stunden für den Aktionsplan.

Das Senate Intelligence Committee, ein Komitee des US-Senats, das in einer kritischen Untersuchung der CIA-Verwicklungen in den Putsch von 1973 diese Notizen veröffentlichte, kam zu folgendem Schluss: »Präsident Nixon informierte den CIA-Direktor Richard Helms, dass eine Allende-Regierung in Chile für die USA nicht akzeptabel wäre, und wies die CIA an, eine direkte Rolle bei der Vorbereitung eines militärischen Staatsstreiches in Chile zu spielen, um eine Machtübernahme von Allende zu verhindern.«

Das schlug wie gesehen erst einmal fehl, hieß aber nicht, dass der US-Geheimdienst CIA seine Tätigkeit einstellte. »Die Wirtschaft zum Schreien bringen« – das schaffte die US-Regierung. Sie machte ihren Einfluss dahin geltend, dass Chile von der Weltbank und der Interamerikanischen Entwicklungsbank sowie von den internationalen Großbanken keine weiteren Kredite mehr bekam. Sie unterstützte die Klagen der Kupferkonzerne gegen die chilenische Regierung, die dazu führten, dass chilenisches Kupfer auf dem Weltmarkt plötzlich nicht mehr gefragt war und dass Kupferladungen aus Chile in einigen internationalen Häfen beschlagnahmt wurden. Sie finanzierte die oppositionellen Gruppen im Land, Zeitungen und Zeitschriften, und auch die Lastwagenfahrer und Kleinunternehmer, deren Streiks dazu führten, dass in Chile die Versorgungsnöte immer größer wurden.

Trotzdem verlor die Unidad Popular während ihrer gesamten Regierungszeit nicht an Rückhalt. Sie brachte regelmäßig mehrere hunderttausend Menschen zu Demonstrationen auf die Straßen und schnitt bei den Wahlen oftmals besser als erwartet ab.

So konnte sich Allende auch mit Fug und Recht hinstellen und sagen, dass er nicht zurücktreten werde. Auf der Verabschiedung für Fidel Castro – der kubanische Präsident weilte Ende 1971 zu einem drei Monate langen Besuch in Chile – sagte er: »Ich sage euch, Freunde, Freunde und Genossen so vieler Jahre, ich sage es euch ruhig, absolut ruhig: Ich bin weder ein Apostel noch ein Messias noch ein Märtyrer. Ich bin ein Kämpfer für soziale Rechte, der seine Pflicht erfüllt, die Aufgabe, die das Volk mir übertragen hat. Diejenigen aber, die das Rad der Geschichte zurückdrehen wollen, die, die den Willen des Volkes missachten wollen, die sollen wissen, dass ich zwar kein Märtyrer bin, aber auch keinen Schritt zurückweichen werde. Ich werde die Moneda erst verlassen, wenn ich die Aufgabe erfüllt habe, die mir das Volk übertragen hat.

Sie sollen das wissen, sie sollen es sich anhören und begreifen: Ich werde die chilenische Revolution verteidigen, und ich werde die Regierung der Unidad Popular verteidigen, weil mich das Volk mit dieser Aufgabe betraut hat. Ich kenne dazu keine Alternative. Nur wenn sie mich mit Schüssen durchlöchern, können sie mich davon abhalten, das Programm des Volkes zu erfüllen.«

»Er war sich seiner Rolle sehr bewusst«, sagt die Schriftstellerin Isabel Allende im Interview. »Er wusste, dass er der erste sozialistische Präsident war, der in wirklich demokratischen Wahlen gewählt worden war. Er wusste, dass er nicht die Mehrheit hatte. Er wusste, dass er die wirtschaftliche Macht des Landes gegen sich hatte und dass die USA alles sabotieren würden, was er versuchte. Er hatte keine Angst, und wenn, dann zeigte er sie zumindest nie.«

Salvador Allende war inzwischen umgezogen. Aus der Guardia Vieja in die Avenida Tomás Moro, nicht weil er, wie einzelne Beobachter wissen wollten, sich nun den Utopien zuwandte, sondern einfach, weil er trotz der angesprochenen Furchtlosigkeit wusste, dass seine Sicherheit in der Guardia Vieja nicht mehr gewährleistet war. Das Haus in der Thomas-Morus-Allee lag gut geschützt hinter hohen Mauern, es war von außen nicht einsehbar, und es gab auf dem Grundstück noch einzelne kleinere Hütten, in denen Allendes Leibwächter wohnten.

Isabel Allende erinnert sich in ihrem Buch *Paula* an einen Zusammenstoß mit diesen Leibwächtern. Allende habe ihrem Stiefvater und ihr das Schießen beibringen wollen. »Ich [...] griff nach dem Gewehr, als wäre es ein Regenschirm, hantierte ungeschickt und richtete es, ohne es zu merken, auf seinen [Allendes] Kopf – sofort materialisierte sich in der Luft einer dieser Wächter, sprang auf mich herab, und dann rollten wir beide über den Erdboden.«

Sie selbst war damals bereits eine bekannte Journalistin, und im Winter 1973 lud der Dichter Pablo Neruda sie ein, ihn in seinem Haus in Isla Negra, südlich von Valparaíso zu besuchen. Dort lebte er, betagt, berühmt – er hatte zwei Jahre zuvor den Nobelpreis für Literatur erhalten –, aber leider erkrankt, und diktierte seine Memoiren. Er hatte erst wenige Monate zuvor seinen Botschafterposten in Paris aufgegeben. Die Unidad Popular sandte wie viele Regierungen zuvor auch Künstler als Diplomaten in andere Länder, so wurde beispielsweise der Schriftsteller Manuel Rojas kurz vor seinem Tod zum Botschafter in Bulgarien ernannt.

Isabel und der Dichter sprachen lange über Chile und Politik. Als sie dann das Interview mit ihm beginnen wollte, schaute er sie verwundert an und lachte. »Was für ein Interview?«

»Na ja ... deswegen bin ich doch gekommen, oder?«

»Mit mir? Niemals würde ich zulassen, dass man mich einer solchen Folter unterwirft!«, sagte er lachend. »Sie müssen die schlechteste Journalistin dieses Landes sein, Tochter. Sie sind außerstande, objektiv zu sein, stellen sich bei allem in den Mittelpunkt, und ich vermute, Sie lügen ziemlich viel, und wenn Sie keine Neuigkeiten haben, erfinden Sie eine. Warum setzen Sie sich nicht lieber hin und schreiben Romane? In der Literatur sind diese Mängel echte Tugenden.«

Doch sollte es noch mehr als acht Jahre dauern, bis Isabel Allende sich an ihr erstes Romanmanuskript setzte.

Chile glich Ende 1972 und Anfang 1973 einem Land am Rande des Bürgerkrieges. Terroristen von rechts sabotierten jede Versorgung, sie verbrannten Ernten, töteten Vieh und brachten mit systematischen Ausständen die Infrastruktur zum Erliegen. Salvador Allende erlitt einen leichten Herzanfall, der aber verschwiegen wurde, um nicht irgendwen zu ermutigen, vielleicht einen Staatsstreich zu versuchen. Isabel Allende beschreibt in *Paula,* wie es in Santiago aussah: »In den Nächten bot Santiago den Anblick einer Stadt im Belagerungszustand, die Straßen lagen dunkel und fast menschenleer, weil nur wenige sich hinauswagten, der öffentliche Nahverkehr funktionierte nur halb, wegen der Streiks und weil das Benzin rationiert war. In der Stadtmitte brannten die Feuer der Genossen, wie sich die Anhänger der Regierung nannten, welche die ganze Nacht hindurch Gebäude und Straßen bewachten. Brigaden junger Kommunisten malten Losungen an die Wände, und Gruppen der extremen Rechten fuhren in Autos mit verdunkelten Fensterscheiben und schossen wahllos in die Gegend.«

Im März 1973 hatten die Allende-Gegner ihr Ziel bei den Kon gresswahlen nicht erreicht: eine Zwei-Drittel-Mehrheit, die es erlaubt hätte, gegen den Präsidenten ein Amtsenthebungsverfahren einzuleiten. Im Gegenteil: Erstmals in der Geschichte Chiles hatte die Partei, die den Präsidenten stellte, bei der Wahl zur Mitte seiner Amtszeit Stimmen dazugewonnen. So gab es parlamentarisch keine Möglichkeit, die Regierung zu stürzen. Allende hatte zwischenzeitlich immer wieder versucht, mit den Christdemokraten ins Gespräch zu kommen, um die Basis seiner Regierung zu verbreitern. Erfolglos, denn im Lauf der Jahre war viel Geschirr zwischen den Parteien zerschlagen worden.

Antonio Skarmeta berichtet in seinem Werk *Heimkehr auf Widerruf. Chile im Umbruch* von einer verpassten Gelegenheit: »1971 fanden wegen des Todes eines christdemokratischen Abgeordneten des Zentrums Wahlen statt. Vor dieser Wahl war Allende der Ansicht gewesen, keinen eigenen Kandidaten aufzustellen, sondern das Recht der Christdemokraten auf den Sitz des Verstorbenen zu respektieren und bei der Abstimmung zu unterstützen. Durch ein solches Verhalten hätten sich die Kräfte des Zentrums mit denen der Rechten konfrontiert gesehen. Die Mehrheit der Kräfte, die Allende unterstützten, setzte durch, dass die Linke einen eigenen Kandidaten aufstellte, wohl wissend, dass ein solcher Entschluss die Kräfte des Zentrums veranlassen würde, sich mit der Reaktion zu verbünden. ›Wir werden gewinnen, Presidente, vertrauen Sie darauf‹, sagten die, die einen Kandidaten der Linken aufstellen wollten. Allende, der über die Linke hinaus das gesamte Land im Blick hatte, antwortete: ›Ob wir gewinnen oder verlieren, diese Wahl haben wir schon jetzt verloren.‹ Was beweist, dass er mit beispielhaftem Weitblick die Gefahr erkannte, die aus einem sich konsolidierenden Bündnis zwischen faschistischen Rechten und dem Zentrum erwachsen würde.«

Skarmetas Analyse mag in der Rückschau richtig sein, in der konkreten Situation dachten aber viele Allende-Berater anders. Auch seine Töchter. Seine Frau Tencha erinnerte sich später: »Er war sehr eng mit seinen Kindern verbunden, ungewöhnlich verbunden. Er liebte sie, und als Politiker war er besonders begeistert von ihnen. Natürlich kam es zwischen ihnen gelegentlich auch zu einem Streit. [...] Nach Meinung unserer Töchter hätte alles das, was geschah, entschlossener, schneller und radikaler getan werden müssen. So billigten unsere Töchter beispielsweise nicht die Verbreiterung der politischen Plattform. Sie sagten, das sei Zeitverlust, die Reformen müssten eben durchgesetzt werden und fertig. Sie müssten unverzüglich verwirklicht werden.«

Vor allem Tati war dieser Ansicht – sie hatte die besten Verbindungen zum linksradikalen Umfeld, besonders zum MIR, in dem ihr Cousin Andrés Pascal Allende aktiv war. Der MIR war zu Beginn von Allendes Regierungszeit durch eine Amnestie aus der Illegalität geholt worden. Die Linie der Organisation war klar: Voranschreiten ohne Kompromisse, man müsse unverzüglich die wirkliche Volksmacht schaffen und auch das Volk bewaffnen, damit es sich im Fall eines Putsches gegen die Militärs stellen konnte. Sie übersahen dabei, dass solch ein Vorgehen demokratisch nicht legitimiert gewesen wäre: Die chilenische Gesellschaft war gespalten, und die Unidad Popular war wie zu Beginn ihrer Amtszeit eine Minderheitenregierung, die nur etwas mehr als ein Drittel der Chilenen hinter sich hatte.

Salvador Allende hingegen wusste das. »Der Präsident ist ein sehr zögernder Mann«, schrieb die französische Zeitung *Le Monde*, »aber letzten Endes entscheidet er alles. Wenn sich auch der Kampf zugespitzt hat, so wird er doch von seinen Gegnern noch geachtet. Seine Freunde schätzen an ihm, dass er es versteht, Geduld mit strenger Machtausübung zu verbinden. Es verhält sich so, dass wahrscheinlich noch niemals ein chilenischer Präsident so auf seinen Machtbefugnissen bestanden hat wie – trotz seines gutmütigen Aussehens – dieser Sozialist, der sich zwar für eine Einschränkung der Sondervollmachten des Staatsoberhauptes einsetzt, zugleich aber sehr geschickt die Neigung auszunutzen versteht, welche die Chilenen zur Präsidialform der Regierung haben.«

Im Winter 1973 spitzte sich die Situation immer mehr zu: Am 29. Juni gab es einen ersten Aufstand des Militärs, der aber niedergeschlagen wurde. Putschgerüchte kursierten immer wieder, man wartete förmlich auf den Auftritt des Militärs. »Faktisch waren wir den ganzen Monat, der dem Umsturz vom 11. September vorausging, ständig auf der Hut«, sagte Tati Allende. »Es verging kein Tag ohne Gerüchte über Militärputsche und einen in Vorbereitung befindlichen Staatsstreich.« Osvaldo Puccio Huidobro meinte sogar: »Wir haben auf den Putsch mehr oder weniger sogar gehofft. Wir haben die Spannung nicht ausgehalten und haben in unserer grenzenlosen Naivität auch geglaubt, dass alles so laufen würde, wie es in Spanien 1936 passiert ist – ein Aufstand der Militärs, dann der Bürgerkrieg. Nur glaubten wir, dass diesmal die Guten, nämlich wir, gewinnen würden.«

Doch noch war General Carlos Prats, ein erwiesener Konstitutionalist und Anhänger der Schneider-Doktrin, der Oberbefehlshaber. Aber der Kreis schloss sich langsam. Prats wurde mehr und mehr Zielscheibe von Demonstrationen, und seine Generäle drängten ihn zurückzutreten, da sie seinem Kommando nicht mehr vertrauen würden. »Wie in einer klassischen griechischen Tragödie wusste jeder, was passieren wird. Jeder sagt, er wolle nicht, dass es passiere, und jeder weiß genau, was notwendig ist, die Katastrophe herbeizuführen«, sagte der linksliberale Christdemokrat Radomiro Tomic zu General Prats im August 1973. Die Christdemokraten waren inzwischen mehrheitlich der Meinung, nur noch ein Eingreifen des Militärs könne in Chile wieder für Ruhe und Ordnung sorgen. Auch die meisten Zeitungen und Zeitschriften forderten in großen Lettern ein Eingreifen des Militärs. Am 21. August reichte der General sein Rücktrittsgesuch ein. Er schlug gleichzeitig seinen Nachfolger vor, einen Mann, von dem er glaubte, dass er loyal zur Regierung stehen würde: General Augusto Pinochet. »Salvador Allende hatte immer sehr viel Vertrauen in seine Mitarbeiter«, erinnert sich Ramón Huidobro. »Als General Prats ihm Pinochet als Oberbefehlshaber vorschlug, hat er deshalb sofort zugesagt. Das hat ihn das Leben gekostet.«

Präsident Salvador Allende, sich seines Rückhaltes in der Bevölkerung gewiss, traf sich am 7. September 1973 mit einigen Generälen, darunter auch Augusto Pinochet, und schlug vor, in der folgenden Woche eine Volksabstimmung über die Zukunft seiner Regierung durchzuführen. Er nannte auch das Datum, an dem er seine Absicht öffentlich bekannt geben wollte: am 11. September 1973.

Salvador Allende glaubte sich der Loyalität Augusto Pinochets sicher, als er ihn am 21. August zum Oberbefehlshaber der chilenischen Armee ernannte.

7. Der Putsch

Der 9. September 1973, der Sonntag vor dem Putsch, lässt sich gut rekonstruieren: Allende aß mittags mit seiner Schwester Laura, die wie er Mitglied der Sozialistischen Partei und Abgeordnete im Parlament war. Doch sprachen sie nicht über Politik, höchstens darüber, dass Lauras Sohn Andrés gerade mal wieder in die Illegalität abgetaucht war und es von ihm keinerlei Nachrichten gab. Wahrscheinlich unterhielten sich die Geschwister über Persönliches, denn Laura war erst kurz zuvor aus dem Krankenhaus entlassen worden. Sie hatte Krebs und die letzte Operation war nicht ihre erste gewesen. Und auch diesmal waren die Prognosen alles andere als günstig.

Der Nachmittag war mit Arbeit gefüllt, und abends traf Allende sich mit alten Freunden. »Plötzlich war die ganze Truppe versammelt – all die alten Freunde, die sich aus dem Wahlkampf von 1952 kannten«, erinnert sich Osvaldo Puccio Huidobro. »Es war fast so, als hätten alle eine Vorahnung gehabt. Sie trafen sich in der Hütte meines Vaters außerhalb der Stadt, die alten Kumpel, einige hatten schon lange keine Funktion mehr in der Regierung. Die Stimmung war seltsam gelöst, es war wie ein großes Abschiedsfest. Das wurde nicht ausgesprochen, aber es war sehr ausgelassen, und sie haben bis spät in die Nacht Rayuela [das Hüpfspiel »Himmel und Hölle«] gespielt. Wenn ich einen Film über die Vorgeschichte und den Putsch drehen würde, würde ich auf jeden Fall diesen Abend zeigen.«

Der 10. September 1973 ist nicht so genau nachvollziehbar. Der 11. September, »der Tag des Militärputsches brach, für diesen schüchtern einsetzenden Frühling ungewöhnlich, mit strahlender

Sonne an.« So beginnt das 13. Kapitel von Isabel Allendes Buch *Das Geisterhaus*, dem Roman, der ihren Weltruhm begründete. Salvador Allende wurde an diesem Tag, dem letzten seines Lebens, um 6.20 Uhr durch das Telefon geweckt und erhielt die Nachricht, in Valparaíso habe sich die Flotte erhoben und fordere seinen Rücktritt. Er versuchte sofort, General Pinochet und die anderen Oberbefehlshaber der Streitkräfte anzurufen – und erreichte weder unter den Dienst- noch den Privatnummern irgendjemanden.

Er benachrichtigte die meisten Kabinettsmitglieder sowie einige politische Freunde und fuhr in die Moneda, wo er gegen 7.20 Uhr eintraf. Von dort versuchte Allende, Verteidigungsminister Orlando Letelier anzurufen. Der meldete sich ebenfalls nicht – er war bereits von den Putschisten festgenommen worden. Allende, der nun sicher sein konnte, dass das der Putsch war, auf den alle schon lange gewartet hatten, hielt eine erste kurze Rundfunkansprache, in der er erklärte, dass er nicht zurücktreten werde. Um 7.50 Uhr meldeten sich dann die Putschisten zum ersten Mal. Sie wandten sich über den Radiosender »Agricultura« direkt an die Bevölkerung. In einer vorbereiteten Erklärung hieß es:

»Unter Berücksichtigung

1. der außerordentlich ernsten wirtschaftlichen, sozialen und moralischen Krise, die das Land untergräbt,
2. der Unfähigkeit der Regierung, Maßnahmen zu ergreifen, um der weiteren Ausbreitung des Chaos Einhalt zu gebieten,
3. der ständigen Ausbreitung paramilitärischer Gruppen, die von der Allende unterstützenden Unidad Popular organisiert und ausgebildet werden, eines Umstandes, der das chilenische Volk unausweichlich in einen Bürgerkrieg ziehen wird, erklären die Streitkräfte und das Korps der Carabineros:

1. Der Präsident der Republik hat seine hohen Vollmachten unverzüglich den chilenischen Streitkräften und dem Korps der Carabineros zu übergeben.
2. Die chilenischen Streitkräfte und das Korps der Carabineros sind

sich einig in ihrer Entschlossenheit, die verantwortliche historische Mission zu übernehmen und den Kampf für die Befreiung des Vaterlandes vom marxistischen Joch sowie für die Wiederherstellung der Ordnung und einer verfassungsmäßigen Regierung zu führen.
3. Die Arbeiter Chiles brauchen nicht daran zu zweifeln, dass der wirtschaftliche und soziale Wohlstand, den sie bis zum heutigen Tage erreicht haben, keine großen Veränderungen erfahren wird.
4. Die Presse, die Rundfunksender und die Fernsehkanäle der Unidad Popular haben von diesem Zeitpunkt an die Verbreitung von Informationen einzustellen, anderenfalls werden sie zu Lande und aus der Luft angegriffen.
5. Die Bevölkerung Santiagos hat in den Häusern zu bleiben, damit der Tod unschuldiger Menschen vermieden wird.«

Unterzeichnet hatten General Augusto Pinochet, Admiral José Toribio Merino, General Gustavo Leigh und General César Mendoza. Die drei erstgenannten Putschisten waren als Militär- beziehungsweise Marineattachés lange Zeit in Washington und London gewesen.

In der Moneda waren inzwischen etwa 50 Menschen versammelt. Salvador Allende, seine Töchter Isabel und Tati, letztere im achten Monat schwanger, dazu einige Minister aus seinem Kabinett, sein Arzt Arturo Jirón, sein Sekretär Osvaldo Puccio, dessen Sohn, Miria Contreras, dazu Mitglieder seiner Leibwache GAP und 17 Polizisten aus der offiziellen Schutztruppe des Staatspräsidenten.

Um 8.15 Uhr erhielt Allende den ersten Anruf der Putschisten. General Baeza verlangte, dass er zurücktreten solle, ein Flugzeug stünde bereit, um ihn aus dem Land zu bringen, wohin immer er wolle. Allende lehnte das empört ab, er sei der rechtmäßige Präsident Chiles und werde den Präsidentenpalast nicht verlassen. Die Putschisten antworteten über den Rundfunk: Sie forderten erneut Allendes Rücktritt, andernfalls würden sie die Moneda von der Luftwaffe bombardieren lassen. Doch zunächst blieb es ruhig – lediglich immer mehr Panzer und Mannschaftswagen fuhren vor dem Regierungsgebäude vor.

Allende gab sich ruhig und kühl, obwohl er bereits wusste, dass dieser Putschversuch erfolgreich sein würde. Wahrscheinlich hatte er schon auf diesen Tag gewartet – alles passierte wie in seiner Vorstellung, er musste jetzt nur noch so handeln, wie er es sich vorgenommen hatte.

Um 9.40 Uhr versammelte Allende alle, die mit ihm im Palast geblieben waren. Er forderte die Frauen auf, die Moneda zu verlassen – seine Töchter und seine Geliebte weigerten sich. Dann rief er zu Hause in der Avenida Tomás Moro an. Tencha solle sich sofort in die mexikanische Botschaft begeben. Der Anruf kam genau rechtzeitig – kurz nachdem sie die Residenz verlassen hatte, wurde diese von Bombern angegriffen. Salvador Allende war – so berichteten Zeugen später – während der ganzen Zeit in der Moneda nahezu obsessiv um die Sicherheit seiner Frau bemüht gewesen. Carlos Jorquero, einer von Allendes engsten Freunden, der bis zum Ende im Präsidentenpalast dabei war, berichtet: »Allende sagte mir, dass er Tencha mehr und mehr liebe und respektiere und dass seine Gefühle für seine Töchter und Enkelkinder noch stärker wären.«

Über das Telefon hielt Allende seine letzte Rede. Der kommunistische Sender Magellanes war der einzige, der noch in Betrieb war, alle anderen waren bereits verstummt. Allende sprach klar und deutlich und sehr gefasst – seine Worte waren gut zu hören, auch wenn die Sendequalität eher miserabel war. Er sprach, ohne einmal zu stocken, obwohl die Rede vollständig improvisiert war. Vielleicht hatte er sich in den letzten Jahren diese Situation schon öfter vorgestellt und wusste daher genau, was er sagen wollte:

»Mitbürger!

Das ist sicherlich das letzte Mal, dass ich mich an Sie wenden kann.

[...]

Ich danke Ihnen für die stets bekundete Treue, für das Vertrauen, das Sie in einen Mann gesetzt haben, der nur die Verkörperung der Sehnsucht nach Gerechtigkeit war, der sein Wort gab, Verfassung und Gesetzte zu achten, und der dies auch tat.

»Allendes letzter Tag.« Der bewaffnete Staatspräsident und seine Leibwächter suchen im Regierungspalast La Moneda einen geeigneten Verteidigungsort.

[...]

Ich glaube an Chile und an seine Zukunft. Andere nach mir werden auch diese bitteren und dunklen Augenblicke überwinden, in denen der Verrat versucht sich durchzusetzen. Haltet fest an dem Wissen, dass sich eher früher als später die großen Alleen öffnen, durch die freie Menschen schreiten werden, um eine bessere Gesellschaft zu errichten.

Es lebe Chile! Es lebe das Volk! Es leben die Arbeiter! Dies sind meine letzten Worte. Ich habe die Gewissheit, dass mein Opfer nicht umsonst sein wird. Ich habe die Gewissheit, dass es zumindest eine moralische Lehre sein wird, an der die Hinterhältigkeit, die Feigheit und der Verrat zu tragen haben werden.«

Allende trug während seiner Rede – so schrieb sein Sekretär Osvaldo Puccio später – auf dem Kopf einen Stahlhelm und im Arm ein

Maschinengewehr – ein Gewehr, das Fidel Castro ihm geschenkt hatte. So zeigen ihn auch die letzten Fotos: umringt von bewaffneten Leibwächtern, auf dem Kopf einen Stahlhelm, der ihm in die Stirn zu rutschen scheint und von der Brille gehalten wird, unter dem Arm ein Gewehr. Wie immer trägt er ein Sakko, diesmal mit einem gemusterten Pullover darunter. Es war trotz der strahlenden Sonne kühl an diesem Frühlingsmorgen in Santiago.

Schüsse aus Maschinengewehren und Granatwerfern schlugen in die Moneda ein. Ein weiterer Anruf der Putschisten: Würde Allende nicht bis elf Uhr aufgeben, würden sie den Regierungssitz aus der Luft bombardieren lassen. Allende verweigerte sich diesem Befehl, erbat aber eine zehnminütige Feuerpause. Dann befahl er seinen Töchtern, die Moneda zu verlassen: Durch einen Seitenausgang huschten die Frauen begleitet von einigen Mitarbeitern ins Freie und schafften es, sich unbemerkt vorbei an den Posten in Sicherheit zu bringen. Dann fragte er die Polizisten, die von Staats wegen zu seiner Sicherheit bereitgestellt waren, ob sie nicht auch gehen wollten. Juan Seone, einer der Polizisten, erzählt: »Er dankte uns für unsere Arbeit, die wir für ihn geleistet hätten. Er entlasse uns nun offiziell aus seinen Diensten, wir könnten nun gehen, es sei unsere persönliche Entscheidung. Alle 17 Polizisten blieben; wir hatten aber alle ziemliche Angst. Die Verteidigung der Moneda war keine heldenhafte Schlacht, wie sie oft beschrieben wird. Ich glaube nicht an Heldentum – man richtet mit einer Pistole und einer Hand voll Maschinenpistolen nicht viel gegen Panzer und Flugzeuge aus. Es war aber irgendwie ein Akt der Ehre und Würde, zu bleiben.« Seone wurde wie alle diese Polizisten nach dem Putsch verhaftet, aber wenig später wieder freigelassen. Er verließ 1974 das Land und kehrte 1982 wieder nach Chile zurück. Arturo Jirón, Freund und Arzt Allendes, erinnert sich so: »Die Mehrheit von uns wusste nicht einmal, wie man eine Waffe hält. Wir hatten höllische Angst, aber wir blieben aus Prinzip.«

Um elf Uhr begann das Bombardement der Moneda. »Die erste Bombe traf das Glasdach des Innenhofes des Präsidentensitzes, das mit unglaublichem Lärm jäh nach unten stürzte. Der zweite und der

Um die Mittagszeit des 11. September 1973 umstellen die Putschisten den Regierungspalast La Moneda mit Panzern und nehmen ihn aus der Luft mit Raketen unter Feuer.

dritte Sprengkörper fielen, wie es schien, in das Generalsekretariat der Regierung und in die Büroräume des Präsidenten der Republik. Der nächste Einschlag passierte etwa 25 Meter von uns entfernt und zerstörte den Roten Salon und den Salon Toesca. Gleich nach den Sprengbomben müssen wohl Brandbomben abgeworfen worden sein, denn es entstand sofort ein großes Feuer im Zentrum der Moneda.« So weit Osvaldo Puccio in seinen Memoiren. Der amerikanische Journalist Steven Yolen, der für die Nachrichtenagentur UPI in Santiago war, beschrieb die Ereignisse so: »Die längsten sechs Stunden meines Lebens habe ich eben hinter mich gebracht. Manchmal dachte ich, es würden meine letzten sein. Diesen Bericht schreibe ich auf meinem Bauch, unter einem Tisch liegend. Manchmal war der Kugelhagel so dicht, dass das Büro von einer dichten Staubwolke erfüllt war und wir nicht von einer Seite zur anderen sehen konnten.

Doch das war noch gar nichts im Vergleich zu dem Bombardement des Präsidentenpalastes, der noch ein paar hundert Meter von unserem Büro entfernt liegt. Düsenjäger der Luftwaffe rasten unmittelbar über die Dächer hinweg und warfen mindestens 24 schwere Sprengbomben ab. Jedes Mal, wenn einer von uns versuchte, einen Blick nach draußen zu werfen, wurde er von Soldaten unter Feuer genommen. Der Boden des Büros ist übersät mit Glassplittern, Mauerbrocken und hunderten von Geschossen.«

Gegen 13.30 Uhr begann der letzte Angriff der Militärs auf die Moneda. Die Infanterie stürmte das Gebäude. Schüsse, Angreifer und Verteidiger starben. Allende zog sich mit einer kleinen Gruppe in die »Unabhängigkeitshalle« zurück. Weitere Schüsse, weitere Tote, einige Verteidiger wurden abgeführt. Eine weitere Aufforderung, sich zu ergeben. Allende verlangte von den letzten Freunden, die mit ihm waren, dass sie ihn verließen. »Der Präsident«, so Miria Contreras, »versammelte uns im Flur. Er sagte, wir sollten ruhig hinuntergehen und alle Waffen, Helme und Gasmasken hier lassen. Er würde mit einigen Mitgliedern der GAP bleiben.« Sie wurden abgeführt. Um 14.20 Uhr stürzten die Soldaten wild um sich schießend in die Unabhängigkeitshalle. Allende saß dort in einem Lehnstuhl. Er war tot.

Über Salvador Allende

»In einem glücklichen Augenblick kam die Nachricht: Allende wurde als möglicher Kandidat der gesamten Volksfront gehandelt. [...] Ich kannte den Kandidaten. [...] Allendes Widerstandskraft ließ die all seiner Begleiter hinter sich. Er beherrschte eine Churchills würdige Kunst: Er schlief, wann er Lust hatte. Manchmal fuhren wir durch endloses, dürres Land in Nordchile. Allende schlief fest in der Ecke des Wagens. Plötzlich tauchte am Weg ein kleiner roter Punkt auf, der sich beim Näherkommen in eine Gruppe von 15 oder 20 Männern mit ihren Frauen, ihren Kindern und Fahnen verwandelte. Der Wagen hielt. Allende rieb sich die Augen, um sich der lotrechten Sonne und dem kleinen singenden Trupp auszusetzen. Man stellte sich zu ihnen und sang mit ihnen die Nationalhymne. Dann sprach er, lebhaft, rasch und beredt. Der Wagen fuhr vor, und wir rollten auf den nicht enden wollenden Straßen Chiles weiter. Wieder tauchte Allende in den Schlaf, mühelos. Alle 25 Minuten wiederholte sich der Auftritt: eine Gruppe Menschen, Fahnen, Gesang, Rede und Rückkehr in den Schlaf.

Als er bei zahllosen Kundgebungen vor tausenden und abertausenden von Chilenen auftrat, vom Auto in den Zug wechselte, vom Zug ins Flugzeug, vom Flugzeug ins Schiff, vom Schiff aufs Pferd, bewältigte Allende ohne zu wanken das gewaltige Pensum jener erschöpfenden Monate. Fast alle Mitglieder seines Gefolges blieben auf der Strecke. Später, als er wohl bestallter Präsident von Chile war, verursachte seine unerbittliche Tüchtigkeit vier oder fünf Infarkte unter seinen Mitarbeitern.«

Pablo Neruda in *Ich bekenne, ich habe gelebt*

»Wer war Salvador Allende? Ich weiß es nicht, und es wäre anmaßend von mir, wollte ich ihn erklären. [...] Jahrelang sah ich in ihm bloß einen Onkel mehr in einer zahlreichen Sippe und den einzigen Vertreter der Familie meines Vaters; erst nach seinem Tode, als ich Chile verließ, begriff ich seine legendäre Bedeutung. Im Privatleben war er ein guter Freund seiner Freunde, loyal bis zur Unvernunft, Verrat konnte er nicht begreifen, und es fiel ihm sehr schwer, ihn zu erkennen, als er dann tatsächlich verraten wurde. Ich erinnere mich an seine raschen Antworten und an seinen Sinn für Humor. [...] Mir scheint, seine bemerkenswertesten Eigenschaften waren Redlichkeit, Intuition, Tapferkeit und Charisma; er folgte seinen Eingebungen, die ihn selten im Stich ließen, wich vor dem Risiko nicht zurück und konnte die Massen ebenso verführen wie einzelne Menschen. Man erzählte sich, er könne jede Situation zu seinen Gunsten wenden, deshalb wagten es die Generäle am Tag des Militärputsches auch nicht, ihm persönlich gegenüberzutreten, und zogen es vor, sich mit ihm telefonisch und über Boten in Verbindung zu setzen. Er übernahm das Amt des Präsidenten mit einer Würde, die schon hochmütig anmutete, er hatte, wenn er wollte, die bombastischen Gesten des Volkstribuns und einen charakteristischen Gang, sehr aufrecht, Brust herausgestreckt und fast auf den Zehenspitzen gehend wie ein Kampfhahn. Er schlief nachts sehr wenig, nur drei, vier Stunden, meistens sah er den Morgen lesend heraufkommen oder noch beim Schachspiel mit seinen treuesten Freunden, aber er konnte zwischendurch ein paar Minuten schlafen, meistens im Auto, und dann erfrischt aufwachen. Er war ein Mann verfeinerter Genüsse, er liebte Rassehunde, Kunstgegenstände, elegante Kleidung und starke Frauen. Er achtete sehr auf seine Gesundheit und war zurückhaltend im Essen wie beim Alkohol. Seine Feinde verketzerten ihn als Lüstling und führten genau Buch über seine bürgerlichen Neigungen, Liebeleien, sämischledernen Jacken und seidenen Krawatten.«

Isabel Allende in *Paula*

»Im Gegensatz zu anderen Politikern, die man nur in der Zeitung oder im Fernsehen gesehen oder im Radio gehört hatte, machte Allende Politik, indem er von Haus zu Haus ging, im direkten und warmherzigen Kontakt zu den Leuten wie ein Hausarzt, der er ja in Wirklichkeit auch gewesen war. Sein Verständnis des menschlichen Wesens, verbunden mit einem fast animalischen Instinkt für das politische Handwerk, rief widersprüchliche Gefühle hervor, die nicht leicht zu klären waren. Als er bereits Präsident war, marschierte einmal bei einer Demonstration ein Mann an ihm vorbei, der ein ungewöhnliches Transparent trug: *Das ist eine Scheißregierung, aber es ist meine Regierung.* Allende erhob sich, applaudierte und stieg von der Tribüne, um dem Mann die Hand zu schütteln.

Während unserer langen Fahrt durch das Land, kamen wir in keinen Ort, in dem sich nicht eine Spur von Allende fand. Immer gab es jemanden, dem er die Hand geschüttelt, oder jemanden, für dessen Kind er eine Patenschaft übernommen, oder jemanden, dessen bösen Husten er mit einem Kräutertee geheilt, dem er eine Arbeit verschafft oder gegen den er eine Partie Schach gewonnen hatte. Alles, was er berührt hatte, wurde wie eine Reliquie verehrt. Wo wir es am wenigsten erwartet hätten, zeigte man uns einen Stuhl, der besser erhalten war als alle anderen: ›Hier hat er einmal gesessen.‹ Oder man zeigte uns irgendwelche kunstgewerblichen Sächelchen: ›Das hat er uns geschenkt.‹ Eine 19-Jährige, die bereits ein Kind hatte, und ein weiteres erwartete, sagte uns: ›Ich erkläre meinem Sohn immer, wer Präsident war, obwohl ich ihn kaum gekannt habe, denn ich war ja erst neun Jahre alt, als er uns verlassen hat.‹ Wir fragten sie, welche Erinnerungen sie an ihn habe, und sie antwortete: ›Ich war mit meinem Vater unterwegs, und ich sah jemanden auf einem Balkon sprechen und mit einem weißen Tuch winken.‹ In einem Haus, wo ein Bild der Virgen del Carmen an der Wand hing, fragten wir die Frau des Hauses, ob sie eine Anhängerin Allendes gewesen sei, und sie antwortete uns: ›Ich war es nicht: ich bin es.‹ Dann nahm sie das Bildnis der Jungfrau ab, und dahinter hing ein Porträt Allendes.«

Gabriel García Márquez in *Das Abenteuer des Miguel Littín. Illegal in Chile*

8. Die Legende und die Opfer

Lange Jahre wurde darüber diskutiert, ob Allende Selbstmord beging oder ob ihn die Soldaten erschossen hatten. Vielen Chilenen war das egal: Ein Mann, der von Bewaffneten umringt ist und sich selbst tötet, ist der wirklich ein Selbstmörder? Wichtiger war für sie, dass die Generäle die chilenische Demokratie getötet hatten.

»Die Demokratie muss gelegentlich in Blut gebadet werden, damit sie fortbestehen kann.« So weit der Putschist General Augusto Pinochet nach dem Staatsstreich. Die Militärs sprachen direkt nach Allendes Tod von dessen Selbstmord; das war fast ein Argument mehr, zu glauben, dass sie ihn umgebracht hatten. Man sprach vom heldenhaften Widerstand in der Moneda, Allende erschien fast wie ein Sagenheld, ein moderner Roland, der bis zum Ende aufrecht gegen die Verräter kämpfte. Fidel Castro hielt am 28. September 1973 eine Rede, in der er sagte: »Der Präsident hat sich mit mehreren seiner Genossen [...] verschanzt. Als er bis zu einer Stelle vordringt, an der die Faschisten hereinbrechen, erhält er einen Bauchschuss, der ihn vor Schmerz vornüber sinken lässt, aber er hört nicht auf zu kämpfen. Auf einen Sessel gestützt, schießt er weiter auf die nur wenige Meter entfernten Faschisten, bis ihn ein zweiter Schuss in die Brust niederreißt, und bereits im Sterben wird er von Kugeln durchlöchert.«

So sterben vielleicht Helden mittelalterlicher Sagen oder moderner Revolutionsmythen, so starb aber nicht Allende: Er beging Selbstmord – heute bezweifelt das in Chile kaum noch jemand. Arturo Jirón, Freund und einer der Leibärzte von Allende, der bis zuletzt mit ihm in der Moneda zusammen war und dem Isabel Allende die Schilderung des Putsches im *Geisterhaus* verdankt (die Figur des Arztes Jaime ist ihm nachgebildet), spricht es offen aus: »Ja, es war Selbstmord.« Für ihn stellt sich nicht die Frage, ob Allende ein Held war. Er war einer. Das messe sich nicht daran, ob er sich selbst tötete oder ermordet wurde, entscheidend sei gewesen, dass er es abgelehnt habe, die Moneda zu verlassen und das Flugzeug ins Exil zu nehmen (angeblich gab es sogar Pläne, das Flugzeug mit Allende dann abstürzen zu lassen). Er habe konsequent zu seiner Überzeugung gestanden.

Osvaldo Puccio Huidobro, Mitstreiter in der Moneda, später im Exil in der DDR und heute Funktionsträger in der Sozialistischen Partei, verrät die Motive, warum damals alle Selbstmordgedanken so radikal beiseite geschoben wurden: »Es gab eine ziemliche Verwirrung. In einem der ersten Interviews in Mexiko hatte Tencha noch von Selbstmord gesprochen, wenig später aber von Mord. Und dann kam diese Castro-Rede, in der dieser von Mord sprach und somit mehr oder weniger die offizielle Linie festlegte. Jede Abweichung davon wurde als Aufweichung der Solidarität angesehen. Dass Allende nach Castros Meinung keinen Selbstmord begangen haben konnte, liegt an zwei Dingen: Erstens sind die Kommunisten beim Thema Selbstmord noch katholischer als die Katholiken. Revolutionäre töten sich nicht selbst. Das ist eine Sünde. Zum anderen kannte er die chilenische Tradition nicht. Selbstmord hat in diesem Land nichts Ehrenrühriges, im Gegenteil. Einer unser größten Präsidenten hat sich selbst getötet, Balmaceda, der in vielem ein Vorbild für Allende war.«

Allende war sich sehr bewusst, dass dieser Tag auch ein Höhepunkt seiner politischen Karriere war. Der Selbstmord war sein persönlicher Triumph über die Generäle, er zeigte ihnen so, dass er ihnen moralisch überlegen war. Er wählte den Freitod und damit die Unsterblichkeit – Unsterblichkeit für sich selbst und seine Sache. Hätte er das Angebot der Militärs angenommen und wäre ins Exil gegangen, wären er, seine Idee vom demokratischen Weg in den Sozialismus und der Staatsstreich möglicherweise schon wenige Jahre später vergessen gewesen.

Nach dem Putsch: In einen bolivianischen Poncho gewickelt wird die Leiche Salvador Allendes heimlich aus dem zerstörten Präsidentenpalast geschafft. Der Präsident wird unter Ausschluss der Öffentlichkeit beigesetzt.

Die Überlebenden aus der Moneda wurden auf die Straße geführt. Filmaufnahmen zeigen, was passierte: Sie wurden geschlagen und gezwungen sich in einer Reihe auf das Straßenpflaster zu legen. Auf den Bauch, die Hände im Nacken verschränkt. Ein Panzer in der Nähe rollte heran, die eine Panzerkette genau auf die Köpfe der am Boden liegenden Menschen gerichtet. Er rollte näher, stoppte, drehte bei, drehte sich wieder in die Richtung und rollte erneut auf die Köpfe zu. Endlich hielt er an. Salvador Allendes Leiche wurde von bewaffneten Soldaten aus der Moneda getragen, die Bahre war bedeckt mit einer gestreiften Decke, einer Art Poncho.

Salvador Allende wurde in Valparaíso begraben. »Ich stieg in das Flugzeug. Ich sah den Sarg, über dem eine Feldbettdecke lag«, berichtete Tencha Allende später: »Das Flugzeug landete auf der Luftwaffenbasis von Quinteros. Auf der Basis wurde der Sarg ausgeladen. Ich bat, meinen Mann sehen und berühren zu dürfen, aber man verwehrte es mir. In zwei Autos folgten wir dem Leichenwagen zum Friedhof von Santa Inés. Die Leute sahen uns verwundert an. Erneut bat ich dringlichst, meinen Mann zu sehen. Wieder verweigerten sie es mir, öffneten dann aber den Sarg, und ich konnte das Leichentuch erkennen, das ihn bedeckte. Ich weinte. Ein Offizier, der mich begleitete, sagte mit lauter Stimme: ›Salvador Allende kann doch nicht so anonym begraben werden, man sollte zumindest den Namen der Person nennen, die bestattet wird.‹ Daraufhin nahm ich einige Blumen und warf sie auf den Sarg, der schon mit Erde bedeckt war und sagte: ›Wir lassen dich hier, Salvador Allende, Präsident der Republik.‹« Salvador wurde im Familienmausoleum von Marmaduque Grove bestattet, neben seiner Schwester Inés Grove de Allende. Sie war kurz vor dem Putsch an Krebs gestorben. Kein Name wies darauf hin, auch kein Todesdatum war angegeben. Trotzdem war das Grab jahrelang immer mit frischen Blumen geschmückt.

Während die Moneda bombardiert wurde, griffen Flugzeuge und Kampfhubschrauber auch die Viertel Santiagos an, in denen die Unidad Popular ihren größten Rückhalt hatte. Zehntausende Menschen wurden verhaftet, im Estadio Nacional von Santiago interniert und gefoltert, Tausende ohne Verfahren getötet und in Massengräbern verscharrt. Wie viele Menschen in den ersten Tagen ermordet wurden, ist unklar. »Es war am Tage des Putsches«, berichtete Gonzalo Martínez, ein Lebensmittelhändler aus Santiago, später dem *Stern:* »Eine Einheit Soldaten stürmte die Armensiedlungen im Vorort Barracas. Sie traten die Türen der Holzhäuser ein, trieben die Bewohner mit Kolbenhieben auf die Straße und durchwühlten die Häuser. Bei 16 Männern fanden sie Waffen. Soldaten führten die Männer zum nahe gelegenen Fluss, dem Mapocho, stellten sie auf die Böschung und eröffneten das Feuer. Einige sprangen in das reißende Wasser und ließen sich treiben, als ob sie tot wären. Doch die Soldaten ließen sich nicht täuschen. Sie schossen mit ihren Maschinenpistolen hinterher. Niemand kam davon.« Augenzeugen im Stadion berichteten später von bestialischen Folterungen durch das Militär: von Schlägen, Tritten, Hieben mit Gewehrkolben, Elektroschocks,

Vergewaltigungen, von Menschen, die erschossen oder zu Tode geprügelt wurden, anderen, die sich aus Verzweiflung die Tribünen hinunterstürzten, weil sie die Schmerzen nicht mehr ertragen konnten. Unter den Toten war auch der Sänger Victor Jara. Er wurde verhaftet und dann ins Nationalstadion gebracht. Die Militärs folterten ihn. Sie brachen ihm die Hände, schlugen ihn und erschossen ihn später. »Victor hatte auf der Brust viele Wunden«, sagte seine Witwe später. »Es waren Einschüsse. Seine rechte Hüfte war zerschmettert, es war ein ganz tiefes Loch. Ich glaube von einer Maschinenpistole. Seine Kleidung war zerrissen, das Gesicht blutig. Er lag in einem langen Gang, neben ihm Tote über Tote. Es wurden immer mehr.« Im Nationalstadion schrieb Victor Jara sein letztes Lied, in dem es am Ende heißt:

> Wie schwer fällt einem das Singen,
> wenn man vom Grauen singen muss.
> Das Grauen, das ich durchlebe,
> das Grauen, das ich durchsterbe.
> Mich selbst unter so vielen zu sehen,
> und so viele Momente der Unendlichkeit,
> in denen schweigen und schreien
> das Ende meines Liedes anzeigen.
> Was ich sehe, habe ich noch nie zuvor gesehen,
> was ich gefühlt habe, und was ich fühle,
> wird den Augenblick gebären ...

»Man sah den Terror sofort«, erinnert sich die Schriftstellerin Isabel Allende. »Menschen verschwanden, sie wurden in großen Militärwagen abtransportiert. Die Universität wurde geschlossen und überall auf den Straßen standen Soldaten herum, die Bücher zusammentrugen und sie verbrannten.«

In den Wochen nach dem Putsch trieben jeden Tag Leichen den Río Mapocho, der durch Santiagos Zentrum führt, hinunter, und täglich fand man neue Ermordete auf den Straßen. »Aus dem Mapocho [...] werden immer noch Leichen gefischt«, hieß es im Berliner *Tagesspiegel* am 13. Oktober 1973, »es sind nicht Leichen aus den ersten Tagen nach dem Putsch, sondern welche mit frischen

Nach dem Ende der Pinochet-Diktatur erhielt der ehemalige Präsident Salvador Allende am 4. September 1990 ein offizielles Begräbnis in Santiago de Chile.

Schusswunden.« Menschen verschwanden spurlos, andere wurden in Massengräbern verscharrt, wieder andere in Folterzentren wie die Colonia Dignidad verschleppt oder, wie fast alle Funktionsträger der Unidad Popular, in eines der Konzentrationslager, die von den Militärs in der Wüste im Norden und auf den Inseln vor Patagonien eingerichtet wurden. Mitunter landeten Soldaten mit Hubschraubern irgendwo, luden Menschen ein und warfen sie dann über dem Meer aus dem Helikopter. Das Parlament war sofort aufgelöst worden, ebenso alle lokalen, gewählten Verwaltungsorgane. Es galt das Kriegsrecht mit nächtlicher Ausgangssperre, dem Verbot von Versammlungen, Medienzensur und willkürlichen Verhaftungen. Jeder, der verdächtig aussah, wurde festgenommen, und das konnte jeder sein: falsche Kleidung, falscher Haarschnitt, eine Gruppe von mehr als zwei Personen, jemand, der mit einem Ausländer sprach.

Tausende suchten sofort nach dem Putsch Zuflucht in den ausländischen Botschaften. Isabel Allende schrieb: »Der Terror begann an eben diesem Dienstag im Morgengrauen, aber manche lernten ihn erst mehrere Tage später kennen, andere brauchten viel länger, bis sie ihn endlich wahrhaben wollten, und eine Hand voll Privilegierter konnte ihn trotz aller offenkundigen Tatsachen 17 Jahre lang unbeachtet lassen und leugnet ihn bis zum heutigen Tag.«

Ein Opfer des Putsches war auch der Dichter und Nobelpreisträger Pablo Neruda. Er erlebte den Staatsstreich in seinem Haus in Isla Negra, etwa zwei Autostunden von der Hauptstadt entfernt, als er gerade seine Memoiren vollendete. Auf der letzten Seite heißt es: »Ich schreibe diese raschen Zeilen für meine Memoiren drei Tage nach den empörenden Ereignissen, die zum Tode meines großen Gefährten, des Präsidenten Allende, führten.« Und eine Seite zuvor ist zu lesen: »Chile hat eine lange bürgerliche Geschichte mit wenig Revolutionen und vielen beständigen Regierungen, konservativen und mittelmäßigen. Mit vielen kleinen Präsidenten und nur zwei großen Präsidenten: Balmaceda und Allende.«

Neruda war schwer krank und wurde drei Tage später, am 18. September, mit hohem Fieber ins Krankenhaus nach Santiago geschafft. Aber dort gab es keine Hilfe. Alles war durch den Putsch zerstört, es fehlte an Antibiotika und Pflegepersonal. Neruda entschloss sich, nachdem er erfahren hatte, dass seine Häuser in Valparaíso und Santiago vom Militär verwüstet worden waren, das Angebot des mexikanischen Staatspräsidenten Echeverria anzunehmen, mit einer Sondermaschine nach Mexiko zu fliegen. Doch dazu kam es nicht mehr: Am 23. September, zwölf Tage nach dem Putsch, starb er an Herzversagen. Aufgebahrt lag er inmitten der Trümmer seines verwüsteten Hauses. Seine Beerdigung wurde zur ersten (und einzigen) öffentlichen Demonstration gegen die Putschisten.

Viele demokratische Politiker aus dem konservativen und christdemokratischen Spektrum hatten erwartet, dass das Militär nur die Regierung stürzen und sich danach wieder in die Kasernen zurückziehen würde. Deshalb hatte Frei den Putsch der Militärs nicht nur gefordert, sondern auch begrüßt. »Die Geschehnisse in Chile sind die Folge des Chaos in der Wirtschaft und der Verwaltung, eine Folge der bewaffneten Gewaltakte und der moralischen Krise, in welche die gestürzte Regierung uns geführt hat und die das chilenische Volk in Angst und Verzweiflung versetzt hatten«, hieß es in einer Erklärung der christdemokratischen Partei vom Tag nach dem Putsch. Die Parteiführer hofften, die Macht würde bald wieder in zivile Hände übergehen, es gäbe Neuwahlen, und Chile würde dort anknüpfen, wo es Mitte der sechziger Jahre des 20. Jahrhunderts gewesen war: bei einer liberalen, demokratischen, vielleicht christdemokratischen Regierung. Doch anders als die Politiker annahmen, hatten die Militärs selbst einen Plan. Diktator Augusto Pinochet schrieb spöttisch in seinem Buch *El día decisivo, 11 de septiembre 1973*(*Der entscheidende Tag, 11. September 1973*): »Man informiert mich, dass ein bedeutender Politiker heute morgen im Hauptquartier der zweiten Division des Heeres angerufen hat und gesagt hat: ›Hier spricht XX: wenn Sie mich brauchen, erreichen Sie mich unter folgender Telefonnummer ...!‹

Eine Stunde später wiederholt der Politiker seinen Anruf: ›Hier spricht XX. Ich möchte Ihnen mitteilen, dass ich mich außer Haus begeben habe. Wenn Sie mich brauchen, erreichen Sie mich unter folgender Telefonnummer ...‹

Bei der zweiten Information sage ich dem Hauptmann lediglich, er solle für den Anruf danken und dem Politiker sagen, er möge seine Dienste nicht länger anbieten, sie seien nicht mehr nötig. Anscheinend glaubte dieser Herr, wir würden ihm die Regierung anbieten.«

TEIL DREI

9. Die Allendes im Exil

Ramón Huidobro handelte schnell und konsequent: Er ließ die chilenische Fahne auf Halbmast setzen, und unterrichtete die Militärdiktatur davon, dass er als Botschafter Chiles in Argentinien zurückgetreten sei. Für Isabel Allendes Stiefvater endete damit eine lange Karriere im diplomatischen Dienst. Er und seine Frau verließen die chilenische Residenz, lebten ab sofort fast wie normale Bürger in Buenos Aires, gut befreundet mit General Carlos Prats, der nach seinem Rücktritt ebenfalls nach Argentinien gegangen war. Fast wie normale Bürger, denn sie befanden sich in ständiger Gefahr, nur wussten sie das damals noch nicht. Erst ein Jahr später wurde es evident.

Lebte die Allende-Familie schon vor dem Putsch ziemlich verstreut, so erst recht danach. Das Herz, das Zentrum der Familie – Chile –, war ihnen genommen. Hortensia war mit den Töchtern in die mexikanische Botschaft geflüchtet, Isabel Allende lebte weiter in Santiago, Salvadors jüngere Schwester Laura wurde als angebliche Terroristin von den Militärs verhaftet. Lauras Tochter Denise Pascal Allende blieb wie sie zunächst noch in Chile, ihr Sohn Andrés Pascal Allende lebte ja schon vor dem Putsch mit einem Bein in der Illegalität und ging danach sofort in den Untergrund. Die meisten Freunde waren entweder inhaftiert, ermordet oder hatten sich in eine Botschaft flüchten können. »Ich lebte bis zum Putsch zusammen mit meiner Compañera und der Tochter im Hause meiner Mutter«, so Andrés Pascal Allende später in einem Interview. »Aber danach fand meine Familie nie wieder zusammen, bis auf eine Zeit später im Exil.«

Hortensia Bussi de Allende ging zunächst mit ihren Töchtern nach Mexiko. Sie, Carmen Paz und Isabel blieben dort mit nur kurzen Unterbrechungen bis zur Rückkehr nach Chile im Jahr 1989, Tati zog nach Kuba – sie war schließlich mit einem Mitarbeiter der kubanischen Botschaft in Santiago de Chile verheiratet gewesen. Alle vier Frauen arbeiten in der Solidaritätsbewegung für Chile. Sie gaben Interviews und Pressekonferenzen, trafen diverse Staatschefs und setzten sich mit internationalen Organisationen zusammen, um über die Menschenrechtsverletzungen in ihrem Heimatland zu informieren und die chilenische Militärdiktatur zu isolieren.

Innerhalb von wenigen Stunden hatte der Putsch Tausende von Menschen zu Staatsfeinden, zu politisch Verfolgten gemacht. Viele versuchten sofort außer Landes zu gelangen, viele erst, nachdem sie verhaftet, vielleicht gefoltert und dann wieder entlassen worden waren. Die Grenzen des Landes waren direkt nach dem Putsch geschlossen worden, die Flughäfen, Häfen und Straßenübergänge nach Peru, Bolivien und Argentinien wurden streng überwacht. Und so blieben nur zwei Möglichkeiten, Chile zu verlassen: illegal über einen der Andenpässe nach Argentinien oder Bolivien beziehungsweise durch die Wüste nach Peru oder die Flucht in die Botschaft eines anderen Staates in Santiago. Auf allen Wegen hatte man mit Schwierigkeiten zu kämpfen. Die Flucht über die unwegsamen Pässe in die Nachbarstaaten war gefährlich, und zum anderen war nicht sicher, dass die Länder die Flüchtlinge nicht sofort wieder zurückschicken würden. In die Botschaften zu gelangen war ebenfalls nicht einfach. Viele verschlossen ihre Tore vor den Asylsuchenden, andere öffneten sie zwar, ließen sie aber oft von Polizisten bewachen. Zudem war unklar, wie lange man in der Botschaft bleiben musste, bis die Militärregierung nach langen Verhandlungen mit der jeweiligen Gesandtschaft den Flüchtlingen freies Geleit ins Ausland zusicherte. Nur berühmteren Persönlichkeiten wie Politikern, Journalisten, Künstlern oder Intellektuellen gaben die Gesandtschaften gerne Asyl; wer hingegen unbekannt war, der hatte Probleme, überhaupt auf das Gelände einer diplomatischen Vertretung zu gelangen.

Das politische Verhalten der einzelnen Länder war sehr unterschiedlich: Von den westlichen Ländern hatte Schweden die flüchtlingsfreundlichste Politik. Deren Vertretung nahm hunderte von Asylsuchenden auf und bemühte sich, diese schnell aus dem Land zu bringen. Frankreich und Italien handelten ähnlich. Die USA verweigerten die Aufnahme von Flüchtlingen, viele andere europäische Länder verhielten sich zunächst abwartend. Darunter auch die Bundesrepublik. Im Oktober und November 1973 waren die deutsche Botschaft in Santiago sowie die Privatwohnung des Botschafters schließlich von mehr als 100 Personen besetzt, die dort mehrere Wochen in drangvoller Enge ausharren mussten, bis sie schließlich nach teilweise langen Befragungen nach Deutschland ausreisen durften.

Die mexikanische Botschaft öffnete ihre Tore sofort nach dem Putsch den Flüchtlingen. Hunderte fanden dort Unterkunft. Isabel Allende berichtet in *Paula*, wie sie versuchte, einen politisch Verfolgten in eine Botschaft zu bringen: »Ich beschloss, ohne Umwege vorzugehen, und fuhr zur argentinischen Botschaft, parkte mein Auto so nahe dran wie möglich und ging zum Eingang, mit hämmerndem Herzen, aber festem Schritt. Durch das Gitter sah ich Wäsche in den Fenstern hängen, und Leute schauten heraus und riefen etwas, was ich nicht verstand. Die Straße war ein Hexenkessel voller Soldaten, mehrere mit Maschinengewehren, und vor der Tür war ein Panzerwagen aufgefahren. Kaum war ich herangekommen, zielten schon zwei Gewehre auf mich. ›Was muss man tun, um hier Asyl zu bekommen?‹, fragte ich. ›Ihre Dokumente!‹, brüllten die Soldaten wie mit einer Stimme. Ich überreichte ihnen meinen Personalausweis, sie packten mich bei den Armen und führten mich in ein Wachhäuschen neben der Tür, in dem ein Offizier saß, dem ich die Frage wiederholte, sehr bemüht, das Zittern meiner Stimme zu unterdrücken. Der Mann sah mich dermaßen verblüfft an, dass wir beide lächelten. ›Ich bin genau deswegen hier, um zu verhindern, dass man Asyl bekommt‹, erwiderte er, während er sich den Nachnamen in meinen Dokumenten genau ansah. Nach einer endlosen Pause befahl er den anderen abzutreten, und ich blieb mit ihm in dem kleinen Raum allein. ›Ich kenne Sie aus dem Fernsehen ... dies ist sicherlich eine Reportage‹, sagte er. Er war sehr liebenswürdig, aber entschieden: Solange er hier Dienst tue, werde niemand in dieser Botschaft Asyl bekommen, das sei hier nicht wie in der mexikanischen, wo die Leute reingingen, wie sie Lust hätten, sie brauchten nur mit dem Verwalter zu sprechen. Ich hatte verstanden. Er gab mir meine Papiere zurück, wir verabschiedeten uns mit einem Händedruck, er warnte mich noch, mir keine Scherereien einzuhandeln, und ich fuhr geradewegs zur mexikanischen Botschaft, wo schon Hunderte Asyl gefunden hatten, aber die aztekische Gastfreundschaft reichte noch für einen mehr.«

Isabel Allende betont in dieser Episode das Absurde, das es in der Zeit nach dem Putsch auch gab; sie ist sich im Nachhinein sehr sicher, dass sie selbst einfach auch viel Glück gehabt hat, dass ihre Prominenz aus dem Fernsehen sowie ihr Name sie schützten. »Vielleicht retteten mich am Anfang meine Fernsehauftritte«, sagt sie im Gespräch. »Ich arbeitete in einer Unterhaltungssendung, und für das Militärregime war das sehr gut. Immer wenn man sie auf Repressalien und Zensur ansprach, konnten sie sagen: ›Seht her, hier tritt sogar eine Allende andauernd im Fernsehen auf.‹ Aber natürlich hatte ich immer bewaffnete Soldaten während der Aufzeichnung der Sendung im Studio sitzen.« Sie fuhr weiter mit ihrem bunt bemalten Auto durch Santiago, versteckte politische Verfolgte, half ihnen über die Mauern in verschiedene Botschaften, überbrachte Botschaften, nahm Kontakt zur katholischen Kirche auf, die ebenfalls half, suchte das Gespräch mit Opfern und zeichnete getreulich auf, was diese erzählten. Sie nahm die Gefahr, in der sie dadurch schwebte, einfach nicht wahr. »Ich fühlte mich stark, und mir konnte nichts passieren«, sagte sie später in einem Interview. Sie half den Menschen nicht aus politischen Gründen, »sondern weil mich jemand gefragt hatte und ich dachte, dass mein Handeln genau das Richtige sei. Ich dachte nicht darüber nach, was mit mir passieren könnte. Ich war einfach eine sehr arrogante Person; ich fühlte mich unberührbar und unverwundbar.«

Doch langsam, ganz langsam holte der Terror auch sie ein. »Es gibt keinerlei Regeln in einer Diktatur«, erklärt sie im Gespräch, »das ist vielleicht die einzige Regel, die gilt. Das ist dem System immanent; immer wenn du denkst, du hättest es durchschaut und würdest die Verhaltensregeln kennen, dann werden diese einfach geändert. Fortwährende Verunsicherung gehört einfach dazu.«

Chile bot Mitte der siebziger Jahre zum einen ein Klima der Angst, zum anderen ein gutes Klima für Geschäfte. Nahezu alle sozialen Rechte, die im Lauf der letzten Jahrzehnte erreicht wurden, schaffte die Militärregierung wieder ab. Arbeiterführer verschwanden spurlos oder wurden ermordet aufgefunden. Streiks und Gewerkschaften wurden ebenso wie die Parteien der Unidad Popular verboten. Anderen Parteien war zunächst die Tätigkeit untersagt. Der Kongress wurde geschlossen. Fast alle nationalen Einrichtungen wurden von den Militärs übernommen. Die neu gegründete Geheimpolizei DINA (Dirección de Inteligencia Nacional) unter dem später zum General ernannten Manuel Contreras hatte bald schon 10 000 Mitglieder, dazu zwei- bis dreimal so viele Spitzel und Informanten. Die DINA war eine berüchtigte Terrortruppe, sie kann, so Simon Collier und Willam F. Sater in ihrer *History of Chile*, »verantwortlich gemacht werden für die überwiegende Zahl der furchtbaren Folterungen, die (in Chile) von der Katholische Kirche und (im Ausland) von Organisationen wie Amnesty International dokumentiert wurden.« Folter war nicht die Ausnahme, sondern die Regel, fiel jemand der DINA in die Hände – und sie war von den höchsten Stellen im Staat zumindest geduldet. General Pinochet wurde mit dem Satz zitiert: »Die Mitglieder des MIR müssen gefoltert werden. Ohne Folter singen die nicht.«

Die DINA agierte auch im Ausland: Am 29. September 1974 kurz vor Mitternacht explodierte eine Bombe im Auto von General Carlos Prats. Sie tötete ihn und seine Frau. Prats war kurz nach dem Putsch nach Argentinien ins Exil gegangen, er lebte in Palermo, einem Stadtteil von Buenos Aires. Seine Frau und er waren auf dem Rückweg von einem Abendessen gewesen – im Hause seines guten Freundes Ramón Huidobro. »Nachdem Prats getötet wurde«, erinnert sich

Ramón Huidobro, »bekamen wir auch Todesdrohungen. Und eine Woche später waren wir dann in New York. Ich wusste nicht, ob wir diese Drohungen nicht zu ernst genommen hatten, aber im November 2000 kam dann im Prozess gegen die Prats-Mörder in Buenos Aires heraus, dass es eine Liste gab, auf der Personen verzeichnet waren, die ermordet werden sollten – und mein Name stand da auch drauf.«

»Onkel Ramón rief mich um zwei Uhr früh an und bat mich, die Töchter der Prats zu verständigen, und ließ mich wissen, dass er und meine Mutter die Wohnung verlassen hätten und an einem geheimen Ort untergetaucht seien.« – so weit Isabel Allende in *Paula*. Ihre Eltern gingen schließlich mithilfe von Freunden bei den Vereinten Nationen zunächst nach New York und dann im April 1975 nach Caracas, der Hauptstadt Venezuelas. Andere Opfer der DINA im Ausland waren unter anderem Bernardo Leighton, ein populärer Christdemokrat, der im Oktober 1975 in Rom von Unbekannten angeschossen wurde und nur knapp überlebte, sowie der frühere Verteidigungsminister Orlando Letelier, der im September 1976 in der amerikanischen Hauptstadt Washington gemeinsam mit einer Mitarbeiterin von einer Autobombe getötet wurde. Dieses Attentat störte die bis dato guten Beziehungen zwischen dem chilenischen Geheimdienst und den Diensten der USA empfindlich. Die Amerikaner ermittelten, und einige der Verantwortlichen wurden in die USA überstellt, nicht aber wie verlangt der Chef der DINA Manuel Contreras.

Isabel Allende selbst blieb in Chile und sah, wie sich das Land von Tag zu Tag änderte. Die Pressezensur erschwerte ihre tägliche Arbeit, der Terror wich nicht, und gleichzeitig spaltete sich das Land immer mehr. »Noch nie hatte man in Chile eine solche schamlose Zurschaustellung von Reichtum gesehen, und nie hatten so viele Menschen in äußerster Armut vegetiert.«

Dieselben Instanzen, die vor dem Putsch die Regierung der Unidad Popular international blockierten, brachten nun wieder Geld ins Land. So stellte die interamerikanische Entwicklungsbank dem Land eine Woche nach dem Putsch einen Kredit von 65 Millionen Dollar zur Verfügung, das US-Landwirtschaftsministerium einen weiteren über 24 Millionen Dollar, und der *Spiegel* resümierte zwei Monate nach dem Putsch: »Unter Juntachef Pinochet sprudeln für Chile wieder die ausländischen – vor allem amerikanischen – Geldquellen. Allein acht US-Banken und zwei kanadische Geldinstitute gewährten den Putsch-Generälen bislang Kredite in Höhe von 300 Millionen Dollar mit einer Laufzeit zwischen 18 Monaten und drei Jahren.«

Chiles Wirtschaft wurde nach den Rezepten der so genannten »Chicago Boys« umgebaut, den Schülern des streng marktgläubigen Wirtschaftsprofessors Milton Friedman, der an der Universität von Chicago unterrichtete. Nach dessen Theorie des Wirtschaftsliberalismus geht es darum, dass die »freien Kräfte des Marktes«, eben Angebot und Nachfrage, den Wert von Produkt und Arbeitskraft, von Preisen und Löhnen bestimmen. Politik habe nur eine dienende Funktion. Sie solle nur die Rahmenbedingungen für einen freien Markt schaffen und durch eine stabile Geldpolitik die Inflation bekämpfen. Die Chicago Boys erwarteten, dass nach einem kurzem Absinken des Lebensstandards der Bevölkerung insgesamt der Wohlstand steige. Denn ihrer Theorie zufolge würde die Wirtschaft schnell wachsen, ein Wachstum, an dem am Ende jeder teilhaben würde. So begann ein Umbau der Wirtschaft mit dem Verbot der Gewerkschaften, der Aufhebung der Tarifautonomie, der Liberalisierung der Arbeitsschutzbestimmungen und einer Aufhebung der Preisbindungen, wie er wahrscheinlich nur in einer Diktatur funktionieren kann: Eine Demokratie hätte die sozialen Kosten wie Arbeitslosigkeit und Verarmung nicht zugelassen. Denn die Preise stiegen sofort sprunghaft, während die Einkommen sanken. Verglichen mit 1970 sanken die realen Löhne in Chile bis 1975 um mehr als ein Drittel, und die Arbeitslosigkeit kletterte von 5,7 Prozent im Jahr 1970 auf 20,2 Prozent im Jahr 1976. Vor allem auf dem Land wuchs die Armut; christliche Solidaritätsgruppen berechneten, dass die Kleinbauern Ende der siebziger Jahre doppelt so lange wie noch 1972 arbeiten mussten, um die notwendigen Grundnahrungsmittel zu kaufen. Erst am Ende der Diktatur besaßen die Chilenen wieder das Durchschnittseinkommen, über das sie vorher verfügt hatten. Die Kluft zwischen Arm und Reich war allerdings enorm gewachsen.

Mehr als mit der wirtschaftlichen Not hatte Isabel Allende mit dem Alltagsterror zu kämpfen. Mit dem Ohnmachtsgefühl, der dauernden Angst, mit der Nachricht, dass ihr Name auf einer schwarzen Liste der Militärs stünde, und den Todesdrohungen am Telefon. Sie konnten von jedermann sein – es gab in Chile damals auch Menschen, denen es Vergnügen bereitete, ihre Mitbürger zu ängstigen –, sie konnten aber auch ernst zu nehmen sein. Zwei Jahre nach dem Putsch, im Winter 1975, fasste sie den Entschluss, ihre Heimat zu verlassen. »Ich hatte Angst bekommen. Freunde waren verhaftet worden, und über einen Cousin meines Mannes, der beim Militär war, hörten wir, dass mein Name auf einer Liste mit zu verhaftenden Menschen stünde.« Sie verabschiedete sich von ihrem Großvater Augustin Llona Cuevas, in dessen Haus sie den Großteil ihrer Jugend verbracht hatte, der den Putsch begrüßt hatte und den sie nicht mehr wiedersehen sollte, packte einen Koffer und floh fast panisch vor Angst aus dem Land. Sie flog nach Caracas, aus mehreren Gründen: Zum einen lebten ihre Mutter und ihr Stiefvater nun hier, zum anderen war der Süden Lateinamerikas von Militärdiktaturen beherrscht und nicht sicher, und Länder wie Costa Rica, Mexiko und Kolumbien bewilligten keine Visa für Chilenen mehr – sie hatten seit 1973 schon tausende Flüchtlinge aufgenommen. Insgesamt hatten während der Diktatur mehr als eine Million Chilenen (fast zehn Prozent der Bevölkerung) ihr Heimatland verlassen. Fünf Wochen später folgten ihr Mann Miguel Frias und ihre Kinder – ebenfalls nur mit einigen Koffern. Miguel hatte es nicht geschafft, das Haus zu verkaufen oder zu vermieten, er hatte es einfach nur abgeschlossen. Es wurde dann ein Opfer der Diebe. Isabel Allende schwor sich beim Abflug, wieder nach Chile zurückzukehren – bis heute hat sie das, außer zu einigen Besuchen, nicht getan.

Im Herbst 1975 hatte bereits Laura Allende das Land verlassen. Sie war trotz ihrer Krankheit und ihres Alters – sie war damals schon über 60 Jahre alt – von der Polizei aus dem Hause geholt worden, gemeinsam mit einer ihrer Töchter, die bei ihr lebte. Sie wurde ohne Verfahren verhört, und man bezeichnete sie als Terroristin. Danach stand sie ohne medizinische Versorgung unter Hausarrest. Einer ihrer Söhne lebte bereits im Ausland, der andere, Andrés, im Untergrund, ihre Tochter Denise Pascal Allende war schon 1973 ins Exil gegangen. Denise hatte zur Zeit des Putsches in einem kleinen Ort in der Provinz gelebt und war dort verhaftet worden. Nach 24 Stunden hatte man sie dann nach Santiago geschickt, und als sie zurückkam, war ihr Haus zerstört gewesen. »So ging ich wieder zurück nach Santiago und wohnte bei verschiedenen Freunden. Aber überall wohin ich ging, folgte mir die Polizei. So gefährdete ich immer mehr Freunde, bis ich schließlich den Botschafter Schwedens traf, der mir anbot zu helfen. Meine Mutter sagte auch, ich solle das Land verlassen.« Denise Pascal Allende war zunächst nach Mexiko gegangen, wohin ihre Mutter ihr im März 1975 folgte.

In Mexiko war somit ein Teil der Familie wieder versammelt. Hortensia (Tencha) Bussi de Allende mit den Töchtern Isabel, die dort später ihr Postgraduierten-Studium in Soziologie und Politik abschloss, und Carmen Paz. Tati war inzwischen nach Kuba gezogen, wohin es dann auch Laura und Denise Pascal Allende 1977 verschlug.

Tencha entwickelte im Exil erstaunliche Kräfte. Sie, die sich nie stark für Politik interessiert hatte, wurde zur Sprecherin ihres verstorbenen Mannes. Nicht seine alten Freunde, mit denen er zum Teil vier Wahlkämpfe durchgestanden hatte und die mit ihm mehr als 25 Jahre politischer Debatte teilten, wurden von den internationalen Medien befragt und waren Gäste zahlreicher Politiker und Institutionen, nicht die Geliebte, Miria Contreras, die viel eher die politische Diskussion mit ihm geführt hatte, sondern seine Gattin Hortensia Bussi de Allende. Ihr Auftreten habe ihn überrascht, sagte später Osvaldo Puccio Huidobro. »Das war vielleicht ihre sehr geschickte, weibliche Rache. Sie hat einfach die Politik übernommen und damit Miria Contreras wirklich zur allein stehenden Witwe gemacht.« Vielleicht hatten die meisten Beobachter Tencha aber auch nur unterschätzt – vielleicht war sie schon vorher nicht so unpolitisch gewesen, wie alle dachten, und hatte bloß ihren Platz nicht gefunden. Im Exil fand sie ihn – sie trat auf, wie es sich für eine Präsidentengattin gehört: selbstsicher, höflich, verbindlich, beherrscht, Gerechtigkeit fordernd, die Diktatur anklagend, aber nicht jammernd. Selbst wenn sie über ihre immer wiederkehrenden Albträume sprach, geschah das ohne Larmoyanz: »Ich habe dauernd Albträume, in denen ich mir vorstelle, dass meine Tür von Männern mit Maschinengewehren aufgebrochen wird. Ich fühle die Hubschrauber über unserem Haus kreisen. Ich höre die Schläge von Gewehrkolben an meiner Haustür. Dieselben Träume haben tausende meiner Landsleute.«

Mexiko-Stadt wurde zur zweiten Heimat, wie sie später einmal der mexikanischen Zeitung *La Jornada* sagte. Tencha war gut befreundet mit der Frau des Staatspräsidenten, María Esther Zuno de Echeverría. Sie lebte mit ihren Töchtern recht bescheiden in einem Apartmenthaus im Stadtteil Colonia del Valle, nicht in einem Penthouse mit Swimmingpool in Polanco, dem Villen- und Botschaftsviertel, wie es chilenische Zeitungen während der Diktatur oftmals schrieben. Auch der Diener und der Chauffeur entsprangen der Fantasie chilenischer Journalisten.

In Chile selbst war nur ein bekannteres Mitglied der Allende-Familie geblieben: Andrés Pascal Allende. Am Tag des Putsches ging er wie der gesamte MIR in den Untergrund. In einem Interview sagte er später, an diesem Tag sei er erstmals in eine bewaffnete Auseinandersetzung mit den Carabineros geraten, und erstmals habe er Leute im Kampf sterben sehen. Für Andrés und seine MIR-Genossen war es keine Frage, dass sie weiter in Chile bleiben und nicht Asyl in einem anderen Land suchen würden. Doch Überleben in der Illegalität war schwierig, für die meisten unmöglich. »Ab Juni 1974 wurden wir zur Zielscheibe der Repression, und es fielen viele leitende Genossen, sie starben, wurden verhaftet, gefoltert. Ein Großteil des Zentralkomitees und der Politischen Kommission starb in den folgenden Monaten.« Darunter auch Miguel Enríques, der Generalsekretär des MIR. Er wurde im Oktober 1974 in Santiago erschossen. Andrés Pascal Allende wurde sein Nachfolger.

Doch der Zerfall der Bewegung war nicht mehr aufzuhalten. Von der Polizei und dem Militär gesucht, blieben den MIR-Genossen kaum noch Orte, die ihnen Unterschlupf bieten konnten. Andrés Pascal Allende fand schließlich Zuflucht in der Residenz des Botschafters von Costa Rica. Doch selbst dort rückte schließlich die Polizei an und umstellte das Wohnhaus. So verließ auch er 1976, als nur noch eine Hand voll MIR-Anhänger in Chile aktiv waren, das Land. Er ging zunächst als Flüchtling nach Costa Rica, wo im Frühjahr 1976 die DINA einen Mordanschlag auf ihn verübte, und zog dann weiter nach Kuba.

Zwei Jahre später kehrte er aber schon wieder nach Chile zurück. Der MIR wollte aktiven, auch bewaffneten Widerstand gegen die Diktatur leisten. Zur damaligen Zeit waren die ersten Sympathisanten aus der Haft entlassen worden, außerdem einige ehemals führenden Köpfe der Bewegung illegal aus dem Exil zurückgekehrt. Andrés Pascal Allende spricht in einem Interview von »bewaffneter Propaganda« – gemeint sind Sabotageakte wie das Sprengen von Elektrizitätsmasten. Dazu kamen Banküberfälle, Angriffe auf Polizeikasernen und Hausbesetzungen. Und, wie Andrés in einem Interview 1999 zugab, zwei Attentatsversuche auf Pinochet, die beide misslangen, auch weil die militärische Stärke des MIR nur sehr gering war. Polizei, Militär und DINA gelang es bis Ende der siebziger Jahre auch, die Aktivitäten des MIR erneut zurückzudrängen. Andrés Pascal Allende spricht davon, dass während der Diktatur etwa 1500 bis 2000 Mitglieder des MIR umgekommen seien. Dies hätte die Gruppe nicht verkraftet: »Die Tatsache, dass die Repression immer heftiger zuschlägt, reduziert deine Aktivitäten und isoliert dich, denn sie zwingt dich, immer konspirativere Methoden anzuwenden. Die Illegalität ist ein Exil im eigenen Land.« Anfang der achtziger Jahre war der MIR wieder einmal zerschlagen und Mitte 1980 spaltete er sich in unterschiedliche Fraktionen – in eine, die sich einem liberaleren Bündnis anschloss, sowie in eine, die weiter auf den bewaffneten Kampf setzte. Andrés Pascal blieb noch lange illegal in Chile, er reiste ein und aus, ging nach Kuba, sprach in Europa auf Solidaritätsveranstal-

Salvador Allendes Tochter Beatriz beging 1977 Selbstmord.

tungen, ging wieder zurück nach Chile, lebte dort weiterhin illegal und kehrte wieder nach Kuba zurück.

In Kuba war auch Tati rührig. Sie war, so berichteten zahlreiche Menschen, die sie kannten, immer die politisch aktivste der drei Töchter gewesen und habe – so Arturo Jirón, Gesundheitsminister der Allende-Regierung, Freund Allendes, Mitkämpfer in der Moneda und Tatis Professor während ihres Medizinstudiums – dem Vater vielleicht am nächsten gestanden. Tati litt schwer unter seinem Verlust, sie, so Isabel Allende in *Paula*, »erholte sich nie von dieser Trennung und vom Tod ihres Vaters, des Mannes, den sie in ihrem Leben am meisten geliebt hatte, und drei Jahre später [1977], im kubanischen Exil, vertraute sie ihre Kinder einer Freundin an, nahm von niemandem Abschied und erschoss sich.«

Tati hinterließ keinen Abschiedsbrief, von daher kann man über die Gründe ihres Freitodes nur spekulieren. »Ich weiß nicht, warum sie sich umgebracht hat«, sagt Arturo Jirón, »es gibt wahrscheinlich mehrere Gründe. Eine Frau, die so politisch war und so zu ihrem Vater stand, konnte den Untergang, diese vernichtende Niederlage nicht verwinden. Es war ein furchtbares Desaster, der Vater tot, ihr Traum zerstört. Vielleicht hat sie sich nie verziehen, dass sie nicht gemeinsam mit dem Vater in der Moneda gestorben ist.« Arturo Jirón, der selbst bis zum Ende in der Moneda war, dann verhaftet wurde und fast ein Jahr im Konzentrationslager auf der Isla Dawson in der Magellanstraße zubrachte, erhielt schließlich 1975 Exil in Venezuela. Dort traf er Bekannte aus der Heimat: Ramón Huidobro, dessen Frau Panchita Llona und deren Tochter Isabel Allende. Er erzählte Isabel von den letzten Stunden in der Moneda. Die Putschszene in ihrem Roman *Das Geisterhaus* basiert auf seinem Bericht, und der Arzt Jaime, der im Buch vorkommt – »Ja, der bin ich«, sagt Arturo Jirón lächelnd, »der Unterschied ist nur, dass Jaime von den Militärs erschossen wird, ich aber lebe.«

Doch bis zum Entstehen dieses Romanes, dem Welterfolg für Isabel Allende, sollte noch viel Wasser den Orinoko herunterfließen.

10. Die Schriftstellerin Isabel Allende

In Chile war sie zwar nicht berühmt, aber zumindest bekannt gewesen – sie hatte ihre Sendung im Fernsehen, ihre Kolumnen in verschiedenen Zeitschriften, und 1974 waren noch drei Bücher von ihr erschienen: eine Sammlung von Artikeln sowie zwei Kinderbücher. In Caracas galt das alles nichts. Isabel Allende musste von vorne anfangen.

Caracas war ein Schock für sie und ihre Familie. Sie befanden sich zwar in Lateinamerika, aber dennoch in einer vollständig anderen Welt. Politik schien hier bedeutungslos, darüber sprach niemand. Die Männer protzten mit ungehemmtem Machismo, die Frauen trugen ihre Schönheit zur Schau, wer konnte, zeigte, dass er reich war, wer es nicht war, versuchte immerhin so zu erscheinen. Es war eine angeberische, fremde, undurchsichtige und auch oberflächliche Gesellschaft, eine, deren Regeln sie nicht kannten, eine chaotische Welt, anders als das für sie wohl geordnete Chile vor der Diktatur, in dem sie wussten, auf wen sie sich verlassen konnten und wohin sie sich wenden mussten. Miguel Frias, Isabels Ehemann, fand als Ingenieur schnell Arbeit. Allerdings nicht in Caracas, sondern in Ciudad Bolívar, einer Stadt am Rand des Urwaldes, wo große Unternehmen den Reichtum Venezuelas, das Öl, ausbeuteten. Er war dort beim Bau eines Staudammes beschäftigt. Isabel Allende selbst blieb mit den Kindern in Caracas, da sie in Ciudad Bolívar nie eine Chance gehabt hätte, einen Job zu finden, und Miguel kam alle sechs oder sieben Wochen in die Hauptstadt, um ein verlängertes Wochenende mit der Familie zu verbringen.

Sie lebten mit Isabels Mutter und ihrem Stiefvater in einem Haus. Auch der Stiefvater hatte, nach knapp 40 Jahren im diplomatischen Dienst, Probleme, in Caracas Arbeit zu finden. Doch wie Isabel Allende schrieb, war »sein Sturz zwar beklagenswerter als meiner, denn er geschah aus größerer Höhe, er hatte viel verloren, war 25 Jahre älter, und die Würde muss doppelt auf ihm gelastet haben, dennoch sah ich ihn niemals niedergedrückt.« Sie selbst war es oft. Sie bewarb sich auf jedes noch so absurde Stellenangebot, wurde oft nicht einmal zu einem Vorstellungsgespräch eingeladen und wenn, dann hörte sie danach kein Wort mehr von den entsprechenden Stellen, weder eine Zusage noch eine Absage – es kam einfach nichts, das Wort »nein« galt als ungezogen. Sie konnte sich nicht an derlei Gepflogenheiten gewöhnen.

Vielleicht wollte sie es auch nicht. Sie kam nach Venezuela mit der Gewissheit, möglichst bald nach Chile zurückzugehen. »Ich schaute immer nur nach Süden, ich las chilenische Zeitungen, und verweilte lange bei jedem Wort. Ich hatte nur chilenische Freunde.« Durch die Vermittlung eines Freundes bekam Isabel eine regelmäßige Kolumne beim sonntäglichen Magazin der Tageszeitung *El Nacional,* das von Julio Lanzarotti gemanaged wurde. Dort stellte sie fest, dass ihr Humor, dessen Sarkasmus in Chile vom Publikum geliebt wurde, in Venezuela nicht so gut ankam. Sie schrieb trotzdem weiter, auch weil sie an ihrem Beruf als Journalistin festhalten wollte. Dazu kamen Übersetzungen, einige Auftragsarbeiten fürs Fernsehen und ein Theaterstück, doch vieles von dem, was sie schrieb, wurde nie gedruckt, manches extrem schlecht bezahlt, anderes überraschend gut. Auf eines konnte man sich immer verlassen: Nichts war sicher.

Liest man ihre eigene Beschreibung dieser Zeit in *Paula,* so drängt sich der Eindruck auf, dass Isabel Allende damals in einer zutiefst depressiven Lebensphase steckte. Umgeben von Menschen, die vor Lebenslust sprühten, lebte sie zwar nicht zurückgezogen, aber in einer anderen Welt: voller Gewissensbisse ihren Kindern und ihrem Mann gegenüber, den sie nur selten sah, dann aber nicht so liebte, wie sie ihn lieben wollte, den sie mit anderen Männern betrog und an dem sie sich nicht reiben konnte, weil er – wie sie später schrieb, aber damals noch nicht wusste – jeder Auseinandersetzung aus dem Weg ging. So blieb ihr nur das schlechte Gewissen, das größer wurde, als sie 1978 in Caracas einen argentinischen Musiker kennen lernte, der vor der Diktatur aus Buenos Aires geflohen war, und mit ihm eine Affäre begann. Der Musiker ging wenige Monate später nach Spanien, und Isabel nutzte eine gemeinsame Europareise mit ihrem Mann, um ihren Geliebten heimlich in Madrid zu treffen. Versteckte Flittertage, die das schlechte Gewissen aber nicht vergessen machen konnten. Als sie ihren Mann wieder traf, wurde ihr bewusst, »dass ich eine große Zärtlichkeit für diesen zurückhaltenden Mann hegte, der mir treue Liebe anbot und Beständigkeit und Heim verkörperte. Unserer Beziehung fehlte die Leidenschaft, aber sie war harmonisch und sicher, ich hatte nicht die Kraft, einer Scheidung ins Gesicht zu sehen und meinen Kindern noch mehr Probleme aufzubürden, die es als Emigrantenkinder ohnehin schwer hatten.« So kehrte sie mit ihm nach Caracas zurück, doch lebten beide nebeneinander her, unfähig, über ihre Ehe zu sprechen, unfähig sich zu streiten, sie weiterhin auf der Suche nach dem verlorenen Chile in Venezuela, er im Urwald mit seinem Staudammprojekt und kurzen Wochenendbesuchen bei seiner Familie.

Dennoch war diese »argentinische Affäre« noch nicht beendet. Im Gegenteil, sie eskalierte. Als Isabel und ihr Mann nach Montevideo reisen mussten, weil seine dort lebende Mutter im Sterben lag, entschloss sich Isabel, nicht mit ihm von dort zurückzufliegen. Stattdessen nahm sie das Flugzeug nach Madrid, voller Unsicherheit, weil Miguel Frias ihr gedroht hatte, im Fall einer Scheidung nicht auf das Sorgerecht für die nun 15- und 12-jährigen Kinder verzichten zu wollen. Drei Monate verbrachte sie in Madrid. »In dieser Zeit fand ich weder Arbeit noch Freunde, meine letzten Ersparnisse gingen dahin, und nach und nach versiegte meine glühende Liebe zu einem Mann, der sicherlich mehr Glück verdient hätte.« Am Ende rief sie ihren Stiefvater an und bat ihn, ihr ein Flugticket zu schicken. Sie kam im November 1978 zurück nach Venezuela, geschlagen, ohne weitere Pläne, nur froh ihre Kinder zu sehen. Ihr Mann holte sie am Flughafen ab. Er bot ihr einen Neuanfang an, um die Familie zusammenzuhalten. Sie blieben danach noch weitere neun Jahre zusammen – Jahre, die Isabel Allende in ihrer Rückschau nicht schlecht fand, verbunden durch gemeinsame Interessen, Gewohnheiten und eine leichte Zärtlichkeit. 1988 ließen sie sich scheiden.

1975 hatte Isabel Allende Chile verlassen, und nach nunmehr drei Jahren wurde ihr klar, dass ihr Aufenthalt in Venezuela nicht wie angenommen nur kurzfristig sein würde. Sie spricht im Nachhinein davon, dass dies der Schritt von der Jugend zum Erwachsenenalter gewesen sei – mit immerhin 36 Jahren. Sie machte Pläne: Zum einen wollte sie ihre ökonomische Abhängigkeit von ihrem Mann überwinden – nicht weil sie sich scheiden lassen wollte, sondern weil sie, wie sie später sagte, damals gelernt habe, dass »Feminismus und Freiheit nur dann existieren, wenn man selbst seinen Lebensunterhalt finanzieren kann«. Zum anderen ging es darum, nun wirklich eine Arbeit und Freunde zu finden. Beides funktionierte, da sie es jetzt fest wollte, und zwar schnell. Isabel fand eine Stelle an einer Privatschule und war dort in der Verwaltung tätig: Abrechnungen, Werbung für die Schule, Aufsicht über die Lehrer und Herausbildung eines guten Verhältnisses zu den Eltern der Schüler gehörten zu ihrem Aufgabenbereich. Durch die Arbeit verstand sie auch allmählich, wie die venezolanische Gesellschaft funktionierte und was anders als in Chile war. So entwickelte sich in den nächsten Jahren zwar kein sehr aufregendes Leben, aber ein erträgliches, das durch und durch dem der Mittelschicht entsprach.

Das änderte sich am 8. Januar 1981. Wenige Tage zuvor hatte sie erfahren, dass ihr Großvater mütterlicherseits, in dessen Haus in Santiago sie einen Großteil ihrer Jugend verbracht hatte, der große alte Mann ihrer Familie, mit dem sie stritt und den sie liebte, im Sterben lag. Sie setzte sich, so erzählte sie später in unzähligen Interviews, genau an diesem Tag hin und begann einen Brief an ihn, dessen erster Satz lautete: »Barrabas kam auf dem Seeweg in die Familie.« 500 Seiten später endete der Brief genau mit denselben Worten.

Isabel wusste weder, was sie da schrieb, sagte sie später, noch, dass es ein Roman werden würde und dazu ein Welterfolg. Sie schrieb jeden Abend auf einer alten Reiseschreibmaschine am Esstisch, sie schrieb die halbe Nacht hindurch, dann schlief sie wenige Stunden, ging wieder zur Arbeit in ihrer Schule, kam nach Hause, redete kurz mit den Kindern und schrieb weiter. »Mein Körper funktionierte wie ein Automat, und mein Geist war an die Welt verloren, die Wort für Wort entstand.« Sie sprach mit niemanden darüber, was sie da schrieb, konnte es wohl selbst nicht begreifen. Sie tippte, korrigierte mit Litern von Tipp-Ex (»einige Seiten standen von alleine, so viel Korrekturflüssigkeit hatte ich verbraucht«), und nach einem knappen Jahr waren 500 Seiten getippt – zusammengehalten von einem alten Band. Sie gab die Seiten ihrer Mutter. Diese las das Konvolut und sagte: »Das ist der Entwurf eines Buches.«

Damit begann die eigentliche Arbeit. Das Manuskript war noch voller Fehler, voller Ungenauigkeiten und Schwächen hinsichtlich der Charaktere und der Darstellung. Isabel Allende interviewte Bauern, um zu wissen, wie das Leben auf dem Land war, Soldaten, um zu wissen, wie es beim Militär zuging, und ältere Chilenen, um eine Ahnung vom Santiago der vierziger Jahre zu bekommen. Sie machte das, was sie als Journalistin gelernt hatte: genau recherchieren. Und sie schrieb einzelne Kapitel neu und immer wieder um. »Ich änderte den Epilog sehr oft, weil ich ihn kitschig fand.«

Ihre Mutter las jede Fassung, denn sie schreibt – so Ramón Huidobro, »einfach das bessere Spanisch. Sie ist viel genauer als Isabel, sie korrigiert die Grammatik, aber nicht die Handlung. Häufig stammen jedoch die Namen von ihr. Isabel schreibt ihr dann einen Brief mit einer kurzen Charakteristik der Person und fragt. ›Was meinst du, wie derjenige wohl heißt?‹ Und Panchita weiß dann meistens weiter.« Sie war auch diejenige, die den Titel für das Buch fand: *Das Geisterhaus*.

Doch das fertige Manuskript hatte noch eine längere Wanderschaft vor sich, bevor es einen Verleger fand. In Venezuela wurde es von vielen Verlagen abgelehnt – häufig ungelesen. Tomás Eloy

Martínez, ein argentinischer Schriftsteller, empfahl schließlich Carmen Balcells, die spanische Literaturagentin in Barcelona, die in Europa viel für die Verbreitung lateinamerikanischer Literatur getan hat. Isabel Allende sandte ihr das Manuskript in zwei Teilen zu, und natürlich kam der zweite Teil zuerst an und wurde zuerst gelesen. Dennoch akzeptierte Carmen Balcells das Skript, und sechs Monate später, noch im Jahr 1982, wurde Isabel Allende zur Präsentation von *La casa de los espíritus* im Verlag Plaza y Janés in Barcelona eingeladen.

»Ich hatte in Caracas einen guten Freund bei der spanischen Botschaft«, berichtet Ramón Huidobro. »Ich gab ihm 100 Dollar und bat ihn, mir vorab in Barcelona so viele Exemplare vom *Geisterhaus* zu besorgen, wie er dafür bekommen würde, und diese mir dann per Diplomatenpost nach Venezuela zu schicken. Es waren etwa 12 oder 15 Exemplare. Isabel hatte ihr Buch bis dahin noch nicht gedruckt gesehen. In der Nacht bevor sie fliegen sollte, trafen wir uns in ihrem Haus zum Abendessen mit der ganzen Familie. Ich hatte ein Exemplar des Buches in eine normale Einkaufstüte gepackt, und nach dem Essen, als wir gerade einen Drink nahmen, sagte ich beiläufig zu Isabel: ›Hier ist ein Buch für dich, damit du im Flugzeug was zu lesen hast.‹ Sie packte es aus, sagte ein Wort, das ich jetzt nicht wiederholen kann, und sprang vor Freude in die Luft.«

Das Geisterhaus ist eine Familienchronik und schildert die soziale und politische Geschichte Chiles von etwa 1920 bis kurz nach dem Putsch gegen die Regierung Allende. Berichtet wird aus zwei unterschiedlichen Perspektiven: aus der Albas, der Enkelin des Patriarchen Esteban Trueba, als auktorialer Erzählerin und aus der des Großvaters selbst als subjektivem Ich-Erzähler.

Es ist die Geschichte von Esteban Trueba, einem typischen Vertreter der chilenischen Aristokratie, der, hart gegen sich selbst und andere, seinen Aufstieg durchsetzt, und die Geschichte der Frauen, die in seinem Haushalt lebten: von Rosa, seiner ersten Braut, die früh stirbt, von ihrer Schwester Clara, die schon in ihrer Kindheit hellseherische und spiritistische Fähigkeiten entwickelt und die dann statt Rosa Esteban Trueba heiratet, von deren gemeinsamer Tochter Blanca und der Enkelin Alba. Esteban Trueba ist ein despotischer Vertreter althergebrachter Ordnung, der brutal gegen persönliche Feinde vorgeht und ebenso brutal seine wirtschaftlichen Interessen durchsetzt und sein vermeintliches Eigentum – große Ländereien in Südchile – beschützt. Er ist ein Großgrundbesitzer aus dem Bilderbuch: arbeitsam und sich dessen bewusst, dass allein er über die Schicksale der dort Lebenden zu bestimmen hat. Den Landarbeitern gehört nichts, ihm gehört alles, und er nimmt sich alles nach seinem Belieben: die Frauen, die Tiere, die Ernte. Natürlich unterstützt er auch die Militärs bei ihrem Putsch gegen Allende. Sein Machtstreben und seine Herrschsucht lassen ihn unbezwingbar erscheinen, isolieren ihn aber immer mehr von der Welt – auch von seiner Frau und seiner Tochter. Nur Alba, seine Enkelin, kann noch einen Rest Zärtlichkeit in ihm erwecken und empfindet auch Sympathie für ihn. Im Unterschied zur rationalen und machtbewussten Gestalt Esteban Truebas sind die Frauen des Buches alle zerbrechlich, aber dennoch stark, stellenweise irrational in ihren Handlungen und Ansichten, aber von gleichzeitiger Hellsichtigkeit gegenüber dem, was kommen wird. Alba entrinnt am Ende knapp dem Foltertod durch die Putschisten, sie wird geschlagen und vergewaltigt und beginnt am Ende des Buches – im Epilog – »eine endlose Geschichte von Schmerz, Blut und Liebe.« Wie ihre Großmutter Clara schreibt auch sie, um »die Dinge der Vergangenheit dem Vergessen zu entreißen und mein eigenes Entsetzen zu überleben.«

Das Buch wurde sofort zum Bestseller – und das nicht nur in spanischer Sprache. 1984 erschien die deutsche Ausgabe, 1985 die amerikanische – inzwischen füllen die Übersetzungen und Neuauflagen ganze Bücherregale. Im deutschen Sprachraum verkaufte der Suhrkamp Verlag bis 2001 über 2,1 Millionen Exemplare.

Ein Best- und Dauerseller weltweit aus unterschiedlichen Gründen: Zum einen ließ sich der Name der Autorin gut vermarkten – die Nichte des beim Putsch umgekommenen Staatspräsidenten, das hatte einen spezifischen Klang, einen von Revolution und Putsch und der blutigen Geschichte Lateinamerikas, der sich gut für die Vermarktung in Zeitungen und Zeitschriften eignete. So gab es noch vor dem Erscheinen des Romanes ausführliche Artikel im amerikanischen Magazin *People*, in der spanischen Zeitung *El País,* und auch im *Spiegel* erschien ein längeres Autorenporträt. Die amerikanische *Vogue* druckte sogar vor Erscheinen des Buches ganze Kapitel als Serie ab. Zum anderen darf man aber die literarische Qualität des Buches nicht vergessen: Es ist ein lebendig und spannend geschriebener Roman, voller Geschichte und Einzelgeschichten mit einer großen Menge Personal, mit Abenteuer, Lust, Leidenschaft und Magie – ein Buch, das den Leser mit dem ersten Satz gefangen nimmt und bis zum letzten Satz, der auch der erste ist, nämlich »Barrabas kam auf dem Seeweg in die Familie«, nicht mehr loslässt.

Die Literaturkritiker stürzten sich sofort auf drei Dinge: auf die so genannte »zyklische Struktur« des Buches, bei der das Ende den Anfang wieder aufnimmt und so eine unendliche Geschichte schafft, auf den »magischen Realismus«, der in der Erzählung auch andere Realitäten als das europäische, rationale Wirklichkeitsverständnis zulässt, und auf die Parallelen zu dem 1967 erschienenen Werk *Hundert Jahre Einsamkeit* von Gabriel García Márquez. Der kolumbianische Schriftsteller bekam 1982, genau im Jahr des Erscheinens von *Das Geisterhaus*, den Nobelpreis für Literatur verliehen. Es sind durchaus Übereinstimmungen vorhanden: Beide Romane erzählen die Geschichte eines lateinamerikanischen Landes stellvertretend für Gesamt-Lateinamerika anhand der Geschichte einer mehrere Generationen umfassenden Familie; beide Werke sind autobiografisch, und es gibt es sogar Übereinstimmungen in Details wie Beinamen von Personen. »Ich kannte fast alle Autoren des Latein-Amerika-Booms«, sagte Isabel Allende dazu in einem Interview, »als ich *Das Geisterhaus* schrieb, las ich Gabriel García Márquez, Llosa [Mario Vargas Llosa], Jorge Amado, Carlos Fuentes. Und ich war zuerst sehr stolz, als die Leser den Einfluss von Gabriel García Márquez ansprachen, aber heute macht es mich ein bisschen traurig« – sie hatte zum Zeitpunkt des Interviews bereits fünf weitere Bücher veröffentlicht. »Und überhaupt habe ich *Hundert Jahre Einsamkeit* gelesen, als es veröffentlicht wurde, viele Jahre bevor mein Roman herauskam, und ich erinnere mich nicht an allzu viele Details.«

Anfang der achtziger Jahre, als Isabel Allende am *Geisterhaus* schrieb und sich langsam an das Leben in Venezuela gewöhnte, als Hortensia Bussi de Allende und ihre Tochter Isabel weiterhin in der internationalen Solidaritätsbewegung für Chile aktiv waren, traf die Familie ein weiterer Schicksalsschlag. Eigentlich war es kein Schicksalsschlag, ein weiteres Opfer des Pinochet-Putsches war zu beklagen: Denise Pascal Allende und ihre Mutter lebten mittlerweile in Kuba. Laura Allende wurde dort erneut wegen ihrer Krebserkrankung operiert – das Ergebnis ließ nicht mehr viel Hoffnung. Sie war nun sterbenskrank und wollte nur noch eines: nach Chile zurückkehren, um dort zu sterben. Sie stellte einen Antrag an die chilenischen Behörden, die damals einigen Flüchtlingen die Rückkehr erlaubten. Er wurde abgelehnt. Es half auch nichts, dass sich bei einem weiteren Antrag sowohl der Papst als auch der Kardinal von Santiago Raúl Silvia Henríquez für sie einsetzten. Pinochet blieb hart. Denise Pascal Allende berichtet: »Er [Pinochet] sagte, dass Laura Allende nicht nach Chile zurückkehren dürfe, weder lebendig noch tot. Meine Mutter, die wusste, dass sie nur noch wenige Monate zu leben hatte und deren Energie inzwischen vollständig verbraucht war, beging daraufhin Selbstmord.« Anfang 1981 war das, und Denise Pascal Allende wurde sogar verwehrt, ihre Mutter in Chile bestatten zu lassen. Ihre Kinder gingen dann nach 1982 zurück nach Chile, weil sie unter eine Amnestie fielen, die es allen im Exil Lebenden, die 1973 erst 17 Jahre alt waren, erlaubte, zurückzukehren, und weil ihr Vater dort noch lebte. Denise Pascal Allende selbst zog weiter nach Argentinien, wo die Militärdiktatur gerade nach dem gescheiterten Falkland-Krieg gegen Großbritannien von einer zivilen Regierung abgelöst worden war. Dort blieb sie bis August 1988 und kehrte dann nach Santiago zurück. Damals wurde auch der Sarg mit den sterblichen Resten ihrer Mutter überführt und in Chile erneut beigesetzt.

Das Geisterhaus war ein Welterfolg – allerdings war das Buch in

Chile offiziell nicht zu bekommen. Es war von der Diktatur verboten und konnte nur mit anderem Schutzumschlag aus Argentinien oder aus anderen Ländern hineingeschmuggelt werden. Bald aber schon kursierten die ersten Raubkopien, sie wurden weitergereicht, an Hochschulen auf Büchertischen verkauft oder in Antiquariaten – wo man allerdings verstohlen nach ihnen fragen musste.

Zwar waren in Chile, nachdem die Militärs sich mit Terror etabliert hatten, die Repressalien etwas gelockert worden – zum einen aufgrund internationalen Druckes, zum anderen, weil Pinochet seine Herrschaft gesichert sah –, aber natürlich unterlagen Bücher und andere Medien immer noch der staatlichen Zensur. Pinochet hatte bereits 1977 davon gesprochen, dass man langsam zu einer »geschützten« Demokratie zurückkehren könne – geschützt hieß in diesem Fall: zunächst eine Demokratie ohne Parteien. 1978, fünf Jahre nach dem Staatsstreich, versuchte er den Putsch nachträglich durch eine Volksabstimmung legitimieren zu lassen. Diese Abstimmung war eine Farce. Drei Viertel der Chilenen stimmten mit »Ja« bei der Fragestellung: »Unterstützen Sie die Regierung gegen internationale Aggressoren?« Ein »Nein« wäre wahrscheinlich gefährlich gewesen – der Stimmzettel war so dünn, dass man, auch wenn er gefaltet war, genau sehen konnte, wie abgestimmt wurde. Gleichzeitig ließ Pinochet von ausgesuchten konservativen Politikern eine neue Verfassung maßschneidern. Vorsitzender dieses Verfassungsgremiums war Ex-Präsident Jorge Alessandri, der aber nach Streitigkeiten mit Pinochet, dem einzelne Teile des Entwurfes zu liberal waren, zurücktrat.

Das Ergebnis war eine autoritäre Konstitution: Eine achtjährige Regierungszeit des Präsidenten – Pinochet hatte ursprünglich sogar 16 Jahre gewollt –, ein Parlament, dessen Einfluss wesentlich geringer war als unter der alten Verfassung, ein Senat als einer Kammer des Parlamentes, in dem ein Drittel der Abgeordneten nicht gewählt, sondern von Pinochet bestimmt wurde – all das spricht nicht gerade für eine Verfassung liberalen und demokratischen Zuschnitts. Die neue Verfassung wurde am 11. September 1980 bei einer Volksabstimmung angenommen. 67 Prozent, eine knappe Zwei-Drittel-Mehrheit der Chilenen sprach sich für den Entwurf aus, 30 Prozent waren dagegen. Trotzdem, ein Sieg, eine demokratische Legitimation war das nicht unbedingt: Zuvor waren die Wähler massiv eingeschüchtert worden. Wer sich öffentlich gegen die neue Konstitution aussprach, musste mit seiner Verhaftung rechnen.

Pinochet legalisierte mit dieser neuen Verfassung seine Herrschaft: Er war nun bis 1989 Staatsoberhaupt, Regierungschef und verantwortlich für die innere und äußere Sicherheit, gleichzeitig hatte er das Recht, die Oberkommandierenden der Streitkräfte und der Polizei zu berufen. Am 11. März 1981 trat er sein Amt an, und verlegte in einer sehr symbolischen Geste seinen Amtssitz wieder zurück in die Moneda, den Präsidentenpalast. Doch trotz allen Gehabes und trotz aller Repressionen begannen sich zu Beginn der achtziger Jahre die Proteste gegen seine Regierung neu zu formieren. Die ersten wurden von einzelnen Gewerkschaftsvertretern organisiert: Manuel Bustos von den Textilarbeitern, Rodolfo Seguel aus der Kupfermine El Teniente und Tucapel Jiménez, der am Anfang sogar Pinochet unterstützt hatte. Er wurde 1982 vom Geheimdienst ermordet. Rodolfo Seguel rief für den 11. Mai 1983 die Chilenen zum Generalstreik auf – ein eher symbolisch gemeinter Akt, der aber überraschend viel Unterstützung fand: Santiago war lahmgelegt, es gab Demonstrationen in den Straßen und jeder merkte: Der Widerstand gegen das Regime lebte.

Vier Monate zuvor, am 8. Januar 1983, hatte Isabel Allende mit ihrem zweiten Roman *Von Liebe und Schatten* begonnen. 1978 hatten Arbeiter in der kleinen Gemeinde Lonquén, etwa 50 Kilometer südöstlich von Santiago, einen grausigen Fund getan: In verlassenen Kalköfen fanden sie die Leichen von 15 Männern – allesamt Bauern aus dem Dorf, allesamt während des Putsches verschleppt und ermordet. Bekannt wurde der Fund durch die katholische Kirche, und die nationale und internationale Presse war informiert, bevor die chilenischen Behörden die Nachricht unterdrücken konnten. Zwar sprengten die Militärs die Kälköfen in die Luft, um zu verhindern, dass sie zu Wallfahrtsstätten wurden, an denen Angehörige von Vermissten ihre vermutlich ermordeten Verwandten beklagen konnten. Was die Militärs aber nicht verhindern konnten, war, dass die Justiz erstmals Angehörige der Streitkräfte vor Gericht stellte und auch verurteilte – selbst wenn diese dann später von Pinochet amnestiert wurden.

Dieses Geschehnis bildet den Hintergrund von Isabel Allendes zweitem Roman. Sie erzählt von einem Ort namens Los Riscos und statt in Kalköfen werden die Leichen in einem stillgelegten Bergwerk gefunden; doch sie betont immer wieder in Interviews, dass sie für das Buch sehr genau recherchiert hat. Sie sprach mit Militärs, die an Erschießungen teilgenommen hatten, und mit Angehörigen von Vermissten, las Berichte von Menschenrechtsorganisationen, auch aus anderen Ländern Lateinamerikas wie Argentinien und Uruguay, wo die Militärs ähnlich wie in Chile gewütet hatten.

»Mich treiben zwei Obsessionen, zwei gegenläufige Phänomene: Liebe und Gewalt, Licht und Dunkelheit«, sagte sie 1986 einmal in einem Interview. Daher käme auch der Titel des Romans, und davon habe sie auch in dem Buch erzählen wollen: »Eine Reise in die Gewalt und in den Schrecken, die von zwei unschuldigen Menschen unternommen wird, die eigentlich nichts damit zu tun haben und nichts davon ahnen. Meine Protagonisten suchen die Liebe mitten im blühenden Frühling. Sie treffen sich, sie lieben einander, sie begehren sich. Und plötzlich, plötzlich stellen sie fest, dass sie in eine Situation geraten sind, aus der es keinen Ausweg gibt.«

Von Liebe und Schatten erzählt die Geschichte der Journalistin Irene und des Fotografen Francisco, der eigentlich Psychologe ist, die gemeinsam von den Toten in der Mine erfahren, die Mine öffnen, die Leichen fotografieren und die Bilder schließlich dem Kardinal von Santiago übergeben, der alles publik macht. Irene und Francisco begeben sich dabei in Gefahr, verschiedene Einheiten des Militärs verfolgen sie, und schließlich müssen sie außer Landes fliehen: Sie überschreiten die Grenze nach Argentinien im Süden des Landes, auf einer alten Schmugglerroute, die durch dichte Wälder und vorbei an schneebedeckten Vulkanen führt. »Sie fühlten sich klein, allein und preisgegeben, zwei in einem Meer von Wolken und Gipfeln Verlorene, ringsum die Stille des Mondgesteins. Sie spürten aber auch diese neue Dimension ihrer Liebe, die ihnen Kraft gab für ihren Weg ins Exil. Im Morgenlicht blieben sie stehen, um ihre heimatliche Erde ein letztes Mal zu sehen. ›Werden wir zurückkehren?‹, flüsterte Irene. ›Wir kehren zurück‹, erwiderte Francisco. Und in den Jahren, die folgten, bestimmten diese Worte ihr Schicksal: Wir kehren zurück. Wir kehren zurück ...«

Wechselte Isabel Allende in *Das Geisterhaus* noch häufiger die Erzählperspektiven und lebte das Buch stark von diesen unterschiedlichen Sichtweisen, so ist *Von Liebe und Schatten* wesentlich traditioneller verfasst. Es gibt einen allwissenden Erzähler, und der Erzählverlauf ist zeitlich stringent gehalten. Der Roman war nicht ganz so erfolgreich wie Allendes Erstling, sei es, weil das Exotisch-Magische fehlt und jede Szene des Werkes eigentlich realistisch und verifizierbar ist, sei es, weil die Charakteristik der handelnden Personen eindeutiger ist – es gibt die Guten und die Bösen und kaum jemanden dazwischen –, oder sei es, weil das Thema explizit politisch ist oder weil die Erzählweise mitunter extrem schlicht wirkt.

Vielleicht lag es auch an der literarischen Qualität. Das Buch war nicht schlecht, doch auch nicht überzeugend. Ulrich Greiner resümierte im Juli 1986 in der *ZEIT*: »Die zahlreichen anekdotischen Passagen sind amüsant, die Rückblenden straff, die Auftritte der Nebenfiguren kurz, der Wechsel der Erzählperspektive kommt rechtzeitig. So liest man die Geschichte mit Anteilnahme und ohne Langeweile, und das ist ja mehr, als die Gegenwartsliteratur oft bietet. Es gibt langsame Bücher und schnelle Bücher. An langsame muss man sich herantasten, muss mit ihnen reden, sie allmählich kennen lernen, bis man in sie hineingeht wie in ein Bild und darin verschwindet. Schnelle Bücher hingegen liest man schnell, und man vergisst sie schnell. *Von Liebe und Schatten* ist ein äußerst schnelles Buch.«

Und erstmalig kam von Kritikern der Vorwurf, den sich Isabel Allende später immer öfter anhören musste: Sie sei sentimental und oft an der Grenze zum Kitsch – mitunter überschreite sie diese sogar. Manch einer formulierte es sogar noch zugespitzter: Dadurch, dass Allende oft kitschig und sentimental sei, unterstütze sie beim Leser die Flucht vor der Wirklichkeit in eine romantische Traumwelt – das sei eskapistisch und führe letztendlich zu einer konservativen »alles wird gut«-Grundhaltung. Somit seien ihre Bücher am Ende nichts anderes als literarische Seifenopern.

»Ich habe kein Interesse an formalen Experimenten«, sagte sie dazu in einem Interview. »Ich möchte den Lesern von meinem Land erzählen. Ich möchte ihnen von Folterkammern berichten, von der politischen Situation dort, von Menschen, die verhungern, und anderen, die sich selbst verkaufen, weil sie nichts zu essen haben. Ich glaube nicht, dass so etwas in Seifenopern vorkommt. Das sind Melodramen, die nichts mit Politik und sozialen Kämpfen zu tun haben. Sie spielen weit weg von Armut und von menschlichen Kämpfen. Und das tun meine Bücher nicht. Vielleicht sind sie sentimental, vielleicht oft sogar kitschig.« Und in einem späteren Interview sagte sie ziemlich ärgerlich: »Wenn eine Frau García Márquez' wundervollen Roman *Die Liebe in den Zeiten der Cholera* geschrieben hätte, wäre er als weichlich, übersentimental, voller süßer weiblicher Rührseligkeit bezeichnet worden. Aber weil er von García Márquez ist, einem männlichen Schriftsteller, ist all das okay. Nur Männer dürfen sich den Luxus leisten, auch einmal rührselig zu sein.«

Mitte der achtziger Jahre wandelte sich allmählich die Situation in Chile. Die Opposition wurde stärker und lauter – und im mehr oder weniger Verborgenen fanden sich die Parteien wieder zusammen. Denn trotz aller Unterdrückung war das Parteiensystem nie vollständig zerschlagen worden: Die Nationale Partei hatte eh den Putsch unterstützt und keinerlei Repressalien erdulden mussen. Die Kommunisten hielten trotz aller Unterdrückung zusammen, vielleicht auch, weil sie Organisation in der Illegalität gewohnt waren und die von ihr unterstützte Guerillatruppe Frente Patriotico Manuel Rodríguez (FPMR, Patriotische Front Manuel Rodríguez) schon zu Beginn der achtziger Jahre durch kleinere Terrorakte gegen den Staat, wie die Sprengung von Elektrizitätsleitungen, eine gewisse Struktur besaß. Die Sozialisten waren zwar zerstritten über den richtigen Weg des Widerstandes gegen die Diktatur, fanden sich aber nach und nach wieder mehr und mehr zusammen, wenn auch in verschiedenen Fraktionen. Die Christdemokraten waren nach dem Tod von Eduardo Frei im Januar 1982 zwar vorübergehend führungslos gewesen, hatten sich aber dann unter Gabriel Valdés neu konstituiert.

Bald schon ergaben sich erste Zusammenschlüsse zwischen den Parteien, und schnell kristallisierte sich ein Mitte-Links-Bündnis unter christdemokratischer Führung als stärkster Gruppierung heraus: Es umfasste die Christdemokraten (PDC, Partido Democrazia Cristiana), die Teile der Sozialisten, die sich eher europäisch-sozialdemokratisch orientierten, dazu die Reste der mehr linksliberalen Radikalen Partei – somit eine um die Kommunisten verkleinerte und um die Christdemokraten erweiterte Unidad Popular. Die Kommunisten schlossen sich mit Teilen der Sozialisten und dem versprengten Rest des MIR zum MDP (Movimiento Demócrata Popular, Demokratische Volksbewegung) zusammen, die Rechte splitterte sich auf in mehrere Gruppen, unter denen die Größten die RN (Renovación Nacional, Nationale Erneuerung) und die UDI (Unión Demócrata Independiente, Unabhängige Demokratische Union) waren.

Die liberalen und linken Parteien organisierten den Widerstand. Er äußerte sich vorwiegend in Protesttagen, die das Regime durchaus empfindlich störten. Mitunter ging das Militär brutal gegen die Demonstranten vor, vor allem in den Armenvierteln von Santiago, die nach wie vor die Zentren der Opposition waren. Pinochet zeigte sich offiziell jedoch unbeeindruckt vom Protest, und selbst ein misslungenes Attentat im September 1986, wahrscheinlich ausgeführt von der FPMR, bei dem fünf seiner Leibwächter durch eine Autobombe starben, erschütterte seine Pläne nicht. Laut Verfassung von 1980 war er Staatspräsident bis Ende 1989, und er plante die Volksabstimmung im Oktober 1988 zu gewinnen und für acht weitere Jahre zu regieren.

Vielleicht erlaubten die Militärs auch deshalb nun verstärkt

Chilenen, die im Exil lebten, die Rückkehr ins Land. Von 1977 bis 1982 durften jährlich etwa 120 Personen nach Chile zurückkehren, ab dann waren es bis zu 1000 im Jahr. So gingen 1986 auch Ramón Huidobro und Francisca Llona Barros, Isabel Allendes Stiefvater und ihre Mutter, zurück nach Santiago.

Isabel Allende aber blieb in Caracas. Sie hatte im Januar 1985 ihren dritten Roman *Eva Luna* begonnen. Sie gab ihre Arbeit in der Schule auf, nicht nur, weil sie inzwischen gut von den Verkaufserlösen ihre Bücher leben konnte, sondern vor allem, weil sie spürte, dass ihr Weg die Literatur ist, wie sie später in *Paula* schreibt. »Als ich mich an den Computer setzte, um das Buch zu beginnen, tat ich das nicht wie bei den vorangegangenen voller Entschuldigungen und Zweifel, sondern im vollen Einsatz meines Willens und sogar mit einer gewissen Dosis Stolz. Ich werde einen Roman schreiben, sagte ich laut.«

Die Arbeit an dem Buch ging nicht so schnell vonstatten wie bei den beiden ersten Romanen. Das hatte seine Gründe: Zum einen war Isabel Allende inzwischen eine international bekannte und gefeierte Autorin, die mehr und mehr Einladungen zu Vorträgen und Lesereisen erhielt, zum anderen war sie in einer persönlich komplizierten Situation: Im Sommer 1987 trennte sie sich von ihrem Mann Miguel Frias. Sie sprach aus, was beide dachten – ihr gemeinsames Leben war an einem Endpunkt angelangt. »In wenigen Stunden lösten wir 29 Jahre Liebe und 25 Jahre Ehe auf«, heißt es in *Paula,* »ohne Türenknallen, gegenseitige Beschuldigungen oder Anwälte, es gab nur ein paar unvermeidliche Tränen, denn trotz allem hatten wir uns ja noch gern, und ich glaube, das tun wir in gewisser Weise auch heute noch.«

Eva Luna erzählt die Lebensgeschichte der Titelheldin aus zwei unterschiedlichen Perspektiven: einmal als Ich-Erzählung, zum anderen auktorial. Sie verknüpft die Lebensgeschichten dreier Personen. Da ist zunächst Eva Luna, die als Tochter eines Dienstmädchens geboren wird, abgeschlossen von der Außenwelt unter Aufsicht der Patentante aufwächst und das große Talent besitzt, Geschichten zu

Die Schriftstellerin Isabel Allende im Jahre 2001.

erfinden und zu erzählen. Sie lernt bald Huberto kennen, einen Straßenjungen, der sich später der Guerilla anschließt und einer ihrer Führer wird. Parallel dazu wird die Geschichte des Journalisten Rolf Carlé erzählt, der als Sohn eines tyrannischen Lehrers in Österreich aufwächst. Rolf wandert später nach Südamerika aus und lebt bei Verwandten in einer deutschsprachigen Kolonie. Nach allerlei Irrungen treffen die Lebenswege der drei aufeinander, als Eva einwilligt, der Guerilla bei der Befreiung einiger gefangener Guerilleros zu helfen. So trifft sie auf Rolf, der schon einige Aktionen der Widerstandsbewegung dokumentiert hat und auch dieses Ereignis filmen möchte. Die Befreiung gelingt. Die Regierung möchte alles vertuschen, Rolf kann den fertiggestellten Film nicht zeigen, und er muss sich zusammen mit Eva erst einmal versteckt halten. Sie verlieben sich ineinander und heiraten in der Kolonie von Rolfs Verwandten.

Eva Luna spielt in einem ungenannten Land der lateinamerikanischen Karibik – nicht wie Isabel Allendes erste Bücher in Chile. »Ich hätte das Buch nie schreiben können, wenn ich nicht 13 Jahre in Venezuela gelebt hätte«, sagte Isabel Allende 1991 in einem Interview, »ein Charakter wie Eva Luna ist nur in der Karibik möglich. Der gesamte Ton ist anders: dreist, wuchernd, übermütig, übertreibend.« Ähnlich wie *Das Geisterhaus* sprüht auch *Eva Luna* vor ungeheurer Fabulierlust; von Isabel Allendes Willen, anekdoten- und handlungsreich zu erzählen, Personen aufwändig zu charakterisieren, den Leser zu fesseln. »Wenn ich lese, will ich Leidenschaft, Handlung und starke Charaktere, denen viel passiert. Minimalismus langweilt mich.« Und so hetzt *Eva Luna* mitunter auch ein wenig atemlos von Ereignis zu Ereignis.

Gleichzeitig dokumentiert das Buch – so Isabel Allende – einen Abschnitt in ihrer persönlichen Entwicklung. So wie das Schreiben von *Das Geisterhaus* vom Wunsch beseelt war, eine verlorene Welt aufzuzeichnen, und *Von Liebe und Schatten* aus Ärger über die Diktaturen geschrieben wurde, so stand auch *Eva Luna* für ein bestimmtes starkes Gefühl, das sie über längere Zeit begleitet hatte. Sie sagte 1991: »Ich war stolz darauf eine Frau zu sein. Bis dahin hatte ich gegen die Ungerechtigkeiten, die man Frauen antat, gelärmt und gewütet, ohne zu akzeptieren, dass ich meine eigene Weiblichkeit nicht abschaffen konnte. Aber damals merkte ich, dass ich immer eine Frau bleiben würde und dass ich als Frau vieles schaffen könnte, vielleicht mehr als die meisten Männer. In *Eva Luna* umarmte ich sozusagen meine eigene Weiblichkeit und meinen feministischen Kampf.«

Isabel Allende hat nie einen Hehl daraus gemacht, dass sie sich als feministische Schriftstellerin versteht. »Entschuldigen Sie bitte meine Arroganz: aber weil ich eine Frau bin und besonders, weil ich eine intelligente Frau bin, muss ich einfach eine Feministin sein«, sagte sie 1997 in einem Gespräch. »Ich bin mir meines Geschlechtes bewusst; ich weiß, dass es in den meisten Ländern der Erde ein Nachteil ist, als Frau geboren zu sein. Nur in sehr privilegierten Gesellschaften, in sehr privilegierten Gruppen haben Frauen genug Freiheit und genug Bewusstsein, überhaupt für ihre Rechte zu kämpfen. Aber überall müssen Frauen doppelt so viel Einsatz bringen wie jeder Mann, um halb so viel anerkannt zu werden.«

Eva Luna erschien im September 1987 in Spanien, und noch im gleichen Jahr lernte Isabel Allende während einer Lesereise, die unter anderem nach Kalifornien führte, ihren späteren zweiten Mann, den Rechtsanwalt William Gordon, kennen. Im Dezember 1987 zog sie zu ihm nach San Rafael, einer Kleinstadt nahe San Francisco. Sie kam probeweise für kurze Zeit – und blieb bis heute. Im August 1988 heiratete sie Willie Gordon, auch, wie sie schrieb, weil sie ansonsten kein Visum mehr bekommen und das Land hätte verlassen müssen; durch die Heirat erhielt sie eine dauerhafte Aufenthaltsgenehmigung.

Die erste Zeit in den USA bedeutete für Isabel Allende eine große Umstellung. Sie lebte nun genau in dem Land, das für das Wüten der Militärs in ihrer Heimat mitverantwortlich war. Sie musste lernen, zwischen der großen Politik und dem Alltagsleben in Kalifornien zu unterscheiden – dazu herausgerissen aus der Sprache, in der sie lebte, dachte und arbeitete. Sie unterrichtete im Frühjahrssemester 1988 Creative Writing am Barnard College in Berkeley, im Herbst dann an der University of Virginia, wo auch ihre Tochter Paula arbeitete.

Parallel dazu schrieb sie ihren ersten und bisher einzigen Band mit Erzählungen: *Geschichten der Eva Luna.* Diese entstanden in einer Phase der Neuorientierung, als sie wenig Zeit zum Schreiben fand – so konzentrierte sie sich auf die kürzere literarische Form.

Mitte 1988 hatte sich in Chile die politische Situation geändert. Bei einer feierlichen Kranzniederlegung am Grab Salvador Allendes am 28. Juni, seinem 80. Geburtstag, griffen die Sicherheitskräfte nicht ein. Pinochet hob im August den Ausnahmezustand auf, auch weil er kurz vor der Volksabstimmung über seine weitere Präsidentschaft bis 1997 um ein zivileres Image bemüht war. Direkt danach erhob Amnesty International Vorwürfe, dass in den letzten 18 Monaten mehr als 100 Chilenen von Kommandos der Sicherheitskräfte überfallen und verschleppt worden seien. Trotzdem kehrten mehr und mehr Unidad Popular-Politiker nach Chile zurück. So auch Denise Pascal Allende, die heimlich über die Grenze von Argentinien aus kam. Sie stellte sich wenige Tage danach in Begleitung von Rechtsanwälten einer kirchlichen Menschenrechtsorganisation den Behörden, um ihre Einreise legalisieren zu lassen. Anfang September hoben die Militärs weitere Einreiseverbote auf, darunter die für Tencha und ihre Töchter. Isabel Allende Bussi kam sofort danach nach Chile, während Tencha erklärte, dass sie erst nach dem Jahrestag des Putsches einreisen wolle. Als am 18. Jahrestag der Wahl Salvador Allendes, am 6. September 1988, in Santiago 300 000 Menschen auf die Straße gingen, um zum einen der Wahl zu gedenken und zum anderen zu zeigen, dass sie bei der Volksabstimmung Anfang Oktober gegen eine weitere achtjährige Präsidentschaft Pinochets stimmen würden, war klar: Chile hatte sich in den letzten Jahren politisch geöffnet, und zwar unumkehrbar – auch wenn es immer wieder zu Übergriffen, Todesdrohungen und Folter kam. Pinochet blieb weiter zuversichtlich, trotz der Proteste gegen ihn, die auch am Jahrestag des Putsches, den die Militärs wie jedes Jahr als *Día de la Libertad* (Tag der Freiheit) feierlich begehen wollten, nicht abrissen. Er war sich sicher, er werde das Referendum gewinnen.

Dagegen trat das bereits im Februar 1988 entstandene Bündnis aus 15 Parteien, die *Concertación de los Partidos por el No,* an, ein im Wesentlichen Mittel-Links-Zusammenschluss unter christdemokratischer Führung. Mit Witz und Ideenreichtum machte es seine politische Position bekannt – Ende der Pinochet-Herrschaft 1989 und freie Wahlen –, obwohl die Diktatur alles tat, dies zu behindern. Mit Härte: Allein in der ersten Hälfte 1988 wurden 2000 Menschen aus politischen Gründen verhaftet, und sobald irgendwo Menschen demonstrierten, waren die Carabineros schon da und lösten diese Kundgebungen auch mit Gewalt auf. Mit Versprechungen: Kurz vor dem Plebiszit warb Pinochet noch mit einem neuen Wohnungsbauprogramm um die Wählergunst, zog wie ein gütiger Landesvater Kinder streichelnd und Mütter anlächelnd durch das Land und sprach wo immer möglich von Demokratie, alles fernsehgerecht inszeniert.

Der 24. September 1988 war dann für alle Gegner des Regimes ein großer Tag: Nach 15 Jahren Exil in Mexiko kehrte Hortensia Bussi de Allende in ihre Heimat zurück. Etwa 1000 Personen erwarteten sie am Flughafen von Santiago – mehr hatten die Militärs nicht zugelassen. »Unsere Botschaft ist nicht die Angst, sondern die Hoffnung, nicht der Hass, sondern die Freude, nicht die Vergangenheit, sondern die Zukunft«, sagte sie in einer kurzen Ansprache. Die Fahrt vom Flughafen ins Stadtzentrum glich einem Triumphzug. Tausende Bewohner vor allem der Armenviertel Santiagos säumten die Straßen, und abends feierten sie die Heimkehr der Präsidentenwitwe bei einem Konzert der Gruppe Inti-Illimani, die sich zur Zeit des Putsches im Ausland befunden hatte und erst eine Woche zuvor zurückgekommen war.

Am 5. Oktober wurde über die Zukunft Chiles abgestimmt: acht weitere Jahre Pinochet oder Neuwahlen im Winter 1989. Das Ergebnis war eindeutig: Für Pinochet stimmten 43 Prozent der Chilenen, gegen ihn 54 Prozent. Der bis zuletzt siegessichere Diktator hatte verloren. Er selbst kündigte sofort an, dass er 1989 zum Präsidenten kandidieren würde – er tat es nicht, denn so etwas hätte gegen die von ihm selbst verabschiedete Verfassung verstoßen.

Drei Kandidaten stellten sich schließlich der Wählergunst. Für die

Concertación trat nach längeren Debatten der Christdemokrat Patricio Aylwin Azócar an. Der Sozialist Ricardo Lagos, einer der prominentesten Vertreter des Bündnisses, hatte auf eine Kandidatur verzichtet, da ansonsten die Gefahr bestanden hätte, dass sich Teile der Christdemokraten abgespalten hätten. Ebenso hatten Gabriel Valdés und Eduardo Frei, der gleichnamige Sohn des früheren Präsidenten, beide Christdemokraten, ihre Kandidatur zurückgezogen. Aylwin war zudem sehr bekannt, er war schließlich offizieller Sprecher der Concertación während der Vorbereitung zum Volksentscheid gewesen. Für die vereinigte Rechte kandidierte Hernán Büchi, der ab 1985 Finanzminister unter Pinochet gewesen war.

Das Wahlergebnis vom 14. Dezember 1989 entsprach ziemlich genau dem der Volksabstimmung: Patricio Aylwin Azócar erhielt 55 Prozent der Stimmen, Büchi und ein weiterer Kandidat, der Millionär Francisco Javier Errázurriz, der auf einer obskuren politischen Plattform kandierte, zusammen 43 Prozent. Bei den Parlamentswahlen erhielt die Concertación 72 von 120 Sitzen in der Abgeordnetenkammer und 22 von den 38 zu wählenden Sitzen im Senat.

Isabel Allende schrieb in *Paula:* »Das Land erwachte aus seiner 17-jährigen Lethargie und machte die ersten Schritte in einer Demokratie des Überganges, in der General Pinochet für weitere acht Jahre Oberkommandierender der Streitkräfte blieb, ein Teil des Kongresses und der ganze Oberste Gerichtshof waren von ihm ernannt worden, und die militärischen und ökonomischen Strukturen wurden nicht angetastet. [...] Die Demokratie würde sich im langsamen, krummen Krebsgang vorwärts bewegen müssen.«

11. Der Weg zurück in die Demokratie

Die Chilenen hatten mit Patricio Aylwin den richtigen Präsidenten gewählt. Sein Ziel war die *convivencia democrática*, das demokratische Zusammenleben. Er agierte vorsichtig und geschickt und sicherte sich die Unterstützung der anderen Parteien, die nicht zum Regierungsbündnis gehörten. Schließlich hatte er ein ambitioniertes Programm: Innerhalb der Bevölkerung wollte er wieder einen demokratischen Konsens schaffen, er versuchte, die Menschenrechtsverletzungen während der Diktatur aufzuarbeiten und erste Schritte zur Beseitigung der sozialen Ungleichheit, die das Wirtschaftsprogramm Pinochets hervorgerufen hatte, einzuleiten.

Unter Aylwins Regierung wurde auch die so genannte »Wahrheitskommission«, die Comisión de la Verdad y de la Reconciliación, begründet, deren Aufgabe es unter der Leitung von Raúl Rettig war, die Menschenrechtsverletzungen durch die Militärs aufzuarbeiten. Ihr Bericht blieb zunächst folgenlos – hatten sich die Militärs doch bereits 1978 eine Amnestie spendiert.

Dennoch ließ der politische Krebsgang auch Platz für bedeutsame Gesten: Fast 17 Jahre nach seinem Tod erhielt Salvador Allende im September 1990 ein offizielles Staatsbegräbnis. »Wir berichtigen hier eine Ungerechtigkeit, die vor langer Zeit begangen wurde: die Verweigerung der Ehre, welche die menschliche Gemeinschaft normalerweise ihren Toten zuteil werden lässt, vor allem dann, wenn diese sich in ihrem irdischen Dasein aus der Masse ihrer Mitbürger herausgehoben haben«, sagte Präsident Aylwin bei der Trauerfeier, an der die gesamte chilenische Regierung sowie Trauergäste aus aller Welt, wie der SPD-Ehrenvorsitzende und frühere Bundeskanzler Willy Brandt, teilnahmen. Mehrere hunderttausend Chilenen säumten die Straßen, als der Sarg mit den sterblichen Überresten des Präsidenten zum Stadtfriedhof von Santiago getragen wurde. Für das Staatsbegräbnis hatte vor allem die Fundación Salvador Allende gekämpft, die im gleichen Jahr gegründet wurde und deren Vorsitzende seine Tochter Isabel ist.

Die Schriftstellerin Isabel Allende hatte nach einigen Anlaufschwierigkeiten in Kalifornien ihre Heimat gefunden, was auch Ausdruck in ihrer literarischen Arbeit fand. Ihr Buch *Der unendliche Plan* spielt nicht mehr in Lateinamerika, sondern vermischte beide Welten, ihre neue nord- und ihre alte südamerikanische: Das Werk erzählt die Geschichte von Gregory Reeves, der seinem Karrierestreben, flüchtigen Liebschaften und einem aufwändigen Lebensstil nachgeht, bis er merkt, dass er sich darin nur verliert und so sein Glück nicht findet. Handlungsort ist Kalifornien mit seiner gemischten Bevölkerung aus Amerikanern und lateinamerikanischen Einwanderern, Aussteigern und politischen Aktivisten, Hippies, Drogensüchtigen und erfolgreichen Geschäftsleuten.

Auch in diesem Roman bewies sich wieder Isabel Allendes außerordentliches Talent als Erzählerin. Wie in ihren anderen Büchern findet sich hier eine Mischung seltsamer Charaktere, die Erzählung schreitet oft ein wenig atemlos voran, die Beschreibungen sind mitunter boshaft, vor allem, wo sie die amerikanische Gesellschaft aus einer ironisch-lateinamerikanischen Perspektive darstellt. Und doch bemängelten manche Kritiker eines: *Der unendliche Plan* hat Schwächen, die sich in anderen Büchern der Autorin nicht finden. Mitunter mangelt es der Darstellung an Dichte, vieles liest sich wie nicht selbst erlebt, sondern wie gehört oder angelesen und dann in Literatur gepresst. Während ihre anderen Bücher Lateinamerika in jeder Zeile ahnen ließen, und der Leser spürte, dass zwar nicht alles selbst erlebt, aber von einem tiefen Verständnis für die lateinamerikanische Realität geprägt war, will sich dieses Gefühl beim Lesen mancher Episode aus *Der unendliche Plan* nicht einstellen. Vielleicht ging Isabel Allendes US-Erfahrung noch nicht tief genug.

Die Isabel-Allende-Leser griffen jedoch auch zu diesem Werk, und es wurde wie alle Bücher zuvor zum Bestseller: Nicht so sehr wie *Das Geisterhaus,* aber dessen Auflagenhöhe blieb sowieso von allen anderen Allende-Titeln unerreicht. Suhrkamp, Isabel Allendes deutscher Verlag, feiert den Erfolg seiner Autorin. Die deutschen Gesamtauflagen bis 2001: *Das Geisterhaus* über 2,1 Millionen, *Von Liebe und Schatten* über 900 000, *Eva Luna* 1 Million, *Geschichten der Eva Luna* 250 000, *Der unendliche Plan* 700 000, *Paula* 500 000, *Aphrodite – eine Feier der Sinne* 200 000 und *Fortunas Tochter* 500 000 Exemplare.

Isabel Allende schrieb in *Paula,* dass der Militärputsch in Chile einer der größten Schicksalsmomente ihres Lebens gewesen sei. Doch nicht nur der 11. September 1973, der Tag des Putsches, markierte einen Wendepunkt in ihrem Leben, der 6. Dezember 1991 ebenso. Isabel war mit ihrem Mann und ihrer Tochter bei der Präsentation von *Der unendliche Plan* in Spanien, als Paula einen akuten Anfall von Porphyrie, einer seltenen Stoffwechselstörung im blutbildenden System, erlitt.

Paula wurde in ein Madrider Krankenhaus eingeliefert und dort, so vermutete Isabel Allende später, falsch behandelt. Sie fiel am 6. Dezember 1991 ins Koma, ein Koma, aus dem sie trotz aller ärztlichen und häuslichen Pflege nicht mehr aufwachte. Sie starb genau ein Jahr später, am 6. Dezember 1992, in San Rafael, Kalifornien, im Hause ihrer Mutter, wo sie die letzten Monate von ihr, der Familie und Ärzten betreut worden war. »Es war vier Uhr früh. Ihr Leben endete ohne Kampf, ohne Angst und ohne Schmerz, in ihrem Hingang gab es nur Frieden und die unumschränkte Liebe derer, die bei ihr wachten«, schrieb Isabel Allende später in dem Buch *Paula,* dem literarischen Geschenk an ihre verstorbene Tochter. »Sie starb auf meinem Schoß, umgeben von der Familie, von den Gedanken der Abwesenden und von den Geistern ihrer Vorfahren, die zu ihrer Hilfe herbeigeeilt waren.«

Isabel Allende schrieb das Buch am Krankenbett der Tochter. In der deutschen Ausgabe trug es in der ersten Auflage die Unterzeile *Roman*

– unverständlicherweise, handelt es sich doch eher um ein Stück Erinnerungsliteratur, fast eine Autobiografie. Sie erzählt darin ihr Leben und das ihrer Familie in Ausschnitten, dazwischen beschreibt sie immer wieder den Krankheitsverlauf, den allmählichen Verfall ihrer Tochter, ihre Verzweiflung darüber und ihren Schmerz. Das Buch erschien im Dezember 1994, zwei Jahre nach dem Tod der Tochter.

In *Paula* findet sich alles, was die Leser an Isabel Allendes Schreibstil lieben und was manche Kritiker genauso sehr hassen. Das Buch ist von einer verblüffenden Offenheit, von einer radikalen Ehrlichkeit sich selbst und der Familie gegenüber, die man so nicht erwarten kann. Ein persönliches Buch, in dem sie beispielsweise auch beschreibt, wie sie als Achtjährige von einem Fischer missbraucht wurde und lange vermutete, der Großvater habe das erfahren und den Fischer getötet.

Mitunter kommt diese Offenheit naiv daher, mitunter auch zu gefühlvoll. Aber Isabel Allende hat nie einen Hehl daraus gemacht, dass sie an das Gute im Menschen glaubt und an die Kraft der Liebe und des Verzeihens. Man las das in *Von Liebe und Schatten,* und 1986 sagte sie in einem Interview mit dem *Spiegel*: »Waffen kann man nicht mit Küssen und Kugeln nicht mit Blumen besiegen. Nach dem Militärputsch 1973 wurden wir in Chile von einer Welle der Gewalt erfasst; überall waren Tote, Gefolterte, Gefangene und Verschwundene. Aber ich glaube, dass jeder Mensch ungeahnte Fähigkeiten besitzt, den Horror zu überwinden. Und ein Weg ist die Liebe.«

Isabel Allendes Ehrlichkeit und der leichte Hang zur Naivität, der sich in ihrem Werk mitunter in etwas kitschigen Formulierungen niederschlägt, laden zu böser Kritik ein. Sie kam, gerade bei *Paula* und in Deutschland vor allem vom *Spiegel.* Von »kraftvollem Gefühlsdusel« war dort zu lesen, von »einer Sturzbahn in der Geisterbahn des schlechten Geschmacks«, von »Kitsch-Kaskaden«; die Kritik gipfelte in den Sätzen: »Die unreflektierte Mischung aus Geisterbeschwörung, Naivität und Esoterik macht das Buch zu einem Dokument der Realitätsverweigerung. *Paula* ist keine Auseinandersetzung mit dem eigenen Leben, sondern eine einzige Flucht davor.«

»Ich habe keine Angst vor ein bisschen Kitsch«, sagte Isabel Allende in einem Interview zu solchen Vorwürfen. Sie hatte, um Geld zu verdienen, lange Zeit auch Trivialromane aus dem Englischen ins Spanische übersetzt. »Ich glaube, er ist mitunter sogar unvermeidlich. Man kann über bestimmte Dinge wie die Liebe nicht schreiben, ohne ein bisschen kitschig zu klingen. Und wer bestimmt überhaupt, was Kitsch ist? Männer. Männer tun das, nicht Frauen.« Sie sei sich der Grenze zum Kitsch sehr bewusst, heute mehr als zu Beginn ihrer schriftstellerischen Arbeit. Viel wichtiger ist für sie allerdings die Frage, wer definiert, was ernsthafte und gute Literatur ist. Bereits 1992 gab sie in einem Gespräch über die Schriftsteller und Kritiker Lateinamerikas eine Äußerung von sich, die auch auf die Kritiker anderer Nationalitäten zutreffen dürfte: »Ich habe die meisten (lateinamerikanischen Schriftsteller) getroffen – Vargas Llosa, Fuentes, García Márquez –, aber ich kenne sie nicht gut. In Lateinamerika werden Frauen nicht respektiert. Du musst dich als Frau doppelt so sehr anstrengen wie ein Mann, um halb so anerkannt zu sein. Und als Schriftstellerin zehnmal so sehr. In dieser männlich dominierten Gesellschaft ist es Frauen nicht erlaubt, kreativ zu sein. Sie dürfen Interpreten sein, Sängerinnen, Tänzerinnen, Schauspielerinnen oder Musikerinnen, aber sie sind nicht als Komponistinnen, Schriftstellerinnen oder Malerinnen sichtbar. Die männliche literarische Gesellschaft Lateinamerikas wäre glücklich, wenn die Frauen nur Kochbücher, Kinderbücher und Gedichte schrieben. Lasst sie ja nicht an den Rest, an die wirkliche Literatur. Sie, die Männer, sind die einzigen, denen es erlaubt ist, Romane zu schreiben, auch solche über Frauen.«

1993 hatte *Das Geisterhaus* erneut Weltpremiere. Und zwar durch den von Bernd Eichinger produzierten Film, in dem Billie August Regie führte und der mit Stars wie Jeremy Irons, Meryl Streep, Glenn Close, Winona Ryder, Antonio Banderas, Vanessa Redgrave und Armin Müller-Stahl herausragend besetzt war. Die Kritik schwankte zwischen Verriss und wohlwollendem Lob, bejubelt wurde der Film allerdings von niemandem. Isabel Allende fand ihn gut: »Es war nicht mehr meine Geschichte«, sagt sie im Interview, »aber es war eine gute Story. Wenn ich ein Buch fertig habe, gebe ich es aus der Hand. Dann gehört der Roman nicht mehr mir. Er gehört dann jedem einzelnen Leser, und der ist dann verantwortlich dafür, was er mit ihm macht.« Der Film war wie das Buch ein finanzieller Erfolg, ebenso wie *Von Liebe und Schatten,* eine allerdings wesentlich bescheidenere Produktion, die 1994 in die Kinos kam.

Im selben Jahr bekam Isabel Allende den Gabriela-Mistral-Preis, den höchsten chilenischen Kulturpreis, von Staatspräsident Patricio Aylwin verliehen. Dessen Regierungszeit ging nach vier Jahren Übergangsregierung zu Ende. Einiges hatte er erreicht: Im November 1993 waren erstmals Offiziere wegen Menschenrechtsverletzungen während der Pinochet-Diktatur zur Verantwortung gezogen worden. Gleichzeitig hatte die Regierung es geschafft, die Amtszeit der mehr als 300 Bürgermeister von Städten und Gemeinden, die von der Regierung Pinochet ernannt worden waren, zu beenden und die Gemeindeverwaltungen wieder wählen zu lassen. Auch dabei hatte sich gezeigt, dass die Concertación, das Regierungsbündnis, über eine satte Mehrheit verfügte – 52 Prozent aller Bürgermeister wurden von ihr gestellt, nur 30 Prozent von den Rechtsparteien. Gescheitert war der Präsident jedoch bei zwei seiner wichtigsten Vorhaben: bei dem Versuch, das Staatsoberhaupt wieder zum Oberbefehlshaber der Streitkräfte zu machen – die Rechtsparteien blockten das leicht ab, da für eine solche Verfassungsänderung eine Zwei-Drittel-Mehrheit notwendig gewesen wäre, und so blieb Pinochet weiterhin Oberbefehlshaber –, und bei der Abschaffung der von der Pinochet-Verfassung eingeführten und ernannten Mitglieder des Senates. Auch diese Absicht wurde im Parlament blockiert. Erfolglos war er zudem bei dem Versuch, das Budget der Militärs zu beschneiden.

Und in noch einem Punkt war Aylwin zwar nicht gescheitert, aber nur marginal vorangekommen: Die Spaltung der Gesellschaft in Arm und Reich hatte sich kaum verringert. Zwar waren die Sozialausgaben von 1989 bis 1993 um ein Drittel gestiegen, aber die Anzahl der Armen im Lande war nur von 40 Prozent auf etwa 33 Prozent gefallen. Chile war immer noch meilenweit von dem entfernt, was die beiden chilenischen Autoren Joaquín Lavín und Luis Larraín schon 1989, nach Pinochets Rücktritt als Präsident, behauptet hatten, nämlich, dass Chile »eine effizientere Gesellschaft sei, eine menschlichere, eine besser informierte und eine kultiviertere« als zu Zeiten der Regierung Allende. Ihr Beleg: die Geschäftswelt Santiagos, die Supermärkte und Shopping-Zentren, die Computer-Begeisterung der Chilenen und die erstaunliche Vielfalt und Qualität von Waren, die man im noch so kleinen Laden kaufen kann – für sie alles Insignien einer modernen Gesellschaft. Sie übersahen dabei einiges: die immer noch vorhandene Armut, die in vielen Gegenden größer ist als vor 20 Jahren, und eine soziale Zersplitterung, die es vorher nicht gab. Chile, einst ein Land, das von der Mittelschicht geprägt und auf dem Weg zu einer Mittelklasse-Gesellschaft war, glich viel stärker als zuvor den lateinamerikanischen Nachbarn mit den typisch krassen Gegensätzen eines Entwicklungslandes.

Jacques Chonchol, ehemaliger Landwirtschaftsminister der Unidad Popular, zieht deshalb ein anderes Fazit: »Natürlich hat sich das Land während der Diktatur komplett geändert. Heute dominieren nicht mehr die sozialen Bewegungen. Stattdessen triumphieren der Konsum und die Neureichen, die es früher in Chile nicht gab. Die Mittelschicht definierte sich früher immer über Bildung. Geld war für sie nicht so wichtig. Heute ist es genau umgekehrt.« Das führt mitunter zu kuriosen Erscheinungen. Der US-amerikanische Journalist Marc Cooper schrieb 1998 in der linksliberalen Zeitschrift *Nation,* dass in Santiago der Schein regiere. Er nannte Beispiele: »Bei einer Polizeikontrolle im schicken Stadtteil Vitacura stellte die Polizei fest, dass ein hoher Anteil von Fahrern, denen man ein Strafmandat für die Benutzung eines Handys ausstellen wollte, Spielzeugtelefone – mitunter sogar aus Holz – benutzte. Andere Mittelklasse-Autobesitzer, die vorgeben wollten, eine Klimaanlage in ihren Autos zu haben, schwitzten bei geschlossenen Fenstern. Angestellte im teuren Jumbo-Supermarkt beschwerten sich darüber, dass an Samstagen unglaublich gut angezogene Kunden ihre Einkaufswagen mit

Delikatessen voll luden, damit durch den Laden stolzierten, um vor Otto Normalverbraucher damit anzugeben, und dann die Wagen irgendwo vor der Kasse einfach stehen ließen.« Und der deutsche Politikwissenschaftler Elmar Römpczyk, der für die Friedrich-Ebert-Stiftung lange in Chile war, schrieb Anfang 1996: »Der Modernisierungsprozess hat in Chile die klassischen Formen der Armut durch eine neue Armut überlagert. Durch den Modernisierungsprozess gibt es verarmte Mittelschichtsegmente, Rationalisierungsopfer, Privatisierungsopfer. Und es gibt strukturelle Folgen der Armut in Form einer immer weiter um sich greifenden Umweltzerstörung; durch das Anschwellen des informellen Sektors und durch die Erleichterung, die Armut für die Beibehaltung traditioneller gesellschaftlicher Funktionen bedeutet: Die Armen beseitigen den Dreck der Reichen; die Armen arbeiten im Dienstleistungsbereich bis spät in die Nacht, an Sonn- und Feiertagen und so weiter, die Reichen müssen nicht ihre Herrenklasse-Attitüde aufgeben.«

Bei den Wahlen zur Nachfolge Patricio Aylwins im Dezember 1993 kandidierte für die Concertación erneut ein Christdemokrat. Diesmal war es Eduardo Frei Ruíz Tagle, der Sohn des Allende-Vorgängers Eduardo Frei. Sein konservativer Gegenkandidat trug ebenfalls einen bekannten Namen: Es war Arturo Alessandri, Enkel von Arturo Alessandri, der 1920–25 und 1932–38 Präsident war, und Neffe von Jorge Alessandri, der dieses Amt 1958–64 innehatte. Eduardo Frei wurde mit 58 Prozent der Stimmen gewählt, sein Opponent Arturo Alessandri erhielt nur ein Viertel der Voten. Was Politikern jedoch schon bei diesen Wahlen und später noch mehr Sorgen bereitete, war die gesunkene Wahlbeteiligung, das Desinteresse an Politik in einem Land, in dem diese lange Jahre das wichtigste gesellschaftliche Thema gewesen war. Auch eine Allende kandidierte – zwar nicht für die Präsidentschaft, aber immerhin als Abgeordnete: Salvador Allendes Tochter Isabel trat für die Sozialistische Partei in der Region Santiago an. Sie war bereits seit 1992 Vizepräsidentin ihrer Partei und zum Zeitpunkt ihrer Wahl kurzfristig sogar Vorsitzende der Sozialisten gewesen. Ihr vierjähriger Parlamentsterminus wurde im Dezember 1997 für die Legislaturperiode 1998–2002 verlängert.

Nach dem Erscheinen von *Paula* im Dezember 1994 litt die Schriftstellerin Isabel Allende, wie sie später sagte, erstmalig in ihrem Leben an einer Schreibhemmung. »Ich hatte nie Schwierigkeiten gehabt zu schreiben, nie Angst vor einem weißen Blatt Papier in der Schreibmaschine oder dem leeren Computerbildschirm, aber nach *Paula* fiel mir einfach nichts mehr ein.« So plante sie zunächst keinen neuen Roman, sondern ein eher unterhaltendes Sachbuch, eine Mischung aus Rezepten, kulturgeschichtlichen Abschweifungen über Kochkunst und Erotik sowie einzelnen, mitunter persönlichen Skizzen. *Aphrodite* erschien 1997, und der ursprüngliche Untertitel hieß *Geschichten, Rezepte und andere Aphrodisiaka,* was den Inhalt besser und genauer beschreibt als der etwas pompöse deutsche Untertitel *Eine Feier der Sinne.*

Ob das Buch gelungen ist, darüber scheiden sich die Geister. Die einen nennen es ein geistloses Machwerk, andere loben die ein oder andere ironische Stelle – insgesamt blieb aber der Verkauf, beispielsweise im deutschsprachigen Raum, trotz großer Werbebemühungen deutlich hinter dem der anderen Werke Isabel Allendes zurück. Offenbar sprach auch das Publikum Isabel Allende mehr Kompetenz als Romanautorin denn als Fachfrau für die Verbindung von Kochkunst und Erotik zu.

So verkaufte sich ihr nachfolgendes Buch *Fortunas Tochter*, das 1999 erschien, wieder besser. Auch hierin findet sich wieder alles, was einen Allende-Roman auszeichnet – sowohl positiv als auch negativ: viele Personen, viel Handlung, viele verschiedene Schauplätze. Der Roman erzählt die Geschichte von Eliza Sommers, die als Findelkind in der ersten Hälfte des 19. Jahrhunderts in Valparaíso aufwächst und sich dort in einen jungen mittellosen Chilenen verliebt. Als aus Kalifornien die Nachricht von Goldfunden kommt, macht sich Joaquín, ihr Geliebter, auf in das Gelobte Land. Eliza folgt ihm als blinde Passagierin auf einem Schiff, als sie entdeckt, dass sie schwanger ist. Gemeinsam mit einem chinesischen Heilkundigen namens Tao Chi'en macht sie sich als Mann verkleidet auf die beschwerliche Suche nach ihrem Geliebten, die zugleich eine Suche nach sich selbst ist.

Fortunas Tochter fand schnell seinen angestammten Platz auf der Bestsellerliste, trotz der vielen schlechten Kritiken. »Isabel Allendes Geschichte bleibt trivial«, schrieb beispielsweise Inge Zenker-Baltes im *Tagesspiegel*. »Sie entwickelt sich unstimmig, man vermisst die erzählerische Leichtigkeit und Raffinesse, aber auch jeden Sinn für Dramatik. Fast alle Figuren bleiben ungenau und schemenhaft, in teils kitschiger, teils schlampig-salopper Sprache.« Man muss der Kritikerin teilweise zustimmen – Fortunas Tochter ist wirklich nicht der beste Roman. Er ist überlang, die Helden kommen oft aus dem Nichts, und statt ihre Handlungen besser zu fundieren, lässt die Autorin sie einfach noch ein Abenteuer mehr erleben. Isabel Allende sagte in einem anderen Zusammenhang, als sie beschrieb, wie sich im Prozess des Schreibens ihre Figuren mitunter verändern: »Ich war bei *Fortunas Tochter* an einem bestimmten Punkt angelangt und kam nicht weiter. Die Geschichte entwickelte sich nicht mehr. Da wurde Tao Chi'en, der eigentlich eine Nebenfigur war, plötzlich zu einer Hauptperson des Buches.« In einem irrt die Kritikerin des *Tagesspiegel* aber: Sprachlich ist der Roman nicht schlecht. Auch die schwächeren Werke sind durchweg gut geschrieben, bildreich und dennoch exakt.

In Chile war inzwischen Bedeutsames passiert. Anfang März 1998 war Pinochet zum Senator auf Lebenszeit, zum Mitglied einer der beiden Kammern des Parlamentes, vereidigt worden. Nach der von ihm geschaffenen Verfassung steht dieser Posten allen ehemaligen Staatspräsidenten zu. Ihm selbst nutzte dabei vor allem eines: Senatoren genießen juristische Immunität. Die Vereidigung ging jedoch nicht ohne Proteste vonstatten. Abgeordnete der Sozialistischen Partei besetzten die Senatorenbänke im Parlament und stellten Schwarzweißfotografien der unter Pinochet ermordeten Politiker auf, darunter auch ein Porträt Salvador Allendes. Sie sangen die Nationalhymne und verließen danach den Saal. Von der Zuschauertribüne des Parlamentes wurde die Zeremonie immer wieder von Rufen wie »Mörder, Mörder« unterbrochen, und vor dem Gebäude demonstrierten mehrere tausend Menschen gegen die Vereidigung des Ex-Diktators zum Senator. Eher symbolisch, aber bedeutsam war, was der Senat im August 1998 beschloss: der 11. September sollte ab 1999 kein Feiertag mehr sein. Die Diktatur hatte den Tag des Putsches gegen Allende sofort danach zum *Día de la Libertad* (Tag der Befreiung) erklärt.

Im Oktober 1998 passierte, was niemand für möglich gehalten hatte: Augusto Pinochet wurde verhaftet. Nicht von chilenischen Behörden, sondern von englischen, und zwar aufgrund eines internationalen Haftbefehls, den der spanische Staatsanwalt Baltazar Garzón wegen des Todes mehrerer spanischer Staatsbürger nach dem Putsch 1973, für die er Pinochet belangen wollte, beantragt hatte. Der Ex-Diktator war in England gewesen, um sich dort einer Operation zu unterziehen, als die Behörden ihn unter Hausarrest stellten. Langer juristischer Hickhack folgte. Spanien verlangte die Auslieferung, Chile offiziell die Rückkehr des Generals, da eine Verurteilung im Ausland als Eingriff in chilenische Angelegenheiten gesehen wurde. In Chile agitierte die Rechte für eine Rückkehr Pinochets und demonstrierte wochenlang vor der englischen Botschaft. »Die Rechte hat die Richtung vorgegeben«, sagte die Abgeordnete Isabel Allende. »Wer nicht für Pinochet und dessen sofortige Freilassung ist, ist gegen das Land und damit kein Patriot.« Dennoch und obwohl die extreme Rechte mehreren Politikern mit dem Tod drohte, begrüßte die Politikerin öffentlich die Festsetzung Pinochets in England: »In der Vergangenheit wurde in Chile die Wahrheit der Sieger erzählt. Die Festnahme Pinochets hat die chilenische Gesellschaft gezwungen, die Dinge beim Namen zu nennen. Früher sprach man von ›Exzessen‹. Heute spricht man von Diktatur, Ermordeten, Folter.« Und ihre Mutter sagte in einem Gespräch mit einer mexikanischen Zeitung auf die Frage, ob sie die Verhaftung Pinochets glücklich mache: »Glücklich ist gar kein Ausdruck. Ich fühle, wie tausende anderer Chilenen, Befriedigung, dass die Justiz Pinochet am Ende doch belangen kann.«

Salvador Allendes Tochter Isabel sagte im September 1997 in Madrid gegen Augusto Pinochet aus. Pinochet war bei einem Krankenhausaufenthalt in England nach einem Auslieferungsantrag der spanischen Justiz unter Hausarrest gestellt worden.

Im Frühjahr 1999, als Pinochet noch immer in London in Hausarrest saß, äußerte sich auch die Schriftstellerin Isabel Allende: »Für die Demokratie und die nächste Regierung wäre es gut, wenn Pinochet nach Chile zurückkehren würde. Aber für die Opfer und die Geschichte wäre es auch gut, wenn er irgendwo verurteilt würde, und sei es in Abwesenheit. Solch ein Verfahren würde bedeuten, dass seine Anhänger nicht mehr die Wahrheit verbergen könnten, weder in Chile noch in den USA. Chile ist immer noch gespalten, was Pinochet angeht. Aber das Positive an seiner Verhaftung ist, dass sich das Klima in Chile geändert hat. Ich war erst vor wenigen Wochen dort und war erstaunt, dass man nun im Fernsehen statt vom Senator auf Lebenszeit vom Ex-Diktator spricht. Moralisch hat Pinochet verloren. Die Verhaftung hat ihn für den Rest seines Lebens stigmatisiert. Er wird nicht, wie er es geplant hatte, in die Geschichte eingehen.«

Die englischen Behörden entschieden am Ende für Pinochet. Sie lieferten ihn nicht nach Spanien aus, allerdings aus gesundheitlichen Gründen, nicht, weil sie ihn für unschuldig hielten. Als Pinochet im März 2000 nach 17-monatigem Hausarrest nach Chile zurückkehrte, flossen bei den Gegnern die Tränen, bei den Anhängern der Champagner. Aber eines galt, nämlich das, was die Politikerin Isabel Allende mehr als ein Jahr vorher gesagt hatte: »Die Rechte ist nicht müde geworden zu betonen, dass Pinochet nicht in Spanien, sondern in Chile vor Gericht gestellt werden müsse. Das soll dann bitte auch geschehen. Pinochet soll sich wie jeder andere Bürger auch vor Gericht verteidigen.«

Dieser Ansicht waren – zumindest in ihren öffentlichen Auftritten – auch die beiden Kandidaten, die sich um das Präsidentschaftsamt im Dezember 1999 bewarben. Ansonsten vermieden sie jede Äußerung zum Thema. Vielleicht dachten sie, damit nur verlieren zu können. Ricardo Lagos, Sozialist und Kandidat der Concertación, war erwiesenermaßen ein Gegner Pinochets und brauchte das nicht extra zu betonen. Sein Opponent, der Wirtschaftswissenschaftler Joaquín Lavín hatte hingegen früher immer die Wirtschaftspolitik Pinochets unterstützt. Lagos sah lange vor der Wahl wie der sichere Gewinner aus, konnte dann aber im Dezember nicht die notwendige Mehrheit erringen. So musste er im Januar zu einer Stichwahl gegen Lavín antreten, bei der er sich dann durchsetzte. Vermutlich stimmten dabei auch die Wähler der mehr links angesiedelten Parteien für ihn, die ihm vorher die Stimme verweigert hatten. Der bis 2006 amtierende Ricardo Lagos ist seit Allende der erste sozialistische Präsident Chiles. Bei seiner ersten Rede als Präsident vom Balkon der Moneda erinnerte er daran. »Von diesem Balkon haben sich schon viele an das Volk gewandt«, sagte er. »Hier in diesem Gebäude ließ einer von ihnen sein Leben, und er verdient unseren Respekt.« In derselben Rede bezeichnete er die Diktatur als »die größte politische Tragödie Chiles im 20. Jahrhundert.«

Im Dezember 2000 wurde überraschenderweise gegen Pinochet Anklage erhoben. Der chilenische Untersuchungsrichter Juan Guzman klagte den Ex-Diktator wegen Anstiftung zum Mord in 57 Fällen und Entführung in 18 Fällen an. Rasch folgten andere Beschuldigungen, so strengte auch der MIR ein Verfahren wegen des Verschwindens und der Ermordung von 550 seiner Mitglieder an. Guzmans Anordnung wurde vom Obersten Gerichtshof rasch wieder aufgehoben. Dessen Einwand: Pinochet müsste zunächst auf seinen Geisteszustand untersucht werden. Nach chilenischem Recht gelten Angeklagte nur als verhandlungsunfähig, wenn sie einem Verfahren gegen sie geistig nicht mehr folgen können. Andere Gründe, ein Verfahren einzustellen, wie beispielsweise körperliche Gebrechlichkeit, werden nicht akzeptiert, sie können allerdings später eine Haftunfähigkeit begründen. Pinochet saß somit in einer Zwickmühle: Entweder würde ein Verfahren gegen ihn eröffnet werden oder ein Amtsarzt würde seine Unzurechnungsfähigkeit bescheinigen. Deshalb schob er diese Untersuchung zunächst auf, im Januar 2001 wurde dann eine leichte bis mittlere Altersdemenz festgestellt. Das ließ Raum für einen Prozess, aber auch für weitere juristische Spitzfindigkeiten und Einsprüche. Das vorläufige Endergebnis vom Sommer 2001 nach weiteren Diagnosen: Einstellung der Verfahren wegen erwiesenen Altersschwachsinns. Damit war die rechtliche Auseinandersetzung vorerst vermieden, seine Reputation aber ruiniert.

Nicht nur die Opfer der Diktatur hoffen, dass dies nicht das Ende der Beschäftigung mit der Vergangenheit ist. Der mexikanische Schriftsteller Carlos Fuentes schrieb bereits im November 1998: »Welche Traumata der Prozess gegen Pinochet in Chile auch auslösen mag, Chile wird als Sieger daraus hervorgehen, wenn es sich wahrhaftig reinigt und die Gräuel der Vergangenheit nicht leugnet. Dann können die Chilenen auch wieder schreien, wie sie es gern im Augenblick des kollektiven Sieges tun: ›Viva Chile, mierda! (Es lebe Chile, scheiße!)‹«

Und noch etwas ist zu vermelden: Im Jahr 2000 erschien das bislang letzte Buch von Isabel Allende: *Retrato en Sepia* (Porträt in

Sepia), ein Buch, das nicht nur den Lebensweg der Eliza Sommers, jener Heldin aus *Fortunas Tochter* weitererzählt, sondern wie immer bei Isabel Allende zahlreiche Geschichten und Schicksale miteinander verknüpft. Die Hauptperson Aurora de Valle ist auf der Suche nach ihrer Vergangenheit, ihren Wurzeln und ihrer Identität. Sie fotografiert ihre Albträume, Gedanken und Sehnsüchte und entdeckt mithilfe der Bilder immer neue, überraschende Details aus ihrer Vergangenheit. *Porträt in Sepia* ist auch ein Porträt der chilenischen Geschichte des späten 19. und des 20. Jahrhunderts und erzählt die Vorgeschichte des Romans *Das Geisterhaus.* Im Epilog heißt es: »Ich schreibe, um die langjährigen Geheimnisse meiner Kindheit aufzuklären, meine Identität festzulegen, meine eigene Legende zu schaffen. Zum Schluss ist das Einzige, was wir wirklich in Fülle haben, die Erinnerung, die wir selbst gewebt haben.« Fast überflüssig zu sagen, dass auch dieses Werk weltweit die Bestsellerlisten stürmte.

Isabel Allende lebt heute in San Rafael nahe San Francisco in Kalifornien, arbeitet am nächsten Buch, das 2002 erscheinen wird und im Amazonastiefland spielt, sowie an einer Serie von Büchern für Kinder und Jugendliche – spannende Erzählungen, fast Detektivgeschichten. Sie ist mit sich und der Welt zufrieden: »Ich erwarte nicht viel vom Leben. Mein nächster Roman könnte ein Flop sein. Das wäre auch nicht schlimm, dann würde ich morgen eben gefüllte Teigtaschen auf der Straße verkaufen. Ich weiß, dass ich es immer schaffen kann.« Ihre Mutter und ihr Stiefvater wohnen in einem Apartment in Providencia, einem Stadtteil von Santiago. Die Mutter malt, bekommt und schreibt jeden Tag ein Fax an die Tochter, im Flur hängt ein Poster, das die Tochter zeigt, im Bücherregal stehen die Erstausgaben ihrer Werke in verschiedenen Sprachen und werden dem Besucher stolz vorgeführt. Der Stiefvater arbeitet an einem Buch, seinen Erinnerungen, das er – wie er selbst meint – niemals vollenden wird. Hortensia Bussi de Allende lebt im gleichen Stadtteil, hoch betagt und ebenso angesehen. Sie gibt keine Interviews mehr. »Ich habe so oft darüber gesprochen, ich will nicht mehr, ich bin müde.« Ähnlich antwortet ihre Tochter Carmen Paz. Ihre Tochter

Isabel ist tief in die chilenische Politik eingetaucht – sie ist stellvertretende Vorsitzende ihrer Partei, Abgeordnete im Parlament und Mitglied verschiedener Parlamentskommissionen. Zur Vergangenheit sei alles gesagt, meint auch sie. Andrés Pascal Allende lebt heute in Kuba und berät Unternehmer, die entweder in Kuba investieren oder dort Geschäfte treiben wollen. Seine Schwester Denise Pascal Allende arbeitet in der Abteilung für Öffentlichkeitsarbeit des staatlichen Kupferkonzerns Codelco. Sie ist wie ihre Cousine innerhalb der Sozialistischen Partei aktiv. »Wenn ich meinen Namen nenne«, sagt sie, »gibt es niemanden in Chile, der darauf nicht reagiert. Und egal ob diese Reaktion positiv oder negativ ist – eines beinhaltet sie immer: Respekt. Man muss etwas dafür tun, dass dieser Respekt erhalten bleibt.« Sie lächelt. »So bedeutet der Name Allende eine große Verantwortung; er kann aber auch eine Last sein.«

»Die Familie wurde total zerstört«

Sausalito ist ein Nest. Verlässt man San Francisco über die Golden Gate Bridge und den Highway entlang der Bucht nach Norden, so gelangt man in das Städtchen: eine Straße, die parallel zur Küste verläuft, eine weitere dahinter, verbunden durch ein paar Querstraßen. Ein kleiner Park am Wasser, ein Jachthafen, ein halbes Dutzend Restaurants, ein Öko-Supermarkt, eine Buchhandlung sowie eine Hand voll Läden, in denen man handgefertigten Schmuck kaufen kann, Seglerbedarf, Fahrräder oder Blumen. Einige letzte Hippies beleben das Stadtbild, ansonsten atmet Sausalito eher Kleinstadtflair, es ist nur etwas reicher und gepflegter als der amerikanische Durchschnittsort – ohne die hässlichen Ausfallstraßen, an denen sich die Schnellrestaurants und Supermärkte aneinander reihen.

Im Zentrum der Kleinstadt, nahe dem Öko-Supermarkt, steht ein Eckhaus, an dem ein unauffälliges Schild hängt mit der Aufschrift: *law office* – Rechtsanwaltskanzlei – William H. Gordon. Wer die Familiengeschichte von Isabel Allende kennt, weiß, er ist ihr nahe: Willie Gordon ist Isabels Ehemann, und in dem kleinen Gebäude hinter dem Rechtsanwaltsbüro, das von außen wie eine größere Garage aussieht, hat die Schriftstellerin ihr Büro.

Isabel Allende ist von kleiner Statur – etwas über ein Meter fünfzig. Sie trägt ein dunkles Kleid, in einem unbestimmten Farbton zwischen braun und schwarz, das bis zur Mitte der Waden reicht, darüber ein strahlend blaues Tuch. Sie ist sorgfältig geschminkt und liebt offensichtlich Silberschmuck: an den Fingern zwei Ringe, an einem Handgelenk eine auffällig gefasste Uhr, an dem anderen einige

Armreifen, an den Ohrläppchen baumeln große Gehänge. Halblanges dunkles Haar. Das Foto auf dem Cover der amerikanischen Ausgabe des Werkes *Zorn und Liebe. Im Gespräch mit Isabel Allende* zeigt die Schriftstellerin in einer schönen Pose: Sie schaut den Betrachter mit offenem Blick an, hat die Arme allerdings verschränkt, als würde sie noch etwas für sich selbst zurückhalten wollen. Isabel Allende mag das Bild nicht: »Das bin nicht ich. Damals hatte ich versucht, mir die Haare blond zu färben.« Sie lacht, erstaunlicherweise etwas unsicher – vielleicht, weil sie weiß, dass es trotz der anderen Haarfarbe ein gutes Porträt ist.

Isabel Allendes Büro wirkt eher wie ein geschmackvoll eingerichtetes Wohnzimmer, weniger wie ein Arbeitsraum. Ein großes Regal mit Büchern hinter Glas – die eigenen Werke in Dutzenden verschiedenen Sprachen –, dazwischen Fotos: Familie und enge Freunde. Ein Schreibtisch, auf dem nichts liegt. Sie sagt etwas entschuldigend: »Ich schreibe zurzeit lieber zu Hause.« Ein Sofa und ein Sessel, ein Couchtisch, darauf eine Vase mit frischen Blumen. Sie selbst setzt sich aber an einen dritten, ovalen Tisch vor dem Bücherregal, vor sich einen Stapel Papier, ein Manuskript, an dem sie offensichtlich gerade arbeitet. Was es genau ist, verrät sie nicht.

Sie erzählt, wie sie schreibt: »Sehr deutsch, sehr systematisch.« In Chile haben die Deutschen noch stärker den Ruf, ordentlich und organisiert zu sein, als in anderen Ländern. »Ich beginne jedes Buch am 8. Januar. Einmal aus Aberglauben, weil ich *Das Geisterhaus* an diesem Tag begonnen habe, aber auch, weil ich meinen Jahresablauf planen muss. Ich halte viele Lesungen, rede auf Veranstaltungen und Kongressen und gebe Interviews. Und alle diese öffentlichen Auftritte versuche ich in die zweite Jahreshälfte zu legen.«

»Die Büroarbeit in Sausalito, etwa 20 Minuten von ihrem Haus entfernt, nimmt einen Gutteil ihrer Zeit in Anspruch«, schreibt die argentinische Literaturwissenschaftlerin Celia Correas Zapata. »Vorträge, Interviews, Einladungen zu Konferenzen, Pläne für Hilfswerke, Schenkungen, Briefe, Telefongespräche und Nachrichten kommen täglich. Zwei Assistentinnen helfen, und die verschiedenen Telefone und Faxgeräte finden keine Ruhe. Isabel hat bezüglich ihrer Post die gleiche Reputation wie seinerzeit Julio Cortázar: Sie lässt keinen Brief unbeantwortet. Die Dankeskärtchen schreibt sie oft selbst, mitunter mit der Hand, und sie signiert sie mit einer Zeichnung eines Vergissmeinnichts am Ende der Unterschrift.«

Isabel Allende spricht schnell, aber überlegt und unterstreicht ihre Worte mit einigen sparsamen Gesten, welche die Armreifen klingeln lassen: »Ich stehe früh auf, mache einen kurzen Spaziergang und setzte mich dann an den Computer. Ich schreibe mindestens acht Stunden jeden Tag, und in der Schlussphase eines Buches werden es mitunter auch vierzehn. Ich schreibe direkt in den Computer, ohne vorherigen Entwurf. Die Geschichte entwickelt sich dann von alleine, die Personen machen, was sie wollen, und ich kann sie nicht daran hindern. Wenn ich zu schreiben beginne, weiß ich weder das Ende noch den Anfang. Alles entwickelt sich von alleine. Oft ist das Buch auch früher zu Ende, als ich ursprünglich gedacht habe. Ich gehe morgens an den Computer, schalte ihn ein und sehe, dass ich am Abend vorher einen Satz geschrieben habe, der das Ende des Buches ist. Es bleibt nichts mehr zu sagen – alles, was ich noch schreiben würde, wäre zu viel und würde etwas zerstören. Ich glaube nicht, dass Schreiben ein besonderer Beruf ist. Ich schreibe Bücher wie andere Leute Häuser bauen, und ich gehe genauso professionell wie sie daran. Ich arbeite acht bis zehn Stunden, das ist es. Schreiben ist vor allem Arbeit, Arbeit und nochmals Arbeit.«

So entsteht ohne Konzept die erste Fassung des Buches, die zunächst nicht mehr als ein Entwurf der Handlung ist. Die erste Überarbeitung strafft dann die Story, die nächste die Sprache. Danach wandert das Manuskript zur Mutter, die seit der ersten Fassung von *Das Geisterhaus* ihr erste Leserin und einzige Lektorin ist. »Ich schreibe für meine Mutter«, bekennt Isabel Allende auch freimütig. »Das stimmt«, sagt ihr Stiefvater Ramón Huidobro dazu. »Isabel und ihre Mutter haben sich nie voneinander abgenabelt. Sie sind für sich jeweils die entscheidende Instanz. Sie streiten oft, aber sie sind unzertrennlich.«

Die Schriftstellerin Isabel Allende in ihrem Büro in Sausalito, Kalifornien.

Isabel Allende hat in vielen Interviews behauptet, dass ihr die Ansichten von Kritikern und Kollegen zu ihren Werken ziemlich gleichgültig seien. Sie wolle erzählen – bewegende, traurige, heitere Geschichten. Was andere davon halten, sei ihr egal. Kann sie sich diese Haltung leisten, weil sie eine weltweit berühmte Schriftstellerin und Auflagenmillionärin in vielen Ländern ist?

»Nein, deswegen nicht. Früher waren mir Kritiken wichtig. Heute habe ich keine Wünsche mehr. Ich bin glücklich. Ich will nichts mehr, ich bin zufrieden mit dem, was ist: mit meinem Leben, meiner Arbeit, meinen Enkeln. Ich mache mir auch keine Sorgen mehr; ich nehme das Leben so, wie es ist, denn ich kann es nicht ändern. Mich interessieren die Ansichten der Kritiker nicht mehr. Ich habe keine Angst um meine Karriere als Schriftstellerin, denn diese Karriere gibt es nicht. Alles kann sich innerhalb von 24 Stunden ändern. Meine Tochter starb, und ich konnte das nicht verhindern.« Sie lächelt. Verhalten, ernsthaft. »Ich bin durch Schmerzen befreit worden. Alle Wendepunkte in meinem Leben waren schmerzhaft: die Geburt meiner Kinder, der Putsch, der Tod meiner Tochter. Ich habe dabei etwas gelernt: dass man überlebt und danach stärker ist, als man je geglaubt hätte.«

Isabel Allende hat inzwischen sechs Romane, einen Band mit Erzählungen, ein Sachbuch und ein autobiografisches Werk veröffentlicht; zwei Werke spielen in Chile, jeweils eins in der Karibik, in den USA, in Chile und in dem Kalifornien des Goldrausches. Handlungsorte in *Porträt in Sepia* sind sowohl Chile als auch Nordamerika. Sie selbst verließ Chile vor nunmehr 26 Jahren und lebt seit über 13 Jahren in den USA. Warum spielt das Land »mit rauen Vulkanen und schneebedeckten Gipfeln, mit uralten, wie von Smaragden übersäten Seen, mit schäumenden Flüssen und duftenden Wäldern, einem Land so schmal wie ein Band, der Heimat armer und noch immer unschuldiger Menschen trotz so vielen und vielfältigen Machtmissbrauchs«, wie es in ihrem letzten Roman *Porträt in Sepia* heißt – warum spielt dieses Chile immer noch eine so wichtige Rolle in ihrem Werk?

»Meine Seele, meine Wurzeln sind in Chile. Da gehöre ich hin. Ich wollte immer dort sein – schon als Kind, als ich im Ausland aufwuchs. Aber das Schicksal hat es eben anders gemeint. Und jetzt – jetzt denke ich nicht mehr daran zurückzugehen«, sagt Isabel Allende. »Ich besuche Chile mindestens zweimal im Jahr, und ich bin täglich mit dem Land in Kontakt. Durch meine Mutter, durch Faxe, Telefongespräche, Freunde oder auch durch Zeitungen von dort. Aber ich glaube nicht, dass ich jemals zurückgehen werde. Meine Brüder gingen auch nie nach Chile zurück. Mein Mann lebt hier, mein Sohn wohnt ebenfalls in den USA, meine Enkelkinder sind hier. Das ist typisch für unsere Generation von Exilierten, deren Kinder in der alten Heimat keine Existenz aufbauen konnten. Wenn meine Eltern sterben – und ich gehe davon aus, dass Tencha früher stirbt, denn sie ist viel älter –, ist niemand mehr von meiner direkten Familie dort.«

»Sind die Allendes eine der großen Familien Chiles?« Die Frage, die Jacques Chonchol mit einem klaren »Ja und Nein« beantwortete, ist vielleicht ganz einfach falsch gestellt. Die Allendes waren eine große Familie in Chile, auch wenn es wirtschaftlich oder politisch bedeutsamere gab. Die Familie Alessandri stellte mehrere Präsidentschaftskandidaten sowie zwei Präsidenten, von denen einer sogar zweimal in der Moneda residierte. Von der Familie Frei saßen Vater und Sohn in der Moneda. Doch während diese Familien den Status quo repräsentierten, standen die Allendes immer für etwas anderes. Pathetisch gesagt: für den Aufbruch in eine neue, auch gerechtere Welt. Sie kämpften im Unabhängigkeitskrieg und im Salpeterkrieg gegen Bolivien und Peru für die territoriale Ausdehnung Chiles. Sie gründeten Krankenhäuser, unterrichteten an Hochschulen, sie stellten radikale Abgeordnete, die für bürgerliche Freiheitsrechte kämpften, sie waren Großmeister der Freimaurer, sie fochten für die Trennung von Staat und Kirche und für den sozialen Fortschritt. Einer der Allendes wurde schließlich Präsident. Doch er wurde in einem blutigen Staatsstreich gestürzt. Er suchte den Freitod, und alle Verwandten mussten während der folgenden Diktatur ihr Heimatland verlassen.

Heute existiert diese Familie nicht mehr, der Pinochet-Putsch hat sie zerschlagen. Das Zentrum – Santiago de Chile – wurde ihr genommen, das Mitglied, das die Familie zusammenhielt – Salvador Allende –, beging Selbstmord. Die Familienbande sind zerrissen. Heute gibt es eine Schriftstellerin Isabel Allende und eine Politikerin Isabel Allende, dazu noch ein paar weitere Familienmitglieder, die sich bewusst sind, einen bekannten Namen zu tragen. Die Schriftstellerin weiß daher auch, warum ihre entfernte Cousine, die Politikerin Isabel Allende, nicht über ihre Familiengeschichte sprechen will: »Es ist eine sehr schmerzhafte Geschichte. Salvador starb, Tati und Laura begingen Selbstmord, alle mussten flüchten. Die Familie wurde total zerstört.«

Zeittafel

1520
Der Entdecker Ferdinand Magellan segelt als erster Europäer um die Südspitze Südamerikas herum und erblickt die chilenische Küste. Die von ihm entdeckte Meerenge zwischen dem südamerikanischen Festland und Feuerland trägt heute seinen Namen.

1536
Diego de Almagro betritt als erster Europäer chilenischen Boden und beginnt, das Land zu erobern.

1541
Pedro de Valdivia gründet die Stadt Santiago de Chile, es folgen 1544 La Serena und Valparaíso, 1550 Concepción und 1551 Valdivia, Villarrica und Angol.

1562
Ende der spanischen Eroberungen in Chile.

1567
Santiago erhält die Real Audiencia (Königliche Gerichtsbarkeit) für Chile.

1746
Gründung der Münze (Moneda) in Santiago.

1796
Ambrosio O'Higgins, ein gebürtiger Ire, wird Vizekönig von Peru.

1810
Gründung der ersten Nationalregierung, einer Junta, um möglichen französischen Besitzansprüchen in Hispanoamerika zuvorzukommen, da Spanien mit Frankreich Krieg führt.

1811
Die Junta ruft den ersten Nationalkongress zusammen, der dem spanischen König einen Treueeid schwört.

1812
Die Regierung Carrora fordert vom spanischen König die Anerkennung der Verfassung und Unabhängigkeit Chiles.

1813
Spanische Truppen besetzen Chile.

1814
Beginn des chilenischen Unabhängigkeitskampfes gegen Spanien. Zunächst sind die Spanier siegreich; sie müssen sich aber 1817 und 1818 den vereinten argentinischen und chilenischen Truppen geschlagen geben. Im Unabhängigkeitskrieg taucht erstmals der Name Allende auf: Drei Brüder, darunter der Urgroßvater Salvador Allendes, kämpfen in verantwortlicher Position für die Unabhängigkeit Chiles.

1845
Geburt des »roten Allende«, Ramón Allende Padin, Salvador Allendes Großvater.

1879
Beginn des Salpeterkrieges zwischen Chile, Peru und Bolivien. Das 1883 siegreiche Chile wird zur führenden Macht an der Pazifikküste Lateinamerikas und gewinnt große Landgebiete in Norden dazu.

1884
Ramón Allende Padin stirbt. Er wird mit einem Staatsbegräbnis geehrt.

1886
José Manuel Balmaceda wird chilenischer Präsident. Er versucht einige Industriebereiche zu verstaatlichen und wird 1891 in einem Bürgerkrieg entmachtet. Balmaceda muss in die argentinische Botschaft in Santiago flüchten und begeht dort Selbstmord.

1908
Am 26. Juni wird Salvador Allende Gossens in Valparaíso als Sohn des Rechtsanwaltes Salvador Allende Castro und seiner Frau Laura Gossens Uribe geboren.

1910
Die Familie zieht in den Norden Chiles. Salvador verbringt seine Kindheit in Tacna und Iquique. Später geht Salvador Allende zum Schulbesuch nach Santiago.

1921
Rückkehr nach Valparaíso. Salvador Allende beendet in Valparaíso die Schule und beginnt sich für Politik zu interessieren.

1922
Gründung der Kommunistischen Partei Chiles, angeführt von Luis Emilio Recabarren.

1925
Salvador Allende beginnt mit dem Studium der Medizin an der Universidad de Chile in Santiago.

1926–1931
Während des Studiums beteiligt sich Salvador Allende an Protesten gegen die Diktatur von Oberst Carlos Ibañez del Campo. Er wird zum stellvertretenden Präsidenten der Föderation chilenischer Studenten (FECH) gewählt, 1929 tritt er der Freimaurerloge sowie der Studentenorganisation Avance bei.

1932
Ein Aufstand von Zivilisten und Militärs, angeführt von Marmaduque Grove, ruft die Sozialistische Republik aus. Nach nur elf Tagen wird diese Republik durch einen Militärputsch zerschlagen. Salvador Allende wird kurzfristig inhaftiert. Arturo Alessandri übernimmt wieder die Regierung und leitet eine wirtschaftlich und politisch stabile Epoche ein.

1933
Gründung der Sozialistischen Partei Chiles, Allende wird Parteisekretär der Region Valparaíso.

1935
Allende wird wegen Opposition gegen die Regierung von Arturo Alessandri nach Caldera in Nordchile verbannt.

1936
Wie in Spanien und Frankreich wird auch in Chile eine Volksfront von Kommunisten und Sozialisten gegründet. 1937 wird Allende als Vertreter der Sozialistischen Partei zum Abgeordneten gewählt.

1938
Pedro Aguirre Cerda, Kandidat der Volksfront wird Präsident. Allende übernimmt in der Regierung das Amt des Gesundheitsministers.

1940
Salvador Allende heiratet Hortensia Bussi Soto. Im selben Jahr wird Denise Pascal Allende, die Tochter von Salvador Allendes Schwester Laura, geboren.

1941
Carmen Paz Allende, Salvador Allendes und Hortensia Bussis erste Tochter, wird geboren.

1942
Die Schriftstellerin Isabel Allende wird in Lima (Peru) geboren. Sie ist die Tochter von Tomás Allende Pesce de Bilbaire und Francisca Llona Barros Allende.

1943
Salvador Allende wird Generalsekretär der Sozialistischen Partei. Im selben Jahr wird seine zweite Tochter – Beatriz Jimena, genannt Tati – geboren.

1944
Laura Allende, die Schwester Salvador Allendes, bringt einen Sohn zur Welt: Andrés Pascal Allende.

1945
Geburt der dritten Tochter Isabel. Später im Jahr wird Salvador Allende in den Senat gewählt.

Tomás Allende und Francisca Llona Barros Allende lassen sich scheiden. Die Tochter Isabel und ihre zwei Brüder bleiben bei der Mutter. Die Familie geht zurück nach Chile und zieht ins Haus der Eltern von Francisca Llona Barros.

1951–1952
Teile der Sozialisten unterstützen die Kandidatur von General Ibañez, der 1952 als Präsident wiedergewählt wird. Die Sozialistische Partei spaltet sich, und eine Fraktion, angeführt von Allende, schließt sich mit den Kommunisten in der Volksfront (Frente del Pueblo) zusammen. Allende wird zu ihrem Präsidentschaftskandidaten erklärt, erhält bei der Wahl 1952 aber nur 52 000 Stimmen. Carlos Ibañez übernimmt wieder die Regierung. In gleichen Jahr wird Salvador Allende erneut zum Senator gewählt.

1953
Der Gewerkschaftsverband CUT wird von der Sozialistischen und der Kommunistischen Partei gegründet.

1953
Francesca Llona Barros heiratet zum zweiten Mal. Ramón Huidobro ist im diplomatischen Dienst, und so folgt die Familie ihm ins Ausland: nach Bolivien, Europa und schließlich in den Libanon.

1954
Salvador Allende besucht zum ersten Mal die Sowjetunion und die Volksrepublik China. Er ist stellvertretender Senatspräsident.

1957–58
Wiedervereinigung der Sozialistischen Partei und Gründung der FRAP (Frente de Accion Popular, Volksfront), in der sich Sozialisten, Kommunisten und andere linke Gruppierungen zusammengeschlossen haben. Allende wird 1958 bei den Wahlen zur Präsidentschaft Kandidat der FRAP und wird denkbar knapp von dem Konservativen Jorge Alessandri Rodríguez besiegt.

1958
Da im Libanon der Bürgerkrieg ausbricht, kehrt Isabel Allende nach Santiago zurück, um dort die Schule zu beenden. Sie wohnt erneut bei ihren Großeltern.

1959
Kurz nach dem Sieg der Revolution besucht Salvador Allende Kuba, wo er Fidel Castro und Che Guevara kennen lernt.

1960–1964
Isabel Allende arbeitet im chilenischen Büro der Food and Agricultural Organization (FAO) der Vereinten Nationen. 1962 heiratet sie Miguel Frias, und am 22. Oktober 1963 wird ihre Tochter Paula geboren.

1964
Salvador Allende wird erneut als Präsidentschaftskandidat der gesammelten Linkskräfte aufgestellt und vereint bei den Wahlen 39 Prozent der Stimmen auf sich. Aus Angst vor einem Sieg der Linken unterstützt die Rechte die Kandidatur des Christdemokraten Eduardo Frei Montalvo, der mit 56 Prozent der Stimmen zum Präsidenten gewählt wird. Im selben Jahr stirbt die Mutter Salvador Allendes.

1964–1965
Isabel Allende lebt mit ihrem Mann und der Tochter in Belgien und in der Schweiz.

1965
An der Universität von Concepción gründet sich der MIR (Moviemiento del la Izquierda Revolucionaria, Bewegung der revolutionären Linken). Eines der Gründungsmitglieder ist Andrés Pascal Allende, der Sohn von Salvador Allendes

Schwester Laura. Der MIR wird Ende der sechziger Jahre zur größten Guerillabewegung Chiles.

1966
Isabel Allende kehrt nach Chile zurück. Sohn Nicolas wird geboren. Salvador Allende wird zum Senatspräsidenten gewählt.

1967
Isabel Allende beginnt ihre Mitarbeit bei der Zeitschrift *Paula*. Von 1969 an schreibt sie regelmäßig für die Kinderzeitschrift *Mampato*, ab 1970 arbeitet sie für das Fernsehen.

1967
In Bolivien wird der Guerillakämpfer Che Guevara erschossen. Auf dem Parteitag in Chillán radikalisiert die Sozialistische Partei ihr politisches Programm.

1968
Salvador Allende stellt einige Überlebende aus der Guerilla von Che Guevara, die sich nach Chile hatten flüchten können, unter seinen persönlichen Schutz. Die Rechte fordert daraufhin seinen Rücktritt als Senatspräsident und die Aufhebung seiner Immunität. Allende verurteilt den sowjetischen Einmarsch in Prag.

1969
Die Unidad Popular wird als Zusammenschluss von Sozialisten, Kommunisten, Radikalen und Sozialdemokraten gegründet. Allende wird erneut zum Senator gewählt.

1970
Salvador Allende kandidiert zum vierten Mal für das Amt des Staatspräsidenten. Er erreicht bei den Wahlen am 4. September als Kandidat der Unidad Popular die relative Mehrheit (36,3 Prozent) der Stimmen. Am 26. Oktober wird er als gewählter Präsident durch den Kongress bestätigt. Am 4. November wird er offiziell als Präsident der Republik vereidigt.

Isabel Allendes Stiefvater Ramón Huidobro wird Botschafter in Argentinien.

1971
Die Agrarreform wird schneller als geplant vorangetrieben: Jacques Chonchol, Landwirtschaftsminister der Unidad Popular, verlegt sein Ministerium in den Süden des Landes nach Temuco. Als Teil der *Vierzig Maßnahmen,* des unmittelbar umzusetzenden Regierungsprogrammes der UP, wird mit der Verstaatlichung der Banken und Unternehmen, unter anderem auch der Kupferbergwerke, sowie der Verteilung eines halben Liters Milch pro Tag und Kind begonnen. Bei den Kommunalwahlen im April erzielt die UP fast 51 Prozent der Stimmen.

Im November trifft Fidel Castro zum offiziellen Staatsbesuch in Chile ein und bleibt drei Monate.

Am 1. Dezember findet die Demonstration der »leeren Töpfe« der Opposition statt. Sie endet mit gewalttätigen Auseinandersetzungen. Später wird gegen den Innenminister José Tohá eine Anklage wegen Verfassungsbruchs erhoben. Diese ist die erste einer Reihe von Machteinschränkungen der Exekutive durch das Parlament.

Uraufführung des Stückes *El Ambassador* (*Der Botschafter*) von Isabel Allende in Santiago de Chile.

Der Lyriker Pablo Neruda erhält den Literaturnobelpreis.

1972
Während eines Gespräches mit Pablo Neruda sagt dieser, dass Isabel Allende aufhören solle, als Journalistin zu arbeiten. Sie sei sicher besser als Schriftstellerin. Isabel selbst arbeitete damals überwiegend als Fernsehmoderation.

1973
Die innenpolitischen und wirtschaftlichen Probleme Chiles werden immer größer. Die Proteste der Opposition gegen die Politik der UP werden immer radikaler – die Lastwagenfahrer streiken mehrfach und stürzen das Land in Versorgungsnöte. International versuchen die amerikanischen Kupferkonzerne den Verkauf chilenischen Kupfers zu unterbinden, teilweise erfolgreich: So fehlen der Regierung die notwendigen Devisen, um Importe zu finanzieren.

Gespräche zwischen den Christdemokraten und Allende scheitern in der Jahresmitte.

Am 23. August tritt General Prats als Oberkommandierender der Streitkräfte zurück; sein Nachfolger wird General Augusto Pinochet.

Am 4. September findet die letzte große Unterstützungsdemonstration für die Politik Allendes statt: mehrere hunderttausend Menschen gehen in Santiago und in anderen Städten des Landes auf die Straße. Allende plant, sich und seine Politik einem Volksentscheid zu stellen. Doch dazu kommt es nicht mehr: Am 11. September putscht das Militär unter General Augusto Pinochet gegen den gewählten Präsidenten Salvador Allende. Der tritt nicht zurück, sondern verteidigt den Regierungspalast mit einigen Mitstreitern gegen die Putschisten. Um die Mittagszeit beginnt das Luftwaffenbombardement der Moneda. Als die ersten Soldaten in den Regierungspalast eindringen, begeht Salvador Allende Selbstmord.

Unmittelbar nach dem Putsch gehen Tencha und seine Töchter Carmen Paz, Tati und Isabel ins Exil nach Mexiko. Seine Nichte, Denise Pascal Allende, die Tochter seiner schwer krebskranken Schwester Laura, die von den Militärs unter Hausarrest gestellt wird, folgt einige Monate später. Andrés Pascal Allende, Gründungsmitglied des MIR, geht in den Untergrund.

Die Militärs inhaftieren in den ersten Tagen und Wochen nach dem Putsch tausende von Menschen. Das Nationalstadion in Santiago dient zunächst als gigantisches Gefängnis für Oppositionelle, die dort unter unmenschlichen Bedingungen inhaftiert sind. Folter und Mord sind an der Tagesordnung, so werden dem Sänger Victor Jara erst die Handgelenke zerschlagen, dann wird er erschossen. Tausende werden verschleppt, verschwinden spurlos, werden gefoltert und ermordet oder in Konzentrationslager gebracht. In den Wochen nach dem Putsch werden überall Ermordete gefunden. Wer in Opposition zum Regime steht und flüchten kann, geht ins Ausland, entweder als Asylsuchender über die ausländischen Botschaften in Santiago oder illegal über die Andenpässe nach Argentinien.

Am 23. September stirbt Pablo Neruda. Seine Beerdigung wird zur ersten Protestdemonstration gegen das neue Regime.

Isabel Allendes Stiefvater Ramón Huidobro legt sein Amt als Botschafter Chiles in Argentinien unmittelbar nach dem Putsch nieder.

Von Isabel Allende werden zwei Theaterstücke *La balada de medio pelo* (Die Ballade vom halbseidenen Aufstieg) und *Yo soy Tránsito Soto* (Ich bin Tránsito Soto) uraufgeführt.

1974

Eine Sammlung von Isabel Allendes Kolumnen aus der Frauenzeitschrift *Paula* erscheint in Santiago als Buch. Ironischerweise wird ihr im selben Jahr aus politischen Gründen der Vertrag bei *Paula* gekündigt. Insgesamt erscheinen in diesem Jahr drei Bücher von ihr: Die Kinderbücher *Lauchas, Lauchones, Ratas y Ratones* (Kleine Mäuse und große Mäuse, Ratten und Riesenratten), *La abuela Panchita* (Großmutter Panchita) sowie die Artikelsammlung unter dem Titel *Civilice a su Troglodita* (Zähme deinen Troglodyten).

Andrés Pascal Allende, der in Chile im Untergrund lebt, wird Generalsekretär des MIR.

Im September wird General Carlos Prats, der in Buenos Aires im Exil lebt, durch eine Autobombe vom chilenischen Geheimdienst DINA getötet. Isabel Allendes Mutter und ihr Stiefvater, die auch Todesdrohungen erhalten haben, flüchten daraufhin aus der Stadt, zunächst nach New York, dann weiter nach Caracas, Venezuela.

1975
Laura Allende verlässt schwer krebskrank nach Haft und Hausarrest Chile.

Isabel Allendes Stück *Los siete espejos* (Die sieben Spiegel) wird uraufgeführt. Die Schriftstellerin verlässt das Land, wenige Wochen später folgt ihr ihre Familie nach Caracas.

1976
Auch Andrés Pascal Allende kehrt Chile den Rücken. Er geht zunächst nach Costa Rica, dann nach Kuba.

1977
Laura Allende und Denise Pascal Allende geben ihr Exil in Mexiko auf und ziehen weiter nach Kuba. Dort lebt seit drei Jahren auch schon Tati Allende, die allerdings in diesem Jahr Selbstmord begeht.

1978
Isabel Allende geht für einige Monate nach Spanien.

Andrés Pascal Allende kehrt nach Chile zurück, um dort im Untergrund gegen die Diktatur zu arbeiten.

1980
Chile erhält eine neue Verfassung, die per Volksentscheid angenommen wird. Die 67 Prozent Zustimmung für die nach Pinochets Vorstellungen entworfene Konstitution sind allerdings nicht besonders viel – zumal, wenn man bedenkt, dass die Wähler vorher massiv eingeschüchtert wurden. Pinochet schreibt mit dieser Verfassung seine Herrschaft bis 1989 fest.

1981
Isabel Allende beginnt mit dem Roman *La Casa de los Espiritus* (Das Geisterhaus), der ein Jahr später vom Verlag Plaza y Janés in Barcelona (Spanien) veröffentlicht wird.

Zu Beginn des Jahres begeht die krebskranke Laura Allende in Kuba Selbstmord.

1983
Im Mai findet in Santiago ein erster Streik gegen die Pinochet-Diktatur statt.

1984
Isabel Allendes zweiter Roman *De Amor y Sombra* (Von Liebe und Schatten) erscheint ebenfalls bei Plaza y Janés.

1986
Im September scheitert ein Attentat auf Pinochet. Fünf seiner Leibwächter sterben, als eine Autobombe explodiert. Die Diktatur öffnet sich: Sie erlaubt immer mehr Menschen im Exil die Rückkehr in die Heimat. So ziehen auch Isabel Allendes Mutter Francisca Llona Barros und ihr Stiefvater Ramón Huidobro nach Santiago zurück.

1987
Isabel Allende und Miguel Frias lassen sich scheiden. Isabels dritter Roman *Eva Luna* erscheint. Sie trifft William Gordon, einen Rechtsanwalt aus der Gegend von San Francisco und zieht Ende des Jahres zu ihm nach San Rafael.

1988
Im Februar konstituiert sich ein Bündnis aus 15 Parteien, die Concertación de Partidos por el No. Sein Ziel: zu verhindern, dass Pinochet im Oktober bei einer Volksabstimmung für weitere acht Jahre als Präsident bestätigt wird. Stattdessen soll es, wie vorgesehen, Wahlen im Dezember 1989 geben.

Denise Pascal Allende reist wie zahlreiche andere Verbannte heimlich nach Chile ein. Sie stellt sich den Behörden. Im September heben die Militärs alle Einreiseverbote gegen die Familie Allende auf: Isabel Allende, Tochter von Salvador Allende, kommt zurück nach Santiago, am 24. September dann auch Hortensia Bussi de Allende, seine Witwe. Sie wird triumphal empfangen.

Im Oktober siegt die Concertación bei der Volksabstimmung. Pinochet wird geschlagen.

Isabel Allende heiratet William Gordon und wird US-Residentin.

1989
Isabel Allende veröffentlicht *Cuentos de Eva Luna* (Die Geschichten der Eva Luna). Sie wird in die chilenische Academía de la Lengua aufgenommen.

Bei den Wahlen im Dezember setzt sich der Kandidat der Concertación, Patricio Aylwin Azócar, ein Christdemokrat durch. Er wird im März 1990 als Präsident für vier Jahre vereidigt.

1990
Der Sarg mit den sterblichen Resten Salvador Allendes wird in einem Staatsbegräbnis umgebettet. Er ruht nun in einem Mausoleum auf dem Cementerio General in Santiago.

In Santiago wird die Fundación Salvador Allende gegründet, Vorsitzende ist seine Tochter Isabel Allende.

1991
Isabel Allendes Tochter Paula wird am 6. Dezember in ein Krankenhaus in Madrid eingeliefert. Am 8. Dezember fällt sie in ein Koma, aus dem sie nie wieder erwachen wird. *El Plan Infinito* (Der unendliche Plan) erscheint. Die Schriftstellerin erhält die Ehrenprofessur der Universidad de Chile und die Ehrendoktorwürde der New York State University.

1992
Isabel Allendes Tochter Paula stirbt am 8. Dezember in San Rafael, Kalifornien. Sie lag genau ein Jahr im Koma.

Isabel Allende, die Tochter von Salvador Allende, wird zur stellvertretenden Vorsitzenden der Sozialistischen Partei gewählt. Von Dezember 1993 bis Januar 1994 führt sie kurzfristig die Partei, seither ist sie wieder als stellvertretende Vorsitzende aktiv.

1993
Der Film *Das Geisterhaus* hat seine Weltpremiere in München. Er wurde von Bernd Eichinger produziert, Regie führte Bille August, und auf der Besetzungsliste stehen internationale Stars: Meryl Streep, Glenn Close, Jeremy Irons, Winona Ryder, Antonio Banderas und Vanessa Redgrave.

1994
Staatspräsident Patricio Aylwin überreicht Isabel Allende den Gabriela-Mistral-Preis, Chiles höchsten Kulturpreis. Sie wird mit der Ehrendoktorwürde des Bates College und des Dominican College sowie mit dem französischen Ordre des Arts et des Lettres ausgezeichnet.

Der Film *Von Liebe und Schatten,* unter der Regie von Betty Kaplan, kommt in die Kinos. Im Dezember erscheint Isabel Allendes Buch *Paula.* Ende des Jahres – so schätzen Fachleute – hat die Weltauflage von Isabel Allendes Büchern die Zehnmillionenmarke überschritten.

Bei den Wahlen zur Präsidentschaft setzt sich der Christdemokrat Eduardo Frei Ruíz Tagle, der Sohn von Eduardo Frei Montalvo, des Amtsvorgängers von Salvador Allende, durch.

Die Politikerin Isabel Allende wird in die Abgeordnetenkammer gewählt.

1996
Isabel Allende gründet die Isabel Allende Foundation als Hommage an ihre Tochter Paula. Die Stiftung hilft unterprivilegierten Frauen und Kindern bei der Gesundheitsfürsorge, in Erziehungsfragen, mit Darlehen und Stipendien sowie Wohnungsprogrammen.

1997
Isabel Allende veröffentlicht *Aphrodite,* ein Buch über Essen, Lust und Leidenschaft.

Im Dezember wird die Politikerin Isabel Allende als Abgeordnete für die Legislaturperiode 1998–2002 bestätigt.

1998
General Augusto Pinochet tritt als Oberbefehlshaber der Streitkräfte zurück. Ungeachtet aller Proteste nimmt er das Amt als Senator auf Lebenszeit, das ihm aufgrund der unter ihm verabschiedeten Verfassung zusteht, an.

Im Herbst wird er allerdings bei einem Krankenhausaufenthalt in London verhaftet. Der spanische Staatsanwalt Baltazar Garzón hatte einen internationalen Haftbefehl beantragt, da er Pinochet wegen des Todes mehrerer spanischer Staatsbürger nach dem Putsch 1973 belangen wollte, und die britischen Behörden setzen den General fest. Sie liefern ihn allerdings nicht nach Spanien aus – aus gesundheitlichen Gründen, und nicht, weil sie ihn für unschuldig halten. Pinochet kann erst nach 17-monatigem Hausarrest im März 2000 nach Chile zurückkehren. Sein Image ist ruiniert. Er wird nun weltweit als der blutige Diktator, der er war, gesehen.

1999
Hija de la Fortuna (Fortunas Tochter) erscheint bei Plaza y Janes in Barcelona.

Die Präsidentschaftswahlen im Dezember bringen keine Entscheidung.

2000
Bei Stichwahlen zur Präsidentschaft setzt sich der Kandidat der Concertacíon Ricardo Lagos durch. Er wird der erste Präsident einer Sozialistischen Partei in Chile seit Salvador Allende.

Im Juni wird vor der Moneda ein Denkmal für Salvador Allende enthüllt.

Retrato en Sepia (Porträt in Sepia), Isabel Allendes bislang letzter Roman, erscheint bei Plaza y Janes in Barcelona.

2001
Die chilenischen Behörden beschließen, die schwebenden Verfahren gegen Pinochet wegen Mord und Entführung und anderer Delikte einzustellen. Nach chilenischem Recht darf gegen Personen, die mental und intellektuell nicht fähig sind, sich selbst zu verteidigen, nicht verhandelt werden.

Register

Aguirre Cerda, Pedro 58 f., 61
Alarcón, Rolando 94
Alegria, Fernando 65, 78, 82
Alessandri Palma, Arturo 41 f., 47, 52, 55 f., 58
Alessandri Rodríguez, Jorge 78, 80, 99-104, 165, 185
Alessandri, Arturo (Enkel von A. Alessandri Palma) 185
Alessandri, Fernando (Sohn von A. Alessandri Palma) 63
Algorrobo 64, 84
Allende Bussi, Beatriz Jimena (Tati, Tochter S. Allendes) 62, 64, 83, 91 f., 100 f., 119, 124, 144, 150, 154, 199
Allende Bussi, Carmen Paz (Tochter S. Allendes) 61, 64, 76, 83, 144, 150, 192
Allende Bussi, Isabel (Tochter S. Allendes) 17 f., 62, 64, 83, 91, 124, 144, 151, 164, 175, 179, 185, 188, 190, 193, 199
Allende Castro, Ramón (Onkel S. Allendes) 27
Allende Castro, Salvador (Vater S. Allendes) 26 f., 34, 39
Allende Garcés, Gregorio (Urgroßvater S. Allendes) 32
Allende Garcés, José María 32
Allende Garcés, Ramón 32
Allende Gossens, Alfredo 26
Allende Gossens, Laura (Schwester S. Allendes) 26, 27, 62, 64, 90, 102, 122, 143, 150 f., 164, 199
Allende Gossens, Salvador 12, 14, 16 f., 19 ff., 26 ff., 32, 34, 42 f., 45-48, 51-65, 67 f., 73-84, 86 f., 90, 92 ff., 98-107, 109-120, 122-127, 129-136, 139, 161 f., 175, 178, 184 f., 187 f., 190, 199
Allende Llona, Francisco (Pancho) 67
Allende Llona, Isabel (Schriftstellerin) 14-17, 19, 48, 62, 65, 67-70, 82 ff., 95 f., 102 f., 106, 110 ff., 115 ff., 123, 131, 133, 137 f., 143, 145 f., 148, 150, 154-161, 163 f., 166 ff., 171, 173 f., 176, 179-183, 186 f., 189, 191, 194-199
Allende Llona, Juan 67
Allende Padin, Ramón 32, 34, 36, 38
Allende Pesce de Bilbaire, Tomás (Cousin S. Allendes) 62, 66 f.
Almagro, Diego de 28 f.
Amado, Jorge 163
Amnesty International 147, 175
Angel Asturias, Miguel 64
Antofagasta 34, 36 f., 41, 49, 74
Atacamawüste 34 f.
Avance 48
Aylwin Azócar, Patricio 177

Baeza 124
Balcells, Carmen 161

Balmaceda, José Manuel 36, 38 f., 134, 139
Barcelona 161
Barrientos Ortuño, René 90
Barros Luca, Ramón 36
Barros Moreira, Isabel 68
Beirut 69 f.
Blanche, Bartolomé 52
Braden Copper 88
Brandt, Willy 179
Büchi, Hernán 177
Buenos Aires 106, 143, 147 f., 158
Bussi de Allende, Hortensia, (Tencha) 18, 59-62, 65, 73 f., 101 f., 107, 118, 125, 134 f., 143 f., 151 f., 164, 175 f., 192, 198,
Bustos, Manuel 166

Caldera 35, 56
Caracas 80, 148, 150, 156 ff., 161, 171
Castro, Fidel 79, 115, 127, 133 f.
Cautín 56
CDU (Christlich Demokratische Union) 86
Chicho s. Allende Gossens, Salvador
Chillán 58, 92
Chonchol, Jacques 16, 19, 88, 97, 99, 110, 184, 198
CIA (Central Intelligence Agency) 86 f., 100, 105, 113 f.
Ciudad Bolívar 156
CODELCO (Cooperación Nacional del Cobre) 50, 88, 193
Coke, Cruz 63
Colonia Dignidad 138
Comisión de la Verdad y de la Reconciliación (Wahrheitskommission) 76, 178
Concepción 58, 90
Concertación de los Partidos por el No 176 f., 183, 185, 190
Contreras, Manuel 147 f.
Contreras, Miria (Payita) 101, 124, 129, 151
Copiapó 56
CORFO (Cooperación de Fomento) 60 f.
Curicó 60

Dávila, Carlos 52
DINA (Dirección de Inteligencia Nacional) 147 f., 153
Durán, Julio 84, 86

Echeverría 139
Echeverría, María Esther Zuno de 152
Eloy Martínez, Tomás 160 f.
Enríquez, Miguel 91, 100

FAO (Food and Agricultural Organization) 82 f.
Fonseca, Pedro 74
FPMR (Frente Patriotico Manuel Rodríguez) 169 f.
FRAP (Frente del Acción Popular) 75, 78, 86 f.
Frei Montalvo, Eduardo 84, 86-89, 97 ff., 102, 104, 110, 139, 17, 185
Frei Ruíz Tagle, Eduardo (Sohn E. Freis) 177, 185
Frente del Pueblo (Volksfront) 73
Frias, Miguel 70, 83 f., 150, 156, 158, 171
Frias Allende, Nicolas 95
Frias Allende, Paula 83, 174, 180
Friedman, Milton 149
Fuentes, Carlos 163, 182, 191
Fundación Salvador Allende 18, 179

GAP (Grupo Amigos Personales) 101, 124, 129
García Márquez, Gabriel 132, 163, 169, 182
Garzón, Baltazar 188
Gatica, Malú 111
González de Marées, Jorge 55, 58

González Videla, Gabriel 63, 65
Gordon, William H. 174, 194
Gossens Uribe, Laura
Gossens Uribe, Laura (Mutter Salvador Allendes) 26, 39, 78
Grove de Allende, Inés 26, 46, 136
Grove Vallejo, Eduardo 26, 46, 48, 51
Grove, Marmaduque 46 f., 51 ff., 55, 57 f., 136
Guevara Serna, Ernesto »Che« 14, 21, 79, 80, 90, 92
Guzman, Juan 191

Havanna 79, 93
Helms, Richard 114
Herrera, Ariosto 59
Hevia, Arturo 12
Huidobro, Ramón 14 f., 64, 67, 69, 76, 102, 106, 120, 143, 147 f., 155, 160 f., 171, 196

Ibañez del Campo, Carlos 28, 47-52, 57 ff., 61, 73 ff.
Inti-Illimani 94, 102, 176
Iquique 27, 35 ff., 40 f., 46
Isla Dawson 155
Isla Negra 116, 139
ITT (International Telephone and Telegraph) 49, 114

Jara, Joan 94, 100
Jara, Victor 21, 93 f., 102, 113, 137
Javier Errázurriz, Francisco 177
Jiménez, Tucapel 177
Jirón, Arturo 124, 127, 133, 154 f.
Jorquera, Carlos 48

Kennedy, J. F. 16, 80
Kissinger, Henry 114
Krauss, Enrique 17, 19, 60, 98

Lago Llanquihue 63
Lagos, Ricardo 12, 177, 190
Lanzarotti, Julio 157
Larraín, Luis 184
Lavín, Joaquín 184, 190
Leigh, Gustavo 124
Leighton, Bernardo 148
Letelier, Orlando 123, 148
Lima 32, 62, 66 f.
Llona Barros, Francisca (Panchita, Mutter der Schriftstellerin) 14, 62, 66 ff., 155, 160, 171
Llona Cuevas, Augustin 68, 150
Lonquén 166

MacIver, Enrique 36, 38
Macul Alto 76
Madrid 158, 180
Manns, Patricio 94
MAPU (Moviemiento de Acción Popular Unitaria) 97, 99
Mapuche-Indianer 29, 97
Martínez, Gonzalo 136
McCone, John 114
MDP (Movimiento Demócrata Popular) 170
Mendoza, César 124
MIR (Movimiento de la Izquierda Revolucionaria) 90 ff., 98, 100 f., 107, 119, 147, 152 f., 170, 191
Mitchell, John 114
Montero, Juan Esteban 51 f.
Montevideo 158
Moskau 92

Neruda, Pablo 9, 19, 25, 49, 63 f., 66, 87, 99, 116, 130, 139
Nixon, Richard 114
North, John Thomas 37 f.

O'Higgins, Bernardo 32
Ortega, Sergio 102
Osorno 63
Osterinsel 48, 51, 93
Padin, Salomé 32
Padin, Vicente 32
Pampa Irigoin 97 f.

Panchita s. Llona Barros, Francisca
Parra, Angel 94
Parra, Isabel 94
Parra, Violeta 94
Pascal Allende, Andrés 90 f., 98, 100, 143, 152 f., 193
Pascal Allende, Denise 64, 75, 143, 151, 164, 175, 193
Pascal Lyon, Gastón 26, 62
Pávez, Héctor 94
Payita s. Contreras, Miria
PDC (Partido Democrazia Cristiana) 170
Perón, Juan Domingo 74
Pinochet, Augusto 12, 16 ff., 45, 120, 124, 133, 140, 147, 149, 153, 164-167, 170, 175-178, 183 f., 187-191, 199
Plaza y Janés 161
Prat Chacón, Arturo 36
Prats, Carlos 99, 120, 143, 147 f.
PS (Sozialistische Partei) 12, 17, 46, 55 f., 57, 62, 64, 73 f., 91 f., 122, 134, 185, 187, 193
Puccio Huidobro, Osvaldo 12, 14, 79, 92, 101, 107, 120, 122, 134, 151
Puccio, Osvaldo (Sekretär S. Allendes) 76 ff., 81, 98, 101, 124, 126, 128
Puerto Montt 45, 97
Puerto Saavedra 81
Punta Arenas 62, 102

Quilapayún 94, 102
Quillota 57
Quinteros 135

Rancagua 88
Recabarren, Luis Emilio 41
Rettig, Raúl 76 f., 178
Río Mapocho 137
Ríos, Juan Antonio 61
RN (Renovación Nacional) 170
Rodríguez, Manuel 32
Rojas, Manuel 74, 116
Roosevelt, Theodore 80
Ross, Gustavo 58

San Rafael 174, 180, 192
Santiago de Chile 15, 17 ff., 27 ff., 31, 41, 43, 46 f., 56, 64, 67, 76 f., 82 f., 87, 91, 94, 97, 99-103, 106, 112, 117, 139, 143-146, 151 f., 159 f., 164, 170 f., 175 f., 179, 184 f.
- Barracas 136
- Cerro San Cristobal 65
- Estadio Nacional 136
- La Faena 100
- Moneda 11 f., 16, 20, 42, 51 f., 58 f., 73, 115, 123 ff., 127 ff., 133-136, 154 f., 166, 190, 199
- Museo de la Solidaridad 15 f.
- Providencia 14, 68, 74, 96, 192
- Tacna-Kaserne 59
- Universidad de Chile 32, 45, 60
Sausalito 194 f.
Schneider, René 99, 104
Seguel, Rodolfo 166
Sendic, Raúl 90
Seone, Juan 127
Silvia Henríquez, Raúl 164
Skarmeta, Antonio 85, 111, 118
Subercaseaux, Benjamin 28
Suhrkamp Verlag 162, 180

Tacna 27 f., 39, 99
Tarapacá 36 f., 74
Tati s. Allende Bussi, Beatriz Jimena
Teitelboim, Volodia 18 f., 99
Temuco 110
Tencha s. Bussi Allende, Hortensia
Toesca, Joaquín 20
Toha, José 215
Tomic, Radomiro 99, 103, 120
Toribio Merino, José 124

UDI (Unión Demócrata Independiente) 170

UP (Unidad Popular) 19, 21, 26, 52, 77, 79, 88, 97, 99, 100, 102, 106, 109-112, 114 ff., 119, 123 f., 136, 138, 147 f. 170, 175, 184

Valdés, Gabriel 170, 177
Valdivia 27, 62 f., 81
Valdivia, Pedro de 29
Valparaíso 17, 20, 25 ff., 29, 43, 45, 47, 51, 53-57, 60, 75, 84, 116, 123, 135, 139, 186
Vargas Llosa, Mario 163, 182
Vergara, Delia 95
Viaux, Roberto 95
Viglietti, Daniel 94
Viña del Mar 45, 64

Wahrheitskommission s. Comisión de la Verdad y de la Reconciliación
Walker Martínez, Carlos 38
Wolff, Egon 84

Yolen, Steven 128
Yupanqui, Atahualpa 94

Zamorano, Antonio 78

Quellen

Geschichte und Politik Chiles

Ahrens, Norbert, *Zum Beispiel: Chile*, Göttingen 1991.

Amnesty International, verschiedene Jahresberichte, Frankfurt am Main.

Balke, Fred u.a. (Hrsg.), *Mit dem Kopf hier – mit dem Herzen in Chile. Zehn Jahre Diktatur – zehn Jahre Exil. Chilenen berichten*, Reinbek bei Hamburg 1983.

Bartsch, Hans-Werner, Buschmann, Martha, Stuby, Gerhard, Wulff, Erich, *Chile. Ein Schwarzbuch*, Köln 1974.

Benignus, Siegfried, *In Chile, Patagonien und auf Feuerland. Erlebnisse mehrjähriger Reisen und Studien*, Berlin 1912.

Betrifft: Chile. Die ITT-Dokumente, Weinheim 1972.

Billhardt, Thomas, Hackethal, Eberhard, Klein, Eduard, *Santiago de Chile – Hoffnung eines Kontinents*, Berlin (DDR) 1972.

Boorstein, Edward, *Allende's Chile. An Inside View*, New York 1977.

Boris, Dieter, Boris, Elisabeth, Ehrhardt, Wolfgang, *Chile auf dem Weg zum Sozialismus*, Köln 1971.

Bürger, Otto, *Acht Lehr- und Wanderjahre in Chile*, Leipzig 1923.

Bürger, Otto, *Chile. Als Land der Verheißung und Erfüllung für deutsche Auswanderer*, Leipzig 1926.

Chavkin, Samuel, *Storm Over Chile. The Junta Under Siege*, Westport, Conn. 1985.

Collier, Simon, Sater, William F., *A History of Chile 1808–1994*, Cambridge, Mass. 1996.

Corvalán, Luis Alberto, *Schmerz und Hoffnung meiner Brüder. Chilenische Erfahrungen*, Dortmund 1977.

Debray, Regis, Allende, Salvador, *Der chilenische Weg*, Neuwied 1972.

Deutsch-Südamerikanische Bank, verschiedene Kurzberichte über Lateinamerika, Hamburg.

Edwards, Jorge, *Adiós, Poeta ... Erinnerungen an Pablo Neruda*, Hamburg, Zürich 1992.

Ensignia, Jaime, Nolte, Detlef (Hrsg.), *Modellfall Chile? Ein Jahr nach dem demokratischen Neuanfang*, Hamburg 1991.
Eßer, Klaus, *Durch freie Wahlen zum Sozialismus oder Chiles Weg aus der Armut*, Reinbek bei Hamburg 1972.
Feinber, Richard E., *Chile's Legal Revolution*, New York 1972.
Galeano, Eduardo, *Die offenen Adern Lateinamerikas. Die Geschichte eines Kontinents von der Entdeckung bis zur Gegenwart*, Wuppertal 1983.
García Márquez, Gabriel, *Das Abenteuer des Miguel Littín. Illegal in Chile*, München 1995.
Goldenberg, Gregorio, *La muerte del presidente Allende*, Buenos Aires 1990.
Hase, Enno von, *In der Heimat der Kartoffel. Chilenische Skizzen*, Berlin 1907.
Helfritz, Hans, *Chile. Gesegnetes Andenland*, Zürich und Stuttgart 1953.
Heller, Friedrich Paul, *Colonia Dignidad – Von der Psychosekte zum Folterlager*, Stuttgart 1993.
Heydenreich, Titus (Hrsg.), *Chile. Geschichte, Wirtschaft und Kultur der Gegenwart. Referate des 9. Interdisziplinären Kolloquiums der Sektion Lateinamerika des Zentralinstituts der Universität Erlangen-Nürnberg*, Lateinamerika-Studien Band 25, Frankfurt am Main 1990.
Hofmeister, Wilhelm, *Chile: Option für die Demokratie. Die Christlich-Demokratische Partei (PDC) und die politische Entwicklung in Chile 1964–1994*, Paderborn, München, Wien, Zürich 1995.
House of Represantatives, *United States and Chile During the Allende Years, 1970–1973*, Washington 1975.
»Chile – 20 Jahre danach«, *ila. Zeitschrift der Informationsstelle Lateinamerika*, Bonn 1993.
Jara, Joan, *Das letzte Lied. Das Leben des Victor Jara*, München 2000.
Kahle, Günter u.a., *Lateinamerika-Ploetz. Die Geschichte der lateinamerikanische Staaten zum Nachschlagen*, Freiburg, Würzburg 1993.
Klein, Lene und Walter, *Begegnung mit Chile*, Leipzig 1971.
Klute, Fritz, *Argentinien – Chile von heute. Land, Volk, Kultur*, Lübeck 1925.
Körner, Ruth, *Chile nach 10 Jahren Pinochet*, Frankfurt am Main 1983.
Kronzucker, Dieter, *Der Tag des Kondors. Von Kuba bis Brasilien. Die politische Biographie eines Kontinents*, Reinbek bei Hamburg 1991.
Martin, Carl, *Landeskunde von Chile*, Hamburg 1923.
Medhurst, Kenneth (Hrsg.), *Allende's Chile*, New York 1973.
Neruda, Pablo, *Der Große Gesang. Gedichte*, München 1999.
Neruda, Pablo, *Ich bekenne, ich habe gelebt*, Darmstadt, Neuwied 1977.
Niedergang, Marcel, *20mal Lateinamerika. Von Mexiko bis Feuerland*, München 1963. Nohlen, Dieter, *Chile. Das sozialistische Experiment*, Hamburg 1973.
Nunca más en Chile, sintesis corregida y actualizada del informe Rettig, Santiago de Chile 1999.
Pinochet, Augusto, *El día decisivo, 11 de septiembre 1973*, Santiago de Chile 1980.

Polakowsky, H., *Der Chilisalpeter und die Zukunft der Salpeterindustrie*, Berlin 1895.
Ribeira, Darcy, *Amerika und die Zivilisation. Die Ursachen der ungleiche Entwicklung der amerikanischen Völker*, Frankfurt am Main 1985.
Römpczyk, Elmar, *Chile – Modell auf Ton*, Bad Unkel 1994.
Schreiner, Claus, *Musica Latina. Musikfolklore zwischen Kuba und Feuerland*, Frankfurt am Main 1982.
Schubert, Alexander, *Die Diktatur in Chile*, Frankfurt am Main 1981.
Sievers, Wilhelm, *Südamerika und die deutschen Interessen. Eine geographisch-politische Betrachtung*, Stuttgart 1903.
Skarmeta, Antonio, *Heimkehr auf Widerruf. Chile im Umbruch. Politische Reflexionen*, München/Zürich 1989.
Stange, P., *Landeskunde von Chile*, Göttingen 1914.
Starischka, Bernhard, *Der Sturz des Präsidenten Allende in Chile*, Stuttgart 1974.
Statistisches Bundesamt, *Länderbericht Chile 1991*, Wiesbaden 1991.
Ule, Willi, *Quer durch Süd-Amerika*, Kiel und Lübeck 1924.
Weber, Gaby, *»Krauts« erobern die Welt. Der deutsche Imperialismus in Südamerika*, Hamburg 1982.
Weber, Gaby, *Die Guerilla zieht Bilanz. Gespräche mit Guerilla-Führern in Argentinien, Bolivien, Chile und Uruguay*, Gießen 1989.
Weischet, Willi, *Chile. Seine länderkundliche Individualität und Struktur*, Darmstadt 1970.
Wessel, Günther, *Chile und die Osterinsel*, Bielefeld 2000.
Wittig, Wolfgang, *Nostalgie und Rebellion: Zum Romanwerk von Gabriel García Márquez, Mario Vargas Llosa und Isabel Allende*, Würzburg 1991.
Wöhlcke, Manfred, *Der Fall Lateinamerika. Die Kosten des Fortschritts*, München 1989.

Die Familie

Alegria, Fernando, *Allende. A Novel*, Stanford/Kalifornien 1993.
Cockcroft, James D. (Hrsg.), *Salvador Allende Reader. Chile's Voice of Democracy*, Melbourne, New York 2000.
Correas Zapata, Celia, *Isabel Allende. Vida y espíritus*, Barcelona 1998.
Davis, Nathaniel, *The Last Two Years of Salvador Allende*, Ithaca/New York 1985.
Garza, Hedda, *Salvador Allende*, New York, Philadelphia 1989.
González Camus, Ignacio, *El día en que murió Allende*, Santiago de Chile 1988.
Jorquera, Carlos, *El chicho Allende*, Santiago de Chile 1990.
Kelley, Ken, »Mrs. Hortensia Bussi de Allende«, *Penthouse* (USA) 7 (2/1975), S. 71–90.

Landau, Saul und Wexler, Haskell, *Interview with President Salvador Allende*, 30-minütiger Film, 1971.
Lawrezki, Josef, *Salvador Allende*, Frankfurt am Main 1975.
Martínez Fernández, José, *Allende: Su vida, su pensamiento político*, Santiago de Chile 1988.
Nolff, Max, *Salvador Allende: el polítivo, el estadista*, Santiago de Chile 1993.
Puccio, Osvaldo, *Ein Vierteljahrhundert mit Allende. Erinnerungen seines Privatsekretärs*, Berlin (DDR) 1980.
Reckman, Wim, *Allende, Chiles neuer Mann*, Stein/Nürnberg 1971.
Rodden, John (Hrsg), *Conversations With Isabel Allende*, Austin, Tex. 1999.
Whelan, James Robert, *Allende. Death of a Marxist Dream*, Westport/Connecticut 1981.
Witker-Velázquez, Alejandro (Hrsg), *Salvador Allende. Una vida por la democracia y el socialismo*, Guadalajara 1988.

Bücher von Isabel Allende

Das Geisterhaus, Frankfurt am Main 1984.
Von Liebe und Schatten, Frankfurt am Main 1986.
Eva Luna, Frankfurt am Main 1988.
Der unendliche Plan, Frankfurt am Main 1992.
Eine Rache und andere Geschichten, Frankfurt am Main 1992.
Geschichten der Eva Luna, Frankfurt am Main. 1993
Geschenk für eine Braut, Frankfurt am Main 1994.
Paula, Frankfurt am Main 1995.
Wenn du an mein Herz rührtest, Frankfurt am Main 1997.
Aphrodite. Eine Feier der Sinne, Frankfurt am Main 1998.
Fortunas Tochter, Frankfurt am Main 1999.
Porträt in Sepia, Frankfurt am Main 2001.

Interviews des Autors

Carlos Jorquera, Freund Salvador Allendes und dessen Pressesprecher, war am 11. September 1973 mit in der Moneda, heute in der Presseabteilung des Außenministeriums, 5. April 2001.

Jacques Chonchol, ehemals Generalsekretär der Unidad Popular-Partei MAPU, später Landwirtschaftsminister der Allende-Regierung von 1970 bis Oktober 1972, 6. April 2001.

Juan Seone, Mitglied der Polizeieskorte, die dem Präsidenten Salvador Allende zur Seite stand, war am 11. September 1973 mit in der Moneda, 6. April 2001.

Osvaldo Puccio Huidobro, Sohn des Privatsekretärs von Allende, Politikwissenschaftler und heute im Außenministerium, führendes Mitglied der Sozialistischen Partei, war am 11. September 1973 mit in der Moneda, 7. April 2001.

Denise Pascal Allende, Tochter von Laura Allende, der Schwester Salvador Allendes, 10. April 2001.

Enrique Krauss, Vorsitzender der Christdemokratischen Partei Chiles, war in der Frei-Regierung (1964–1970) unter anderem Innenminister gewesen, 10. April 2001.

Arturo Jirón, Freund und Arzt Salvador Allendes, Professor von dessen Tochter Tati, Gesundheitsminister der Unidad Popular, war am 11. September 1973 mit in der Moneda, 11. April 2001.

Ramón Huidobro, Stiefvater der Schriftstellerin Isabel Allende, langjähriger Freund Salvador Allendes, ehemaliger Botschafter, 11. April 2001.

Volodia Teitelboim, ehemaliger Vorsitzender der Kommunistischen Partei Chiles, Schriftsteller, 12. April 2001.

Isabel Allende, Schriftstellerin, 31. Mai 2001.

Telefongespräche mit Isabel Allende, der Tochter Salvador Allendes.
Telefongespräch mit Carmen Paz Allende, der Tochter Salvador Allendes.
Telefongespräch mit Hortensia Bussi de Allende, der Witwe Salvador Allendes.

Danksagung

Ich danke all denen, die mir so bereitwillig Auskunft gaben, die sich ohne Zögern interviewen ließen, die mich mit Literaturtipps und Hinweisen versorgten, die mir zuhörten und das Manuskript lasen. Besonders auch den Freunden in Chile, die mir sehr weiterhalfen.

Anmerkung

Da Chile auf der Südhalbkugel der Erde liegt, steht die Sonne dort nicht nur um die Mittagszeit im Norden, sondern sind auch die Jahreszeiten anders als in Europa oder Nordamerika. Der chilenische Sommer ist im europäischen Winter (November/Dezember bis Februar), der Herbst analog dazu im europäischen Frühjahr, der Winter im europäischen Sommer und das Frühjahr im europäischen Herbst. Deshalb schrieb Isabel Allende im *Geisterhaus* auch über den Tag des Putsches, den 11. September 1973: »Der Tag des Militärputsches brach, für diesen schüchtern einsetzenden Frühling ungewöhnlich, mit strahlender Sonne an.«

Bildnachweise

S. 13: Associated Press
S. 33: Museo Histórico Nacional de Chile
S. 40: Archivo Revista APSI
S. 40: Archivo Revista APSI
S. 44: Centro de Documentación, COPESA
S. 65: Fundación Salvador Allende (FSA)
S. 85: Süddeutscher Verlag
S. 108: Fundación Salvador Allende (FSA)
S. 121: Deutsche Presse-Agentur
S. 126: Süddeutscher Verlag
S. 128: Süddeutscher Verlag
S. 134: Associated Press
S. 137: Deutsche Presse-Agentur
S. 172: Isolde Ohlbaum, München
S. 189: Associated Press
S. 197: Associated Press

Der Verlag hat jede Anstrengung unternommen, um Inhaber der Bildrechte ausfindig zu machen. Nicht erwähnte Rechteinhaber mögen sich bitte mit uns in Verbindung setzen, sie werden in nachfolgenden Auflagen aufgenommen.

Gregorio A

María Sal

Ramón Al

Eugenia Cas

Augustin Llona Cuevas (1882–1981)
⚭
Isabel Barros Morreira (1896–1945)

Tomás Allende Castro
(1873–1954)
⚭
Laura Pesce de Bilbaire

Salvador Al

Laura Gos

Tomás Allende Pesce de Bilbaire
(1906–1970)
⚭
Francisca Llona Barros (1920)*
2. Ehe: Ramón Huidobro (1916)*

Maria Ines Allende Gossens
(1906–1973)
⚭
Eduardo Grove Vallejos
(1898–1955)

Eduardo Grove Allende (1926)*
Patricio Grove Allende (1928)*
Jorge Grove Allende (1930)*

Isabel Allende Llona (1942)*
⚭
Miguel Frias (1937)*
2. Ehe: William Gordon (1937)*

Francisco Allende Llona (1944)*
Juan Allende Llona (1946)*

Paula Frias Allende
(1963–1992)
Nicolas Frias Allende
(1966)*